Lecturas de prensa

Lecturas de prensa

JOAQUÍN ROY
University of Miami

JOHN J. STACZEK
Florida International University

HBJ
Harcourt Brace Jovanovich, Inc.
New York   San Diego   Chicago   San Francisco   Atlanta   London   Sydney   Toronto

Copyright © 1982 by Harcourt Brace Jovanovich, Inc.

All rights reserved. No part of this publication may be reproduced or transmitted in any form or by any means, electronic or mechanical, including photocopy, recording, or any information storage and retrieval system, without permission in writing from the publisher.

Requests for permission to make copies of any part of the work should be mailed to: Permissions, Harcourt Brace Jovanovich, Publishers, 757 Third Avenue, New York, N.Y. 10017.

ISBN: 0-15-550455-X
Library of Congress Catalog Card Number: 81-82400

Printed in the United States of America

We wish to thank the following publishers for permission to reproduce articles from their publications:
ALA; Agencia EFE; Auténtico; Cambio 16; Carta de España; Carta Política; El Correo Catalán; Hoy; El Miami Herald; Mundo Diario; Opiniones Latinoamericanas; El País; El Periódico; El Tiempo; La Unión; La Vanguardia.

A los periodistas
A los colaboradores
A los directores
Sin su contribución, este libro no habría sido posible.

Preface

At the intermediate level of college Spanish, most instructors prefer to combine a review of grammar and vocabulary with a series of reading selections. In general, the readings focus on an introduction to Spanish literature or the history of the Spanish-speaking peoples of Spain and Latin America, or they consist of essays on topics of interest to students. *Lecturas de prensa* departs from this norm and provides the student with thematic material selected from major newspapers and magazines published in the Hispanic world.

Journalistic prose, in the form of simple news items or briefs, interviews, feature articles, and even editorials, is an often overlooked alternative to abbreviated literature or poetry. By virtue of its distinctive style and its informational as well as thoughtful content, this medium has a refreshing appeal after a year of grammar and pronunciation. The current and historical themes give the student an opportunity to experience the language, thought, and style of Spanish through written expression, both fact and opinion. Brief and more to the point than literary style, journalistic prose as an expressive form can make the intermediate reading experience clear, challenging, and enjoyable.

Lecturas de prensa deals with thematic material of both global and regional natures as portrayed in the Spanish and Latin American press. Its appeal is informative and argumentative, and it lends itself to creative expression in the classroom. The goal of the book is to awaken in the second-year student a consciousness for the idiom and thought of Latin American and Spanish expression. Fact and opinion are characteristic of the style of the selections; headlines, essays, articles, cartoons, photographs, and editorials are characteristic of their format.

Lecturas de prensa has nine chapters for study over the period of a semester or a quarter, for a total of approximately 45 to 50 hours of instruction. Each chapter, designed around a single theme, contains from four to twelve reading selections, arranged in ascending order of linguistic and content difficulty. Where necessary, the readings have marginal glosses, and at the end of each selection there are cultural and informational notes keyed to the text by a superscript number. If possible, each chapter

PREFACE

should be followed to completion. The questions following each selection are designed to stimulate oral discussion and writing. Further, they provide a transition for student reaction, commentary, or creative invention. A Spanish-English glossary is provided at the end of the book.

We would like to express our gratitude to our editors, Albert I. Richards and Ernst J. Schrader, for their helpful comments and suggestions in the preparation of this book. We also wish to thank designer Arlene Kosarin and art editor Barbara Salz for their creative contributions, and copy editors Tina Barland and Lisa Haugaard and production manager Robert Karpen for seeing the project to completion. Moreover, we are grateful to the University of Miami and Florida International University for their support as we prepared the text. Finally, we express our appreciation to the editors, journalists, and columnists of the various newspapers, magazines, and news services whose articles are reprinted here. They are the real authors of this text.

JOAQUÍN ROY
University of Miami

JOHN J. STACZEK
Florida International University

Contents

Preface   vii

Introducción: La prensa en el mundo hispánico   1

Capítulo 1: Lenguas, naciones, países, e individuos   9

La gran aventura del castellano
    Germán Arciniegas, *El Tiempo*   11

España y América: la influencia involuntaria/Entrevista a Julián Marías
    Elsa Arana Freire, *Opiniones Latinoamericanas*   15

Votarán vascos y catalanes para decidir su autonomía
    EFE   19

La manera de ser de Cataluña
    La Vanguardia   22

Estados y regiones
    Jorge Edwards, *El Tiempo*   25

La población antillana
    El Miami Herald   28

El mosaico latinoamericano
    Rodolfo H. Terragno, *Revista K/El Comercio*   30

Conflictos fronterizos
    Sonia Pascual, *Revista K/Listín Diario*   33

El Pacto Andino
    Ramón Escovar Salom, *Revista K/La Estrella*   41

Dámaso Alonso y la lengua española en América
    Julia García Baldassarre, *Opiniones Latinoamericanas*   46

Sistema para la elaboración de frases técnicas
    Marco A. Almazán, *Opiniones Latinoamericanas*   49

Capítulo 2: Los niños, los jóvenes, y la educación   53

Accidentes en la casa
  Auténtico   57

Dislexia: jugando a aprender
  Mabel Correa, *Hoy*   61

Hay que dar al niño orientación vocacional
  Luis Beltrán Prieto, *Auténtico*   64

Niño rico
  Cambio 16   69

Niño pobre
  Cambio 16   71

La orientación del adolescente
  Prieto Cantero, *EFE*   74

Prohibido expender bebidas alcohólicas a adolescentes
  La Vanguardia   77

Sancionarán a estudiantes de Medicina que pasaron el año falsificando notas
  El Comercio   79

Deciden los estudiantes darse grandes comilonas y que pague el Rector
  EFE   81

Algunas facultades de Barcelona exigirán examen de ingreso
  Enric Canals, *El País*   83

Universidad y paro
  Oriol Bohigas, *La Vanguardia*   86

El dilema de los analfabetos
  Patricia Ricketts Rey de Castro, *Oiga*   90

Capítulo 3: La salud del ser humano   97

Existe en Madrid una verdadera psicosis con la contamincaión
  Carmen Armesto, *EFE*   98

El mar, la playa, el sol, y la salud
  Vicente Palomares, *El Correo Catalán*   100

Reláaajese, reláaajese..., no piense en nada
    El País   104

Regulación oficial del trasplante de órganos
    Raimundo Castro, *El Periódico de Catalunya*   109

Todos son donantes si no dicen lo contrario
    Raimundo Castro, *El Periódico de Catalunya*   111

Corazón a ritmo
    Cambio 16   113

Correr, placer intelectual
    Mario Vargas Llosa, *Cambio 16*   115

Se habilitará una docena de circuitos de "footing"
    La Vanguardia   119

Más carne y menos pan
    Cambio 16   123

Españoles bien nutridos: nos sobran grasas
    Cambio 16   125

Capítulo 4: El hombre y la mujer   129

Los homosexuales y la pareja
    Cambio 16   131

Razones poderosas
    Cambio 16   133

Golpean al 50% de las esposas mexicanas
    El Miami Herald   135

Un instituto italiano suprime la enseñanza mixta
    El País   136

Ensayos sobre la educación sexual en la Enseñanza General Básica
    La Vanguardia   139

La regulación del divorcio se fundamenta en la Constitución
    Soledad Gallego-Díaz, *El País*   142

Obispos condenan divorcio
    El Miami Herald   146

Matrimonio
    Antonio Gala, *El País* — 147

Las monjas quieren ser sacerdotes
    Elvira Martín, *Revista K/El Heraldo* — 152

Inician juicio en España por aborto ilegal
    El Miami Herald — 155

Mujeres defienden a una madre soltera
    El Miami Herald — 158

Los españoles se aman
    Cambio 16 — 160

Capítulo 5: El ocio, la diversión, y el deporte — 165

El tiempo libre
    Cambio 16 — 167

Las vacaciones de los españoles
    Cambio 16 — 170

Vacaciones en casas de campo
    Cambio 16 — 173

Millones a patadas
    Carta de España — 175

La fiebre del monopatín
    El Correo Catalán — 177

Con motor, o con los pies
    Gabriela Cañas, *El País* — 179

El camping en España
    Cambio 16 — 183

Las novelas de la televisión latinoamericana
    Sergio Rivolta, *Opiniones Latinoamericanas* — 184

El rock iberoamericano
    Luis Antonio Córdova, *Revista K/Correo* — 188

Buena corrida de toros en Barcelona
    Lucas Cabrerizo, *La Vanguardia* — 191

Capítulo 6: La economía: el hombre y su dinero — 195

Empobrecimiento general de todos los españoles
  La Vanguardia — 198

La era de la inflación
  Hernán Echavarría Olózaga, *El Tiempo* — 202

Iberoamérica: Los desafíos de los 80
  Vivian Trías, *Opiniones Latinoamericanas* — 205

América Latina y la recesión
  Ted Córdova-Claure, *Opiniones Latinoamericanas* — 213

Se acaba el agua
  Arnulfo Sánchez, *El Tiempo* — 219

Capítulo 7: La democracia en España — 223

Suárez, candidato
  Cambio 16 — 226

Felipe González abandona el marxismo
  Cambio 16 — 228

Juan Carlos llegó en moto
  El Correo Catalán — 229

Cree Felipe González que España tendrá estabilidad democrática
  EFE — 231

El triunfo de UCD
  El País — 235

La consolidación de una democracia
  El País — 238

Don Juan Carlos I: El Rey del cambio
  Cambio 16 — 242

El día de la victoria
  Cambio 16 — 247

Capítulo 8: La democracia en América Latina — 251

Elecciones en Costa Rica: el gran baile de la democracia
    Francisco Rubiales, *EFE* — 253

Mitad de países de América Latina votó en 1978
    José Ricardo Eliaschev, *El Miami Herald* — 256

La experiencia democrática venezolana
    Rafael Caldera, *Opiniones Latinoamericanas* — 262

Elecciones y continuidad
    Mariano Grondona, *Carta Política* — 266

Capítulo 9: La imagen de los Estados Unidos — 271

Televisión: "Así es Hollywood"
    La Vanguardia — 273

Hair, la utopía sin envés
    Fernando Lázaro Carreter, *El País* — 275

El norteamericano de hoy busca nueva felicidad
    Elvira Martín, *El Miami Herald* — 280

En los Estados Unidos sigue en descenso la fertilidad
    El Correo Catalán — 284

Inversiones extranjeras
    Mundo Diario — 286

La CIA espió a los investigadores del caso
    Mundo Diario — 288

Los sentimientos de culpa en día de elección
    Víctor Alba, *El Miami Herald* — 290

Vocabulario — 294

Lecturas de prensa

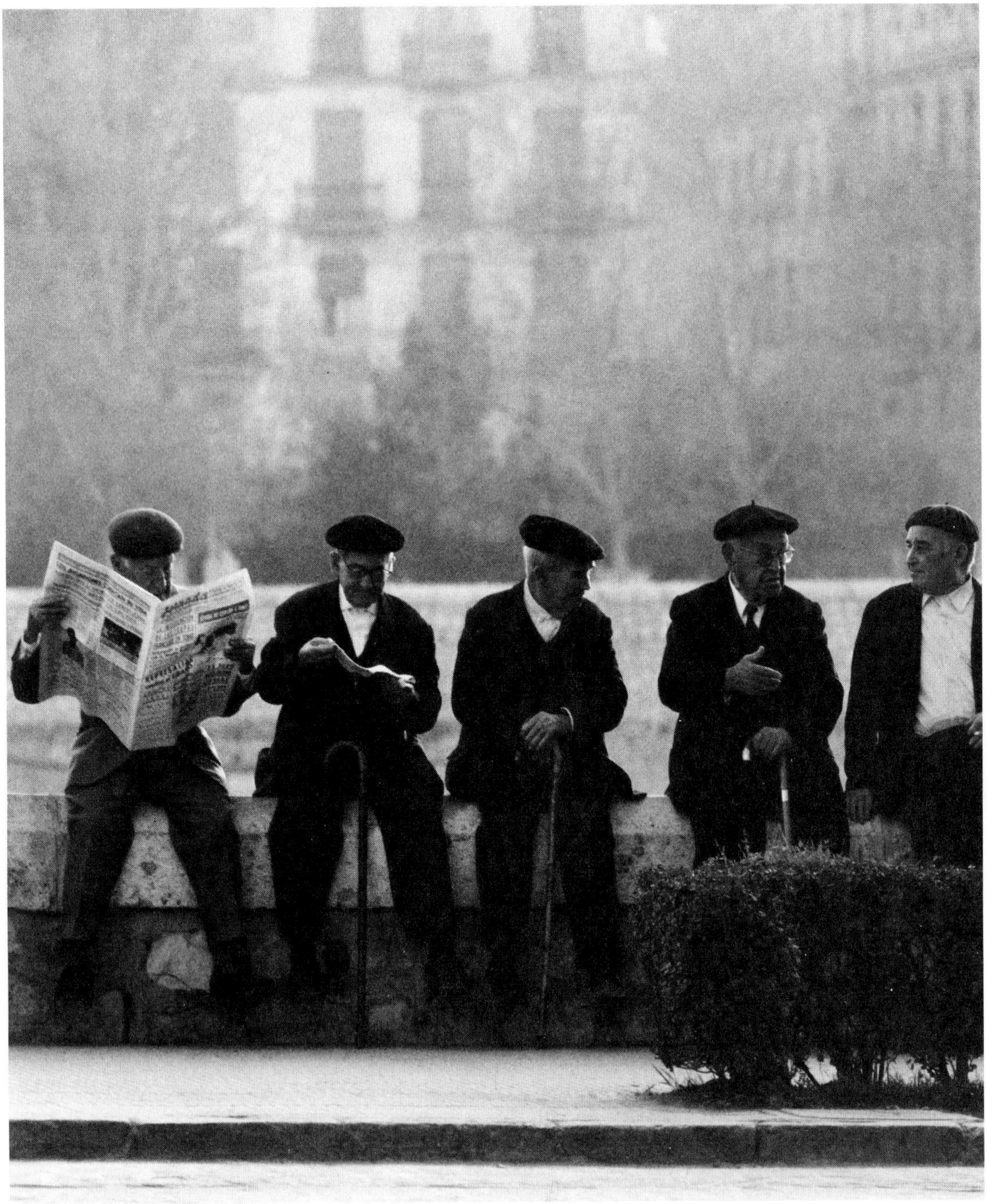

INTRODUCCIÓN
La prensa en el mundo hispánico

El periodismo, vehículo de la cultura

El artículo periodístico es el género más directo de la expresión escrita. Mientras en la narrativa se interpone la figura del narrador entre el autor y el lector, en el teatro son los actores los que representan unos personajes, y en el poema el autor medita para sí mismo; pero en el ensayo y en el artículo de periódico es un autor de carne y hueso. Firma cada una de las líneas y hace llegar° su pensamiento mediante el poder de la persuasión. Persigue el asentimiento° del mayor número posible de lectores.

    Tiene que hacer un esfuerzo extraordinario para captar la atención con los temas adecuados y la forma idónea° de tratarlos. Los buenos textos periodísticos son el vehículo ideal para alcanzar la meta° de profesores y estudiantes de la cultura hispánica: el conocimiento más completo de la realidad de América Latina y España. Saber los temas que diariamente preocupan a los hispanohablantes es aprender una parte integral de la cultura hispánica.

    El contenido de los artículos incluidos en este libro puede dar la impresión de que el periodismo latinoamericano y español está dirigido solamente para las minorías cultas. Hay que tener en cuenta° que el criterio de selección de los artículos

hace... gets across
asentimiento assent

suitable

goal

tener... bear in mind

se basa en atraer la atención del estudiante universitario norteamericano hacia los periódicos leídos por los estudiantes universitarios latinoamericanos y españoles. Naturalmente, tanto en Bogotá o en Madrid como en Buenos Aires existe otro tipo de periodismo popular y ligero, que no ha sido eliminado de este volumen por criterios estéticos, sino de afinidad°. Consideramos que la mejor forma de identificación por parte del lector universitario norteamericano con los problemas latinoamericanos y españoles es acercarlo a los temas que preocupan a los ciudadanos que se forman en las universidades hispánicas.

sino... but rather (for reasons) of affinity

Diversas formas de hacer periodismo

El lector de este libro podrá comprobar° que un porcentaje muy alto de las artículos parece simplemente una serie de opiniones de unos escritores; otros artículos son descripción o explicación de los temas actuales°; una mínima parte son noticias que por su tema no han perdido actualidad.

verify

temas... current topics

Tal como ocurre en la prensa norteamericana, la proporción real en las páginas diarias de cualquier periódico no es así: las noticias ocupan la mayor parte del espacio, los artículos de interpretación siguen en número, y los artículos de opinión y los editoriales después. Si se observa cualquier diario latinoamericano se verá que en la primera página se incluyen las principales noticias internacionales o nacionales, y algún tema local palpitante°, pero en las páginas 4 y 5, o bien 6 y 7, está la parte más importante: los editoriales y los artículos de opinión. La prensa latinoamericana no solamente informa al lector, sino que es la constructora de la opinión pública. Es precisamente esta sección la que leen y consultan más los estudiantes universitarios, los hombres de negocios, los políticos y los profesionales. Éste es el sector de la población que tendrá más poder de decisión en los destinos de cada país.

of burning interest

Para el hablante de inglés, este tipo de ensayos y artículos que quieren atraer la atención del lector inteligente quizá le recuerde al periodismo de interpretación. La dualidad clásica entre el *periodismo de hechos°* y el *periodismo de comentario°* se resolvió frecuentemente a favor de la primera forma. Pero esta oposición no siempre ha sido la norma.

stories / comments

LA PRENSA EN EL MUNDO HISPÁNICO

El periodismo actual —según las reglas propuestas por las escuelas de periodismo norteamericanas, las grandes agencias informativas°, y la práctica de los mejores diarios— es el resultado de una larga evolución que empezó precisamente cuando las naciones latinoamericanas se estaban formando en la primera mitad del siglo XIX. La inexistencia de editoriales° de libros y la ausencia de comercialización de los textos impresos° hicieron que los intelectuales y políticos latinoamericanos optaran por la acción periodística.

Esta realidad latinoamericana coincide significativamente con la etapa° del *periodismo ideológico,* que en Europa nació con la acción parlamentaria del siglo XIX. Los artículos de opinión tenían más impacto político que los discursos parlamentarios, y la función del periodismo era todavía más importante cuando los cambios radicales de gobierno convertían a los parlamentos en instrumentos mudos° y muchas veces clausurados°. La prensa pasó por etapas diversas, entre confiscaciones, censura, desaparición y florecimiento, pero a través de ella° —desde el interior del país o en el exilio— tenían siempre los intelectuales y políticos una canalización° para sus argumentos.

Por ejemplo, el argentino Domingo Faustino Sarmiento (1811–88), exiliado en Chile, usó los periódicos para condenar al dictador Juan Manuel de Rosas. Sus artículos formaron luego el libro con el título de *Facundo, o Civilización y barbarie.* Juan Montalvo (1833–89) fundó el periódico *El Cosmopolita* para denunciar al tirano ecuatoriano García Moreno, y cuando éste fue asesinado, Montalvo escribió: "mi pluma lo mató".

Desde entonces, la política y el periodismo siempre han estado relacionados. Se considera que la caída del dictador nicaragüense Anastasio Somoza en 1979 se aceleró cuando se produjo el asesinato de Pedro Joaquín Chamorro, el director del diario *La Prensa,* que había criticado al gobierno. También se cree que el gobierno norteamericano decidió retirar el apoyo° a Somoza cuando los telespectadores norteamericanos pudieron ver en sus hogares° el asesinato del corresponsal de la cadena ABC a manos de los soldados de la Guardia Nacional. También se recuerda que el fin en 1955 del primer gobierno de Juan Domingo Perón, en la Argentina, tuvo su comienzo cuando en 1951 decretó el cierre de los influyentes diarios *La Nación* y *La Prensa.*

agencias... wire services

publishers
ausencia... absence of a book trade

stage

mute
suspended
a... by means of it (the press) / channel (of distribution)

support

homes

Además, este periodismo ideológico se ha enriquecido con la prosa de excelentes ensayistas como el cubano José Martí (1853–95), el mexicano José Vasconcelos (1882–1959), el colombiano Germán Arciniegas (n. 1900), o el argentino Ezequiel Martínez Estrada (1895–1964). Estos escritores ejercieron° diariamente el *periodismo de interpretación*.   practiced

En España, José Ortega y Gasset y Miguel de Unamuno están considerados como los maestros indiscutibles del ensayo y la filosofía de España. Pero lo que ahora conocemos como libros titulados *En torno al casticismo* (1905), o *La rebelión de las masas* (1930), fueron artículos publicados en los diarios españoles.

La sección informativa

Las noticias diarias son suministradas° por los redactores°   supplied / staff writers
locales que tienen sus propias fuentes de información y los cables de las agencias de prensa, nacionales e internacionales.

Quizá no haya tema más polémico que el de las agencias cablegráficas suministradoras de noticias diarias. Sin medios económicos para mantener una red° de corresponsales en todo   network
el mundo, el diario que quiere mantener informados a sus lectores acerca de los acontecimientos internacionales debe recurrir a los servicios ofrecidos por las grandes agencias. Durante la segunda mitad del siglo XIX, el mercado latinoamericano estuvo controlado por la agencia francesa Havas (que más tarde fue convertida en la AFP, Agence France Presse) y la británica Reuter, con alguna competencia por parte de la alemana Wolff. Con la derrota alemana en la I Guerra Mundial y el aumento de la influencia norteamericana en América Latina, el poder pasó a manos de las agencias United Press International (UPI) y Associated Press (AP), aunque tuvieron que compartir parte del espacio con las agencias británicas y francesas. Dos organizaciones que ofrecen sus servicios en español penetraron el mercado: Prensa Latina de Cuba y EFE de España. De forma un tanto curiosa, mientras la agencia cubana veía desaparecer sus suscriptores en los países en que los gobiernos se declaraban anticomunistas, la organización española tenía un crecimiento notable tras la muerte de Franco.

El periodismo y la integración cultural

En los Estados Unidos hay numerosos colaboradores ("columnistas sindicados") que publican sus artículos distribuidos por agencias ("sindicatos") a centenares° de diarios. Algunas estrellas del periodismo de opinión e investigación como Walter Lippman y Drew Pearson llegaron a publicar en casi quinientos periódicos. Jack Anderson ve reproducida su columna en seiscientos diarios. En España y en América Latina son poquísimos los colaboradores que publican sus artículos en más de un diario. Algunos escritores hacen tratos° individuales con varios periódicos para la publicación simultánea de sus artículos.

    hundreds

    agreements

En 1943 Joaquín Maurín fundó en Nueva York la agencia ALA, que comenzó a distribuir los artículos de afamados escritores, como Asturias, Vasconcelos, Haya de la Torre, José Figueres, Luis Alberto Sánchez, Uslar Pietri, Arciniegas, Víctor Alba, Madariaga, Marías y Sender. Desde 1974, bajo la nueva dirección de Arturo Villar, la agencia se trasladó° a Miami. Más de cien diarios publican ahora las columnas de ALA, entre cuyos colaboradores se cuentan Carlos Alberto Montaner, Jorge Edwards, Ted Cordova Claure, Mariano Grondona, e incluso políticos como Alfonso López Michelsen y Rafael Caldera. En julio de 1978, ALA comenzó a publicar la revista mensual° *Opiniones Latinoamericanas* y en 1980 fundó la *Revista K*, publicada por ocho diarios latinoamericanos, con una tirada° de casi un millón de ejemplares.

    se... moved

    monthly

    printing

Desde la mitad de los años setenta, la agencia española EFE fundó en Centroamérica ACAN-EFE, Agencia Centroamericana de Noticias, con la participación de los principales diarios centroamericanos, y estableció sus oficinas centrales en Panamá. Después de la muerte de Franco consiguió la colaboración de una serie de escritores de fama mundial, como Julio Cortázar, Alejo Carpentier, Gabriel García Márquez, José Donoso y Mario Vargas Llosa. Estas experiencias de ALA y EFE tienen un impacto en el trabajo diario de escritores y periodistas. Al saber que los artículos van a ser reproducidos en lugares tan diferentes como la ciudad de México, Barcelona, o Buenos Aires, el escritor procura estar más informado y debe interesarse por los temas que preocupan al mayor número de lectores. De esa forma se consigue una mejor integración cultural.

Algunos problemas del periodismo hispánico

La principal dificultad de lectura que puede presentar el periodismo español al estudiante de la lengua es el lenguaje. Diversas interpretaciones y numerosos matices° pueden oscurecer un tema. El periodista español y latinoamericano de la vieja escuela todavía gusta de un lenguaje colorista, rico en adjetivos y adverbios, con párrafos largos. También puede dificultar el diferente vocabulario usado en distintos países, aunque las diferencias son mínimas y son prácticamente inexistentes en los diarios más importantes. Aunque todavía se publican artículos en los que no se identifican las fuentes° y casi parecen rumores, la redacción° ha mejorado en todos los países gracias a una mayor profesionalización de los periodistas. Tradicionalmente, el periodista era un individuo bastante anárquico que tenía otra profesión porque el sueldo de periodista no le daba para vivir°.

 El dilema más crucial es saber quién es periodista y quién es propietario. A pesar de que el ideal democrático es considerar a la prensa como el "cuarto poder", lo cierto es que en todos los países la prensa está condicionado°.

 No es un fenómeno exclusivamente latinoamericano o español que numerosos diarios son propiedad de familias tradicionales. Pero en muchos de estos países el dueño de la prensa es en realidad el gobierno. Las leyes son tan complicadas que convierten el periodismo en una carrera de obstáculos; en otros lugares, la censura es brutal, y en algunos países, el estado controla la cantidad de papel de imprenta° que concede a los periódicos. Mientras que en Cuba todo debe publicarse de acuerdo con la ortodoxia marxista, en los países con régimen militar la censura funciona cada día. En España hubo censura directa hasta 1966 y luego se pasó a un sistema voluntario, pero con la amenaza de penalización por los artículos "irrespetuosos con° el Estado". En la actualidad hay plena libertad de expresión en España, pero todavía existen problemas legales cuando la prensa critica sectores que antes eran sagrados, como las autoridades militares.

 Aunque la total profesionalización es una realidad actual y siempre ha habido distinguidos periodistas que han trabajado para y del periodismo, hay que recordar que prácticamente todo intelectual de América Latina y España ha pasado parte de su vida como redactor o colaborador de un periódico. No hay

nuances

sources
editing

no... didn't give him enough money to live on

dependent

de... printing

irrespetuosos... disrespectful of

LA PRENSA EN EL MUNDO HISPÁNICO

político que no haya escrito frecuentes artículos para los periódicos. El periódico en España y América Latina ha sido una especie de casa de huéspedes°, por donde han pasado los protagonistas de la cultura y la política.

casa... boarding house

Esta realidad histórica ha producido numerosos conflictos. En la actualidad hay que resolver si para ser periodista es necesario obtener un título universitario especial, como para ejercer la medicina es obligatorio pasar por la Facultad de Medicina, o para trabajar como abogado hay que tener la Licenciatura en Derecho. Por una parte, siempre ha existido el interés de los gobiernos autoritarios en controlar los medios de información y para ello se fundaron las escuelas de periodismo oficiales. Este concepto (correcto en su fondo) produce que en determinados países (en España durante el franquismo°, por ejemplo), solamente los que ingresaban° y terminaban los estudios en la escuela oficial podían ser profesionales del periodismo. Por otra parte, algunos creen que el periodismo es simplemente una profesión liberal, como la escultura, la pintura, o la música, y que simplemente basta demostrar ser buen periodista. Otros consideran que para defender los intereses de los periodistas profesionales debe ser necesaria la colegiación (o sea pertenecer a una asociación o sindicato de periodistas) y obligar así a los dueños de periódicos a no contratar a los intrusos°.

durante... under Franco / enrolled

contratar... hire outsiders

De todas maneras, no cabe duda que la existencia de escuelas de periodismo ha contribuido a elevar el nivel técnico de la prensa. En 1946 solamente existían seis escuelas en América Latina y ninguna en España. Al final de los años sesenta el número había crecido a más de sesenta en Hispanoamérica y tres en España.

Finalmente, puede decirse que a pesar de la continua crisis del periodismo escrito (debido a la competencia de la televisión y a los conflictos con los gobiernos) la prensa latinoamericana y española tiene un futuro atractivo, continuará siendo protagonista de la historia y contribuirá a que los pueblos hispánicos se conozcan mejor y sepan usar la lengua española con una mayor excelencia.

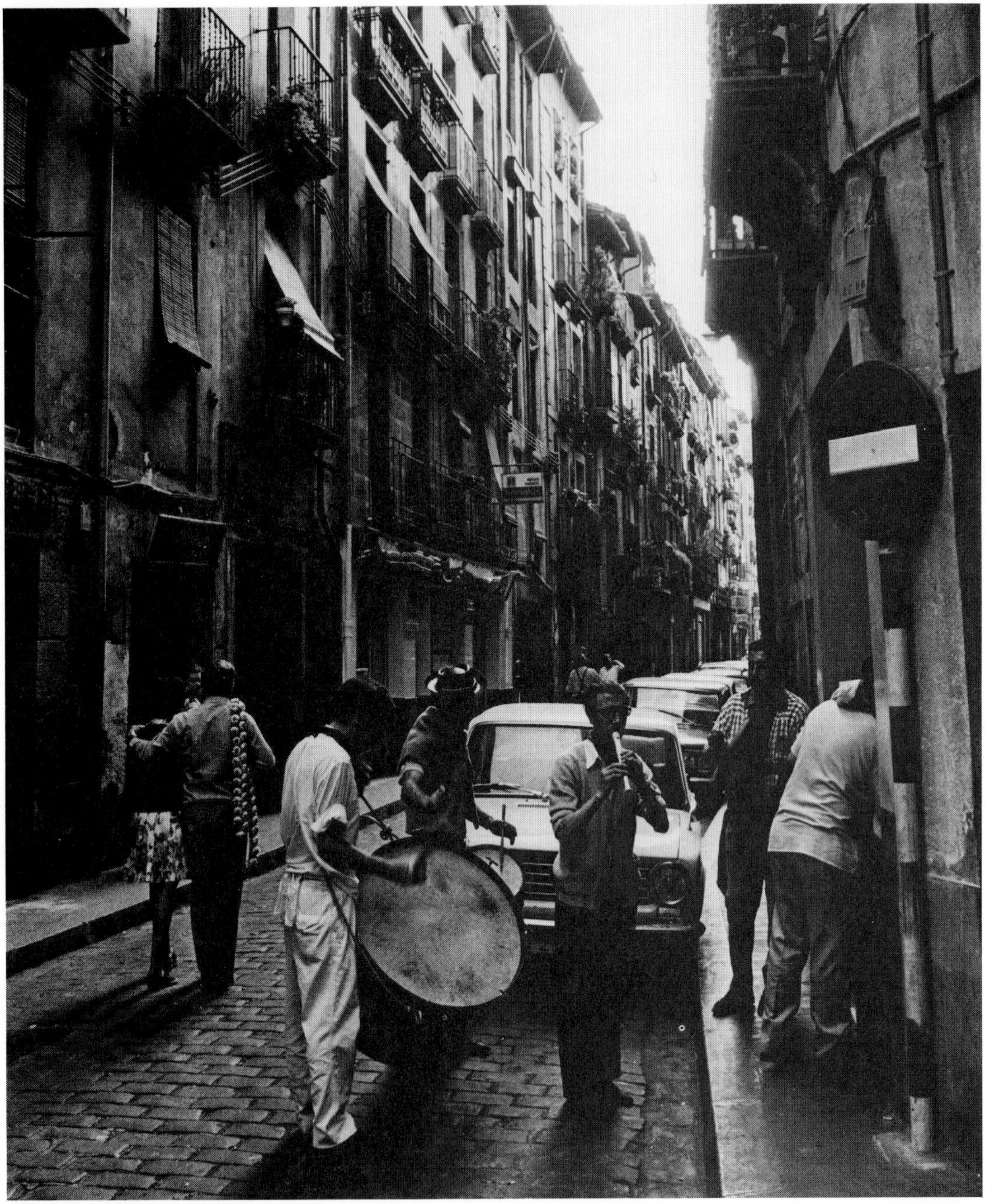

CAPÍTULO 1
Lenguas, naciones, países, e individuos

Aunque la Real Academia de la Lengua y otras instituciones culturales mencionaban la existencia de otras lenguas peninsulares, la nueva Constitución de España aprobada en 1978 habla del castellano como "una de las lenguas españolas". De esta forma se reconoce oficialmente la existencia de otras culturas que conviven° con el lenguaje nacional que tuvo su origen histórico en el norte de la Península hace mil años. Castilla se convirtió en el reino supremo y con ella creció la lengua transportada más tarde en las carabelas° para que hoy sea hablada por casi trescientos millones de habitantes, de los cuales veinte millones viven en los Estados Unidos. La diversidad, sin embargo, no fue borrada por la unidad lingüística: diversas razas, orígenes culturales, y diferencias políticas son la norma de veinte países que se entienden en castellano. Constantemente, los gobiernos, los intelectuales, y los periodistas se preocupan en encontrar soluciones para mejorar la comunicación y la comprensión.

    Los artículos incluidos en este capítulo presentan la unidad y diversidad del mundo hispánico. "La gran aventura del castellano", del escritor colombiano Germán Arciniegas, "España y América", entrevista con el filósofo español Julián Marías, y "Dámaso Alonso y la lengua española" son los artículos cuyo tema es la historia de la lengua y el interés por conservar su unidad.

<small>coexist</small>

<small>caravels (Columbus' ships)</small>

Sin embargo, el lenguaje burocrático y técnico empobrece y confunde la lengua, tal como denuncia con humor Marco Almazán en "Sistema de elaboración de frases técnicas".

"Votarán vascos y catalanes" y "La manera de ser de Cataluña" nos recuerdan que la unidad política de España incluye también la diversidad de otras culturas que conservan su personalidad propia. Jorge Edwards señala en "Estados y regiones" que Europa también es un conjunto de diversidades que trabaja hacia la unidad por medio del Mercado Común.

En el contexto latinoamericano, observamos la variedad del mundo del Caribe, donde unos países de habla española (Cuba, la República Dominicana, y Puerto Rico) conviven con otros de habla inglesa, francesa, y holandesa. El aumento del número de habitantes es el tema de "La población antillana".

Rodolfo Terragno en "El mosaico latinoamericano" y Sonia Pascual en "Conflictos fronterizos" nos presentan el tema de las disputas a causa de la soberanía territorial. Su contrapartida, la unión económica, está discutida en "El Pacto Andino".

En resumen, el mundo hispánico presenta la unidad de una lengua matizada por variedades locales, en diálogo con otras culturas, al tiempo que° los conflictos políticos entre las diversas naciones pueden verse solucionados mediante la integración en organizaciones como el Pacto Andino.

al... at the same time as

La gran aventura del castellano
Germán Arciniegas*
EL TIEMPO**

Bogotá, 15 de julio de 1978

Hace mil años —¡al fin!— un monje° cuyo nombre ignoramos°, acabó recogiendo en un texto de pocas líneas las primeras palabras jamás escritas en lengua castellana. Lo interesante en este caso sería una aventura de la imaginación que saliera en busca de las voces° de los siglos anteriores no registradas en el papel del monje. Porque desde los tiempos en que venía agonizando° en el monasterio un latín decrépito, macarrónico°, ya en el mundo rural circundante° deberían los campesinos estar llamando al perro perro y al gato gato. No hay nada más difícil que pensar en una tierra española donde no se hablara alguna lengua propia. Ahí estaban los toros, las ovejas, las cabras, los lobos, las gallinas... ¿Se ladraría, maullaría, bramaría, cacarearía...° en latín? Lo cierto es que hace mil años un monje acabó por poner en la lengua de fuera del claustro° unos pedazos de oración. Y así entró al monasterio la voz del pueblo. Casi como una profanación. Fueron menos de cincuenta palabras que rompieron el misterio, para colocarse al lado de los cantos latinos. Y se hizo la independencia.

Era el latín una lengua totalitaria, cuyo imperio comenzaba

monk / we do not know

words

dying out
jumbled
surrounding

ladraría... bark, meow, bellow, crow
cloister

---

* *Germán Arciniegas:* Escritor colombiano, nacido en Bogotá en 1900. Es autor de numerosos libros de ensayos y novelas. Ha sido profesor universitario en los Estados Unidos, Embajador de Colombia ante el Vaticano, y Decano° de Filosofía y Letras de la Universidad de Los Andes en Bogotá.

** *El Tiempo:* El diario de la mañana más influyente en Colombia. Se publica en la capital con una tirada de 110.000 ejemplares. Su director es Juan Peña.

Dean

a deteriorarse. En cada rincón del mundo donde nacía una lengua romance, el pueblo buscaba un lenguaje que le fuera suyo, propio, particular. Cada nuevo romance era un conjunto° de imágenes que se echaban al aire° y en el aire se sostenían, caminaban, iban de una provincia a otra, regresaban, hacían sus nidos° en los árboles de la memoria. Sería de encanto° poder incursionar° en los laberintos perdidos del siglo anterior a estos mil años que ahora celebramos, y oír al pueblo que luchaba por su independencia. En las canciones de cuna° de las palabras, iban a mecer° los de Castilla criaturas distintas de las de Roma, o Provenza, o Cataluña... ¿Cuántos años, o siglos, habría que esperar hasta que el monje de San Millán de la Cogolla[1] viniera a extender el acta de independencia?

    Si cada una de las palabras distintas que figuran en el texto del monje la sacáramos aparte para definirla en un primer diccionario de la lengua escrita castellana, el diccionario cabría° en una hoja de papel. Sería un ejercicio ejemplar. Para definir cada una no se podría recurrir a° otros textos. Las autoridades serían Pedro el cabrero°, Juan el hortelano°, Diego el porquero°. Gracias a Dios estas autoridades analfabetas° no podrían revisar el trabajo literario. Así los primeros académicos se ahorrarían° los sermones de un pueblo que pudiera objetar la obra. Por cada voz de las registradas por el monje ¿no quedaban por fuera ciento flotando libres en el aire?

    En cuanto el castellano se emancipa del latín comienza a formarse una cultura. Era el latín una abstracción. En un lenguaje común la personalidad pierde sus rasgos distintivos. Hoy mismo lo vemos en ese lenguaje postizo° de palabras copiadas, emprestadas°, que hacen del discurso un eco. Fue necesaria la independencia del idioma para ir a la reconquista de la personalidad. El somos nos-otros, el sois vos-otros, marcan nuevas fronteras, territorios en donde el hombre se expresará y vivirá de otra manera. El castellano se movió un día en busca de un estilo que lo diferenciara del francés, del alemán, del inglés. Yo digo *perro*, tu dirás *dog*, él dirá *chien* y ahí mismo se abre el abanico° de las culturas. No hay que creer en la cultura en singular. A través de los siglos va fijándose°, en estilos, maneras, autenticidades° de los pueblos, el ser de las naciones. Se comienza por el folclore y se termina por *La divina comedia*, el *Quijote*, Shakespeare. Pero lo primero es la independencia en el lenguaje. Si nosotros, los de América, seguimos con el castellano, es porque aún nos liga° la

LENGUAS, NACIONES, PAÍSES, E INDIVIDUOS

intimidad familiar del pueblo a que más nos sentimos vecinísimos°.

En ningún otro libro ha quedado mejor pintado el testimonio de esta ligazón° del pueblo y la literatura que en *Don Quijote*. La mitad del libro está en el discurso de un hombre salido de los libros y la otra mitad en el de un analfabeto. Este diálogo, único en las letras, es ejemplar por el respeto mutuo que une a los dos interlocutores°, salidos de niveles tan distantes y echados a caminar juntos por La Mancha... Todas estas reflexiones me las he hecho en Guanajuato.² Ciudad lejana, si las hay°, de La Mancha, pero en donde hasta el más ignorante sabe y siente cuanto le pasó en la venta° a Don Quijote o las angustias de Sancho el día que lo mantearon°.

Hablando la misma lengua nos entendemos. Hablando en buen romance°. Con las palabras que fueron al principio de nuestra independencia. Con los puntos de referencia que forman la raíz de la patria y no el eco de lo que los otros digan.

La fórmula de la autenticidad nos la da el lenguaje. Sería ésta: saber un poquito más de las culturas ajenas°, y un poquito más de la cultura propia.

very close neighbors

bond

interlocutors

si... if there are such things
inn
lo... tossed him in a blanket
en... in plain language

foreign

Notas

1 *San Millán de la Cogolla:* Monasterio español y monumento nacional situado en la provincia de Logroño, fundado por San Millán el año 737.
2 *Guanajuato:* Ciudad de origen colonial, situada en la zona central de México.

Cuestionario

1 ¿Cómo describe Arciniegas la relación entre el castellano y el latín?
2 ¿Cuáles son las fuentes más fidedignas° de las definiciones de las palabras del castellano?   reliable
3 Según el autor, ¿hay algo que ligue el español de América con el español de la Península?
4 Describa, según su propio criterio, la diferencia entre la lengua de la literatura y la lengua del pueblo. ¿Cómo se diferencia la lengua literaria de la hablada?

España y América: la influencia involuntaria/Entrevista a Julián Marías
Elsa Arana Freire*
OPINIONES LATINOAMERICANAS**

Miami, junio de 1980

Julián Marías, el más fiel continuador del filósofo José Ortega y Gasset es, desde siempre y desde lejos, su discípulo predilecto°. Autor de ensayos y tratados donde el pensamiento orteguiano aflora pero al que enriquece con aportes° personalísimos, la mirada incansable de Marías recorre y juzga diversos ámbitos° de la conducta humana.

Marías tiene una palabra ajustada° para responder las problemáticas del hombre político. Aparentemente tímido, profundamente reflexivo, escritor inagotable°, pensador metódico y disciplinado, tiene en las pocas arrugas° de su vida (65 años juveniles) unas aficiones° que van más allá o más acá de la pura especulación filosófica. Amante y conocedor del cine, habla también de la comunicación en el futuro y de lo subutilizada que todavía la televisión se encuentra para encarar° los grandes temas de la cultura.

Rodeado de cuadros, de libros, de recortes° de periódicos, hablar con él en su escritorio (enclavado en su casa), es sumergirse en lo actual, hojear° hacia el pasado y mirar derecho al año 2000.

favorite

contributions
recorre... looks through and judges varied latitudes
well suited

inexhaustible
wrinkles
interests

confront

clippings

leaf

* *Elsa Arana Freire:* Escritora nacida en Bélgica y nacionalizada en Bolivia, que reside actualmente en Madrid desde donde colabora en varios periódicos y revistas de América Latina.

** *Opiniones Latinoamericanas:* Revista mensual publicada por ALA. Su director es Arturo Villar. (Véase pág. 5.)

LENGUAS, NACIONES, PAÍSES, E INDIVIDUOS

Nacido en 1914, padre de cuatro hijos, ha escrito entre otros, los siguientes volúmenes: *Historia de la filosofía, Introducción a la filosofía, El método histórico de las generaciones, La estructura Social, Ortega, Miguel de Unamuno, Los españoles...* y recientemente, *La mujer en el siglo XX*.

ELSA ARANA: A propósito del auge° que tiene actualmente en España un nuevo acercamiento a América Latina ¿cómo consideraría el pluralismo democrático en referencia con aquel Continente?

boom

JULIÁN MARÍAS: Lo único, que yo no diría "América Latina", a menos que se hable también del Quebec. Prefiero Hispanoamérica o América Hispana. Pero en fin, creo que es muy importante. A mi juicio° hay una influencia de España sobre América Hispánica que yo diría involuntaria y que es la que más me interesa. Porque no es lo que haga España a través de su política o su diplomacia. Todo esto está bien pero es secundario. Lo importante es la influencia involuntaria que España ejerce° simplemente por ser lo que es y nada más.

A... In my opinion

exercises

ELSA ARANA: ¿Qué quiere usted decir con esto?

JULIÁN MARÍAS: Es decir, los países de Hispanoamérica tienen mucha atención respecto a lo que de España les interesa. Creo por ejemplo que muchos de los problemas políticos de los últimos cuarenta años en Hispanoamérica proceden de que España no funcionaba bien políticamente,[1] puesto que estaba en una situación anormal. Creo que si en España la democracia se estabiliza, se consolida, se abre camino, automáticamente esto se reflejará en América y mejorará la situación. Por el contrario, si lo hacemos mal, si tenemos mala suerte, si fracasamos en España, esto tendrá consecuencias malas también para Hispanoamérica.

ELSA ARANA: Y al revés ¿qué cree usted que recibe España de por ejemplo la cantidad inmensa de hispanoamericanos[2] que han llegado a estas orillas a raíz de° tantas dictaduras[3] —algunas muy duras— que existen en varios países del Continente?

a... as a result of

JULIÁN MARÍAS: Bueno, yo generalizaría el problema. Creo que la influencia del hispanoamericano es mucho más profunda que esto. No se trata solamente de las circunstancias políticas o de las emigraciones. Creo que hay una comunidad efectiva, que es el idioma español. Piense en un escritor que escribe en español, de cualquier país y dondequiera que esté. Tiene un público que es la totalidad de los países hispánicos y no solamente el suyo. Un

LENGUAS, NACIONES, PAÍSES, E INDIVIDUOS

español no escribe solamente para los españoles, si realmente escribe. O un peruano no escribe para los peruanos sólo, o un mexicano, o un argentino. Estamos escribiendo para todos los que hablan español. Tenemos por tanto° un público que nos escucha, que responde, que nos pide algo, que nos objeta, que nos critica y por tanto nos movemos en un mundo mucho más amplio que el mundo de nuestro país respectivo. Además, nos leemos mutuamente...

por... therefore

ELSA ARANA: Tengo entendido que es usted un asiduo visitante de Estados Unidos.

JULIÁN MARÍAS: Sí. Es un país interesante, sumamente interesante. Además con una realidad tan poderosa en todos los órdenes que no hay más remedio que contar con él° en muchos sentidos. Creo que sería menester° una cooperación muy real entre la América Hispánica, Estados Unidos, y Europa Occidental. Somos las tres partes de una realidad que se llama Occidente que es muy superior a cada una de esas partes. Cada vez siento más que tengo un patriotismo europeo muy fuerte, que tengo un patriotismo hispánico total y que siento un patriotismo occidental definitivo. Porque Occidente ha hecho una inmensa cantidad de cosas

contar... to take it into account / necessary

interesantes, creadoras... ha representado una afirmación de la libertad a lo largo de toda su historia.

Notas

1 *España no funcionaba bien políticamente:* Se refiere al régimen del General Franco (1939–75) que dirigió a España sin libertades democráticas. Véase el capítulo VII.
2 *la cantidad inmensa de hispanoamericanos:* Desde la caída del Presidente Salvador Allende en Chile (1973) hasta el golpe de estado del General Videla en la Argentina (1976), se calcula que emigraron a España más de 100.000 argentinos, chilenos, y uruguayos.
3 *tantas dictaduras:* En los momentos de la entrevista, solamente Colombia, Venezuela, el Ecuador, Costa Rica, la República Dominicana, Honduras, y México tenían un régimen político formalmente democrático. Véase el capítulo VIII.

Cuestionario

1 ¿Qué quiere decir Marías con la "influencia involuntaria" de España sobre América Latina?
2 ¿Por qué no le gusta a Marías el nombre de "Latinoamérica" o "América Latina"?
3 ¿Cómo es la influencia de Hispanoamérica en España?
4 ¿Para quién escribe Marías? ¿Solamente para los lectores españoles?
5 ¿Qué opinión tiene Marías de los Estados Unidos? ¿Está usted de acuerdo?
6 ¿Qué es "Occidente", según Marías?
7 ¿Cuál es el "patriotismo hispánico" de Marías?

Votarán vascos y catalanes para decidir su autonomía

EFE*

Madrid, 16 de octubre de 1979

Vascos y catalanes votarán, la semana próxima,[1] para decidir si estas regiones —que se cuentan entre las más avanzadas políticas, social y económicamente— deciden su autonomía en el estado nacional.

El proceso autonómico, que, en el pasado, provocó grandes crisis nacionales, es hoy un hecho irreversible en toda la geografía española.

Además de los vascos y catalanes, que votarán el 25 de octubre, serán autónomos, más adelante, andaluces, gallegos, castellanos y leoneses, manchegos,[2] riojanos,[3] valencianos, y extremeños,[4] canarios°.

Los vascos, fuertemente industrializados, ocupan cuatro provincias del norte español: Vizcaya (1.043,000 habitantes), Guipúzcoa (631.000), Navarra (464.000), y Alava (204.000).

El caso de Navarra es especial, ya que, allí y en otras partes de España, se discute todavía si pertenece o no al país vasco, algo que se decidirá en los comicios° de la próxima semana.

Una encuesta° realizada recientemente por el semanario° *Cambio 16*, de Madrid, indica que el 42,2 por ciento de los navarros están a favor de la integración con los vascos, mientras que un 25 por ciento se opone. El resto se declaró indiferente.

andaluces... inhabitants of the regions of Spain

elections
survey / weekly magazine

* *EFE*: Agencia española de noticias, equivalente a AP (Associated Press) y UPI (United Press International) en los Estados Unidos. EFE es una empresa estatal y suministra información a la casi totalidad de los diarios españoles y también a numerosos periódicos latinoamericanos. Su director es Luis María Ansón.

LENGUAS, NACIONES, PAÍSES, E INDIVIDUOS

Mientras que el proceso de autonomía vasca ha estado teñido° por la violencia política y la acción de grupos terroristas, en Cataluña no ha habido incidentes.   stained

Los catalanes están repartidos° en cuatro provincias: Barcelona, segunda en población (3.700.000) de España, Tarragona (432.000), Gerona (414.000), y Lérida (347.000).   distributed

La autonomía de una región no supone que España vaya a transformarse en un país federal.

Pero cada región autónoma tendrá un parlamento regional, un gobierno con un presidente designado por el Rey, un tribunal superior de justicia, y atribuciones° sobre sus impuestos° y la enseñanza.   jurisdiction / taxes

Notas

1 *la semana próxima:* Desde 1979, el País Vasco y Cataluña poseen autonomía política bajo unos estatutos especiales refrendados por el Parlamento español, aprobados por los ciudadanos vascos y catalanes, y sancionados por el Rey Juan Carlos I. El Parlamento vasco se reúne en la ciudad de Vitoria, capital de la provincia de Alava, y el catalán en Barcelona.
2 *manchegos:* Habitantes de La Mancha, zona de España, incluida en Castilla la Nueva, al sur de Madrid y que se extiende por las provincias de Ciudad Real y Albacete principalmente.
3 *riojanos:* Habitantes de La Rioja, zona del norte de España, que comprende principalmente la provincia de Logroño.
4 *extremeños:* Habitantes de Extremadura, región española, situada entre Castilla la Nueva y Portugal. Tiene dos provincias: Cáceres y Badajoz.

Cuestionario

1 ¿Cuáles son los grupos españoles que iban a votar para decidir la cuestión de su autonomía? ¿Cuántos grupos hay en España, según el artículo, que quieren su autonomía política?
2 Resuma el artículo en un párrafo de cien palabras.

3 Amplíe el artículo en forma de una composición escrita como un editorial contra la autonomía vasca. Si lo prefiere, escriba esta composición a favor de la autonomía vasca.
4 Trate de ampliar este artículo en forma de un discurso político a favor de la autonomía de todas las regiones, provincias, y estados del mundo. Trate de ser elocuente y dramático. Imagine que usted es un político español, o de Quebec, o quizá un defensor de la causa de los estados del sur durante la Guerra de Secesión.
5 ¿Hasta qué punto cree usted que la autonomía es necesaria?
6 Compare la autonomía estatal de los Estados Unidos a la regional de España.

La manera de ser de Cataluña
LA VANGUARDIA*

Barcelona, 11 de septiembre de 1978

La personalidad de los pueblos se manifiesta, ciertamente, por su lengua y su cultura, pero, sobre todo, por su manera de ser°, por los hábitos adquiridos y transmitidos de generación en generación, que constituyen ya reacciones espontáneas de sus hijos.

    Cataluña[1] se encuentra ante un momento de su historia en que va a recuperar, en mayor o menor grado, su capacidad de autogobierno°. Es decir, Cataluña podrá mostrarse tal como es y organizarse de acuerdo con su personalidad y de nada serviría el Estatuto de Autonomía[2] si además de la lengua y la cultura no recuperará sus hábitos como valores cívicos.

    No podemos ignorar que en estos momentos hay unos condicionantes° que no favorecen precisamente la expresión pública de la sustancia catalana: la ofensiva ideológica igualitaria y masificadora°, la crisis económica y la escasa operatividad° de la empresa privada local frente al capitalismo multinacional.

    Cataluña ha sido próspera porque sus hijos amaban la libertad y, haciendo un recto° uso de ella, abrieron caminos de progreso y de prosperidad. Un escritor político del siglo pasado, José Gómez Hermosilla, escribió lo siguiente: "...entre nosotros la provincia más industriosa y trabajadora es la de Cataluña, y lo es precisamente desde que se recargaron° sus contribuciones, acabada la Guerra de Sucesión.[3]" La necesidad estimula y el catalán, dejando aparte todos los tópicos°, ha tenido siempre vivo y despierto el espíritu de iniciativa. Tanto cuando lleva sobre sus espaldas la

manera... personality

self-government

factors

combining into masses / *escasa...* limited operation

prudent

se... increased

platitudes

La Vanguardia: Diario de la mañana publicado en Barcelona. Fue fundado en 1881 y es su propietario Don Carlos Godó. Tiene la circulación mayor de España, con una tirada de 320.000 ejemplares. Es su Director Horacio Sáenz Guerrero.

LENGUAS, NACIONES, PAÍSES, E INDIVIDUOS

Sardana en la Plaza del Rey de Barcelona

represalia° económica de una guerra perdida, como en los momentos difíciles de la crisis que, con más o menos periocidad°, destruyen la armonía de las colectividades.

Durante la larga crisis que siguió a la hecatombe° de Wall Street en 1929, unos americanos se pusieron a vender manzanas en las esquinas y otros pidieron limosna°. Los catalanes estarían entre los que vendían manzanas. O deberían estar, si no olvidaban su naturaleza.

Este espíritu creador y enamorado del trabajo y de la libertad no es una manifestación exclusivamente burguesa y de privilegio. Al contrario: es igualador porque no cierra puertas. ¡Cuántos descubrimientos capitales de la industria textil son obra de

reprisal
con... more or less cyclically
crash

charity

contramaestres°! Y nos referimos a esta industria por estar tan unida a la manera de ser catalana y por su tradición. En Cataluña, la sociedad tiene una enorme plasticidad°. No es una sociedad fósil. Las grandes familias entran en decadencia inapelable° y surgen de la nada nuevos grandes hombres de empresa°; la tierra cambia de mano y los aparceros° siempre llegan a propietarios. Es la vida real y en movimiento.

Ante la autonomía y, a pesar de las presiones° ideológicas, la angustia° de la crisis, y el expansionismo del capitalismo internacional, Cataluña tiene que presentarse como ha sido siempre, dispuesta a no considerar el reparto del pastel como el ideal supremo, sino a engrandecerlo para que la distribución satisfaga a todos°.

<small>foremen

flexibility
unavoidable
hombres... captains of industry
sharecroppers, tenant farmers
pressures
anxiety

reparto... distribution of the pie as the highest goal, but to increase its size so that it can satisfy everyone</small>

Notas

1 *Cataluña:* Situada al noreste de la Península Ibérica; tiene una población de seis millones. La mayor parte de ellos hablan catalán, lengua de origen latino.
2 *Estatuto de Autonomía:* Legislación española que reconoce el autogobierno en las provincias como Cataluña y las Vascongadas.
3 *Guerra de Sucesión:* Cuando el monarca de la dinastía de los Austrias Carlos II murió sin sucesión, Felipe V de Borbón heredó el trono. Cataluña, Aragón, y Valencia apoyaron a los rivales de Felipe V, perdieron la autonomía, y tuvieron que soportar nuevos impuestos.

Cuestionario

1 ¿Es la lengua catalana igual a la española?
2 ¿Es que existe una flexibilidad en el espíritu catalán?
3 Según el autor, ¿cuál es el futuro de los catalanes?
4 Haga una comparación entre su propio modo de ser y el del catalán, según la descripción del autor.
5 Luego de una crisis económica, ¿cómo haría usted para respaldar la iniciativa de un país destruido?
6 ¿Es un ideal la autonomía?

Estados y regiones
Jorge Edwards*
EL TIEMPO

Bogotá, 9 de enero de 1979

Se ha señalado con frecuencia que mientras en Europa se desarrolla la política comunitaria°, se hacen elecciones directas para elegir el parlamento europeo, se coordinan las economías y los sistemas defensivos, rebrotan°, con una virulencia inusitada°, los antiguos nacionalismos y regionalismos: el de los vascos, el de los irlandeses, el de los bretones,[1] catalanes, y flamencos.[2] Se perfilan° las instituciones del año 2000 y reaparecen, al mismo tiempo, tendencias que parecían propias de la Edad Media, anteriores a la creación de los estados centralizados y absolutos.

    Más que una verdadera contradicción, es una paradoja muy propia de estos tiempos. El movimiento supranacional ha coincidido con la crisis de los estados nacionales modernos, que son, al fin y al cabo, organismos bastante recientes en la historia europea, con poco más de un siglo en los casos de Alemania e Italia. Se debilita el aparato estatal, se busca la descentralización, y saltan de immediato las antiguas fuerzas nacionales que estaban contenidas y que rara vez coinciden con los límites administrativos fijados por la historia. Es otra manifestación de la entrada en una nueva Edad Media, una Edad Media en que los organismos del poder son enteramente seculares y en que el centro del imperio se ha desplazado° fuera de los antiguos límites de la Cristiandad.

° of the Common Market

° are breaking out / *virulencia...* unusual strength
° *se...* are outlined

° moved

* *Jorge Edwards:* Escritor chileno. Fue embajador de Chile en Cuba, vivió exilado en Europa y es autor de varias novelas (*Persona non grata* y *Los convidados de piedra*).

LENGUAS, NACIONES, PAÍSES, E INDIVIDUOS

El general de Gaulle[3] había captado° la crisis de los estados nacionales y quiso construir una Europa fuerte, que sirviera de tercera fuerza entre el bloque soviético y el norteamericano. Pero el general de Gaulle, al mismo tiempo, nunca aceptó renunciar a su nacionalismo francés, el de Luis XIV y de Napoleón, de quienes se sentía heredero° en línea directa, el de la "grandeur" de todos sus discursos. Ésta sí que era una contradicción sin salida posible. En lugar de ceder poderes nacionales, el general quería una comunidad dominada por la presencia de Francia y de su persona. Si se admite a los ingleses, argumentaba, Inglaterra servirá de caballo de Troya° para la infiltración norteamericana. La concepción del general de Gaulle hizo crisis, pero no se sabe hasta qué punto Europa, en su situación actual, es capaz de hacer frente a° la presión de los dos grandes bloques. Por un lado penetran las transnacionales°, sus ingresos distorcionan todas las monedas nacionales° y provocan la fiebre especulativa del oro; el mundo soviético, entretanto, adquiere un control cada vez mayor de las fuentes de suministro al occidente europeo.

A pesar de todo, el movimiento comunitario avanza. La instauración de un parlamento europeo elegido por sufragio universal no es una pura cuestión retórica. Y España, que se había mantenido fuera de esta evolución, enquistada°, por obra y gracia del franquismo, en un estado centralizado de tipo decimonónico°, empieza a incorporarse a esta Europa nueva, cuya gran respuesta, frente a los bloques de poder mundial, sigue siendo la creación de una comunidad económica y política. Uno se pregunta hasta qué punto la agitación terrorista es una táctica para retardar esta evolución, que tendría que desembocar° en una Europa integrada, independiente, y fuerte, fenómeno que probablemente no interese a ninguno de los centros del poder actual; y que no interesa desde luego a la Unión Soviética. Por eso se observa la otra extraordinaria paradoja de que los chinos sean los más ardientes partidarios° del fortalecimiento° europeo y sin duda, aunque no sé si lo han declarado, del ingreso de España en la OTAN°.

Una reflexión adicional y no del todo impertinente°: los países del sur de América Latina, con sus proclamas patrióticas y sus querellas° territoriales, parecen, parecemos, mejor dicho, enteramente ajenos a° estos problemas de vísperas° del año 2000. Todo demuestra que el mundo está intercomunicado al máximo grado. Una noticia° de Nicaragua, o una elección en Suecia ya no nos dejan indiferentes, como habría ocurrido hace pocos años. Y sin embargo, solemos actuar como si el universo, en lugar de comenzar detrás de la cordillera° de los Andes, terminara en ella, en las altas cumbres° que nos tapan° la vista.   mountain range / peaks / block

Notas

1 *bretones:* Naturales de Bretaña, antigua provincia de Francia situada al noroeste del país. Su ciudad más importante es Rennes.
2 *flamencos:* "Flemish", naturales de Flandes, antiguo región que en la actualidad está incluido en partes del noroeste de Francia, noroeste de Bélgica, y sur de Holanda. Sus ciudades más importantes son Brujas (Bélgica) y Gante (Holanda).
3 *de Gaulle:* Militar francés que fue el portavoz° de la Francia Libre desde Londres durante la ocupación alemana de su país. Llegó a ser Presidente de Francia.   spokesman

Cuestionario

1 ¿Qué es lo que se entiende por la frase "el movimiento supranacional"? ¿Qué quiere decir "el movimiento comunitario"?
2 ¿Hay un movimiento comunitario en América Latina similar al europeo?
3 Reduzca este artículo a un párrafo de cien palabras.
4 Hágale a Edwards cuatro preguntas y contéstelas con la información incluida en el artículo.
5 Para avanzar económicamente y políticamente, los países de Europa tienen que integrarse en el movimiento comunitario. Comente.

La población antillana
EL MIAMI HERALD*

Miami, 22 de octubre de 1977

La República Dominicana, que en ocasiones ha vivido a la sombra de Haití, duplicará su población en el curso de los próximos 23 años y se pondrá por encima° de su superpoblado vecino antillano.

se... will surpass

El Buró de Referencia Demográfica° señala ése como el más significativo fenómeno demográfico de las Antillas, que a fines del siglo pasarán a tener 44 millones de habitantes.

Buró... Census Bureau

Eso es más de lo que tienen hoy los tres países del Cono Sur, pues la población combinada de Uruguay (2.800.000), Chile (11.000.000), y la Argentina (26.100.000), es de 40.000.000.

La población antillana a mediados de 1977 era de 28.000.000.

La República Dominicana tenía 5.000.000 y la población de Haití llegaba entonces a los 5.300.000.

Sin embargo, para el año 2000 la población dominicana se situará en los 10.700.000 mientras que la de Haití subirá sólo a los 7.900.000.

La situación responde al hecho de que en la República Dominicana se registran más nacimientos y menor mortalidad que en Haití. La expansión demográfica dominicana es de 46 por mil contra 36 por mil de Haití, y el índice de defunciones° es de 11 por mil contra 16 por mil de Haití.

índice... mortality rate

Cuba seguirá siendo la isla más poblada de las Antillas, pues

---

* *El Miami Herald:* En 1976, el prestigioso diario de Miami, *The Herald*, comenzó a publicar un suplemento, *El Herald*, de más de veinte páginas diarias y a todo color, con noticias y comentarios en español sobre América Latina y la actualidad local y nacional. Su primer director fue Frank Soler, y luego Roberto Fabricio. *The Miami Herald* tiene una tirada de más de 400.000 ejemplares diarios, y el suplemento, *El Herald*, 90.000.

LENGUAS, NACIONES, PAÍSES, E INDIVIDUOS

aun cuando su índice de natalidad es sólo de un 22 por mil, su mortalidad baja al 6 por mil.

Las siguientes son las cifras dadas por el Buró sobre la Población de las entidades políticas de las Antillas:

POBLACIÓN (millones de habitantes)

País	1977	2000
Cuba	9,6	14,9
Dominicana	5,0	10,7
Haití	5,3	7,9
Puerto Rico	3,2	4,1
Jamaica	2,1	2,8
Trinidad	1,0	1,3
Francesa[1]	0,7	1,0
Bahamas	0,2	0,3
Barbados	0,2	0,3
Granada	0,1	0,1
Holandesa[2]	0,2	0,4

[1] Entidad formada por Martinica y Guadalupe.
[2] Grupo formado por Aruba, Bonaire, y Curazao.

Las cifras del buró reflejan que el Mar de las Antillas seguirá siendo predominantemente castellano en el año 2000, con 29.700.000 de personas de ese idioma, 8.900.000 de habla francesa, 4.500.000 de habla inglesa, y 400.000 de habla holandesa.

Cuestionario

1 ¿Cuál es la nación más poblada de las Antillas?
2 ¿Cuál es la segunda? En el año 2000, ¿qué país ocupará el segundo lugar de las Antillas en población?
3 ¿Qué lengua se hablará más en el Caribe en el año 2000?
4 Resuma este artículo en un párrafo.
5 Con el alza de la población en los países antillanos, ¿cree usted que la mortalidad va a bajar o crecer? ¿Por qué?
6 Si fuera usted presidente de la República Dominicana, ¿qué medidas emplearía para controlar el aumento de la población?

El mosaico latinoamericano
Rodolfo H. Terragno*
REVISTA K/EL COMERCIO**

Quito, julio de 1980

Las fronteras tienen, en América Latina, un origen no compartido por otras regiones del mundo.

En general, no corresponden a una separación previa, entre *naciones* establecidas. Son, más bien, la herencia° de divisiones administrativas, trazadas° para comodidad de una metrópoli, España.

inheritance
laid out

No obedecen tampoco —salvo el caso de Brasil— a un reparto colonial. Ni demarcan países idiomáticos, sino en caso del propio Brasil y el de Guyana. No son, en general, divisorias de lenguas ni de religiones.

Si los límites territoriales son —siempre— una convención, en América Latina ese carácter convencional aparece nítidamente°.

clearly

Hubo, por cierto, intereses que ayudaron a fijar tales convenciones. Antes de que el verbo *balcanizar*[1] fuera acuñado°, los

coined

---

* *Rodolfo H. Terragno:* Periodista argentino radicado en Londres, que fue director de la revista *Cuestionario* en Buenos Aires y, más recientemente, de *El Diario de Caracas.*

** *El Comercio:* Diario del Ecuador. Se publica por la mañana en Quito con una tirada de 120.000 ejemplares. Su director es Jaime Mantilla Anderson.

imperios ya sabían que era conveniente seguir el consejo de Maquiavelo: *divide ut regnes*.[2]

A veces, la división fue provocada sin sutileza. Es lo que ocurrió a principios de siglo en Panamá, donde los segregacionistas° recibieron estímulo del norte: quince días depués de que ellos lograran la independencia, Estados Unidos obtuvo para sí la zona del canal.

Se dio, también, una expropiación: la que resultó de aquella guerra desigual entre México y Estados Unidos, cuando los norteamericanos auspiciaron° la secesión de Texas.[3]

Existieron, por último, agentes y comerciantes forasteros°, que echaron leña° a algunos fuegos y provocaron, por ejemplo, que la codicia del nitrato° terminara en la amputación de Bolivia.[4]

Como quiera que sea, las fronteras se han fijado. En algún caso —el de Paraguay fue patético[5]— un pueblo se ha desangrado° en la lucha por el terreno. Hoy, sólo queda un remanente de controversias y, objetivamente, las que más cuentan son las referidas a Belice,[6] las islas Malvinas[7] (puerta de la Antártida, un espacio cuyas fronteras, sin embargo, no son un asunto doméstico de los latinoamericanos) y la Guayana Esequiba.[8] En todos los casos, la disputa es con una potencia ajena al área, salvo el caso de Guyana: el joven país sudamericano que, en 1966, heredó el pleito° de Venezuela con Gran Bretaña.

Ningún país, fuera de Bolivia (salida al mar), y El Salvador (densidad de población), tiene una necesidad vital de espacio. Hay pequeñas naciones cuya dimensión las hace inviables: ellas tendrán que buscar en la integración las fórmulas capaces de superar su insuficiencia; ninguna puede soñar con la expansión física. Sólo los bolivianos pueden proponerse un crecimiento —hacia el mar— y sus vecinos están obligados a cooperar en la búsqueda de un camino.

Los otros no son problemas decisivos. Sin embargo, suelen ser agigantados°. Chile y Argentina han estado al borde de una guerra por la posesión de tres islotes[9] inhóspitos. Es sugestivo que, siendo esa una antigua disputa, que se remonta° al siglo pasado, sólo ahora obligó a poner los dedos en los gatillos°: justo cuando, en ambos países, existen gobiernos que, en otros terrenos, no sobresalen por su nacionalismo. Las administraciones que devolvieron los yacimientos° de cobre a los extranjeros o golpearon a las industrias propias mediante carta blanca a la importación, se han mostrado dispuestas a un baño de sangre, en pos de° una soberanía territorial de dudosa importancia.

° separatists
° backed
° foreign
° firewood
codicia... greed for nitrates
se... has been drained
° dispute
° blown up out of all proportion
se... goes back
° triggers
° deposits
en... in pursuit of

LENGUAS, NACIONES, PAÍSES, E INDIVIDUOS

Notas

1 *balcanizar:* Se designa con esta palabra a la acción de desorganizar un país o región creando unidades independientes y hostiles. Se refiere al sistema que se practicó en 1910–12 en los Balcanes, la zona que ahora es Grecia, Albania, Bulgaria, la Turquía europea, y parte de Yugoslavia.
2 *divide ut regnes:* Quiere decir que el político tiene que dividir las fuerzas de sus adversarios para poder gobernar luego con plena autoridad.
3 *Texas:* En 1821 esta parte de las colonias españolas se convirtió en un estado mexicano. En 1835 los colonos norteamericanos se rebelaron y en 1845 declararon la independencia, y luego Texas se convirtió en estado.
4 *Bolivia:* Se refiere a la pérdida de la parte litoral° del Pacífico como resultado de la guerra de 1879–83. (Véase el siguiente artículo.)   coastal
5 *Paraguay:* Brasil, Argentina, y Uruguay derrotaron al Paraguay en la Guerra de la Triple Alianza (1864–70). En 1832 Paraguay se enfrentó a Bolivia en la Guerra del Chaco por disputas fronterizas.
6 *Belice:* Colonia británica situada al sur de la península de Yucatán, cuyo territorio es reclamado por Guatemala.
7 *Malvinas:* Islas bajo dominio británico situadas frente a la costa atlántica de la Argentina y que han sido reclamadas por este país.
8 *Esequiba:* Se refiere al río Esequibo que sirve de límite entre la antigua colonia británica de la Guayana y la región venezolana del mismo nombre.
9 *guerra. . . islotes:* Conflicto del Canal de Beagle. (Véase el siguiente artículo.)

Cuestionario

1 ¿Cuál es el origen de las fronteras de los países de América Latina?
2 ¿Cuál es el origen histórico de Panamá?
3 ¿Qué país latinoamericano no tiene salida al mar?

Conflictos fronterizos
Sonia Pascual*
REVISTA K/LISTÍN DIARIO**

Santo Domingo, 31 de julio de 1980

Estados Unidos/México

El tratado Guadalupe Hidalgo (1848) puso fin a la guerra entre ambos países. México, que había perdido Texas, cedió además Arizona, Alta California, y Nuevo México. En 1853, vendió a los Estados Unidos el territorio de la Mesila ($10 millones). No existen reclamos°.   claims

México/Guatemala

Los conflictos cesaron en 1895, cuando Guatemala aceptó un tratado desfavorable, a fin de impedir que México se valiera de°   *se...* make use of
las disputas y usara su mayor fuerza para expandirse hacia el sur. Guatemala había perdido Chiapas, incluido Soconusco (invadido en 1842). Al momento del tratado México codiciaba también el Petén. Guatemala renunció formalmente a Chiapas (con

---

* *Sonia Pascual:* Periodista argentina residente en Londres.

** *Listín Diario:* Es el periódico más antiguo de la República Dominicana. Su nombre indica su origen, pues al principio fue una "lista" simple de los barcos que llegaban al puerto de Santo Domingo, y los productos que traían. Su director es Rafael Herrera y tiene una tirada de 90.000 ejemplares.

Soconusco) y se fijaron los límites definitivos. En 1959 hubo una momentánea interrupción de relaciones a raíz de una presunta° violación de aguas territoriales por parte de pescadores mexicanos.

supposed

Guatemala/Gran Bretaña (Belice)

El territorio de Belice fue ocupado por Inglaterra en la época de la dominación española en América. Guatemala heredó el conflicto al independizarse, en 1821. En 1859 se firmó un convenio° aceptando los límites de hecho, pero según ese convenio Gran Bretaña debía construir una carretera entre Guatemala y la costa atlántica. La carretera no se construyó y Guatemala reanudó° el reclamo de Belice en 1933. Ante la eventualidad de que Gran Bretaña conceda la independencia a Belice, Guatemala advirtió en 1977 que sus fuerzas armadas invadirían el territorio en disputa si éste se convierte en estado independiente.[1]

agreement, pact
resumed

Guatemala/Honduras

En 1933, un tribunal internacional resolvió una controversia fronteriza que, durante casi un siglo, enfrentó a ambos países. El área disputada comprendía 2.000 millas, entre el río Motagua y la Sierra de Merendón. Entre 1853 y 1856 se desarrolló una guerra guatemalteco-hondureña. Ni la paz firmada en 1856 ni sucesivos convenios (1895, 1914) que encargaron la solución del conflicto a sendas° comisiones, habían alcanzado éxito alguno°. El tratado de 1933 derivó de una mediación de los Estados Unidos.

various / habían...
were at all successful

Honduras/El Salvador

Honduras reclama 198 kilometros cuadrados en posesión de El Salvador. Sin embargo, la llamada "Guerra del Fútbol" (1969, encendida por un encuentro deportivo), no se produjo por el problema fronterizo sino por conflictos derivados de la presencia de 300.000 inmigrantes salvadoreños en Honduras.

Honduras/Nicaragua

Un fallo° de la Corte Internacional de Justicia, aceptado por Nicaragua, otorgó° definitivamente a Honduras una región selvática, de 7.000 millas cuadradas de extensión, donde —según algunos indicios— podría existir petróleo. La zona en disputa ya había sido atribuida a Honduras por laudo° del rey de España, en 1906. Pero Nicaragua rechazó la decisión arbitral en aquella oportunidad. La intervención de la CIJ fue solicitada por ambos países, a instancias de la OEA.[2]

decision
granted

award

Nicaragua/Colombia

En 1979, Nicaragua declaró nulo el tratado Bárcena-Meneses-Esquerra, que reconocía a Colombia soberanía sobre el archipiélago° de San Andrés y Providencia, en el Mar Caribe. El gobierno revolucionario que sucedió a Anastasio Somoza alegó que el consentimiento de Nicaragua estaba viciado°, ya que suscribió aquel tratado (por lo demás contrario a su propia Constitución) bajo la presión de los Estados Unidos, que para la época había ocupado el territorio nicaragüense. Colombia reafirmó sus derechos sobre el archipiélago y destinó tropas para reforzar su custodia.

archipelago (chain of islands)

invalid

Perú/Chile

En 1929, con la devolución de Tacna, concluyó un litigio originado en la Guerra del Pacífico, declarada y ganada por Chile (1879–83) contra Perú y Bolivia. Por el Tratado de Paz se acordó que los habitantes de Arica y Tacna (peruanas hasta la guerra) decidirían mediante plebiscito° si aceptaban la soberanía de Chile, que la ejercía de hecho por ocupación militar, o querían reincorporarse al Perú. Sin embargo, Chile se negó luego a realizar tales plebiscitos y la situación creada fue resuelta en 1929 por un laudo arbitral de los Estados Unidos que ordenó la devolución de Tacna a Perú y adjudicó° Arica a Chile.

plebiscite (vote)

awarded

Bolivia/Chile

La Guerra del Pacífico (1879–83) implicó para Bolivia la pérdida de la provincia de Antofagasta y, con ello, una condena a la mediterraneidad: este país minero, que depende de la exportación, se quedó sin litoral marítimo. Por el Tratado de Paz (firmado recién en 1904), Chile le reconoció a perpetuidad libre derecho de tránsito comercial por su territorio y acceso a los puertos del Pacífico. Pero Bolivia ha mantenido su aspiración de tener litoral propio.

    Se discutió el establecimiento de un corredor de 8 kilómetros de ancho, en territorio chileno, bordeando el límite de Chile con Perú, el cual daría a Bolivia una salida al Pacífico. Pero, a cambio, Chile reclamó la cesión de un segmento del altiplano°, y Bolivia no acordó en cederlo. Además, un tratado de 1829 obliga a Chile a contar con la aprobación del Perú para disponer de territorios chilenos que pertenecían a Perú antes de la Guerra del Pacífico.

high plateaus

Sometido el proyecto de corredor a Perú°, este país se opuso a la fórmula chilena y propuso, en cambio, que el corredor llegara hasta la carretera panamericana. De allí hasta el Pacífico se crearía una zona tripartita°. Esto fue rechazado por Bolivia.

Otro punto de conflicto ha sido la utilización para fines agrícolas, por parte de Chile, de las aguas del Lauca, un río común a ambos países. Este problema provocó la ruptura de relaciones en 1963. Las relaciones se reanudaron en 1975 y volvieron a interrumpirse en 1977, al agravarse las tensiones por el problema de la salida al mar.

Sometido... When the corridor project was suggested to Peru

tripartite (governed by three parties)

Bolivia/Paraguay

La frontera quedó fijada tras la Guerra del Chaco (1932–35), mediante la cual ambos países procuraron dirimir° un conflicto originado el siglo pasado. El litigio se refería a la parte septentrional° del Gran Chaco, al norte del río Pilcomayo y al oeste del río Paraguay. Como resultado de la guerra, Paraguay se adjudicó° tres cuartos del territorio en disputa, pero Bolivia retuvo la parte precordillerana°, a la que se supone rica en petróleo.

to settle

northern

se... appropriated

located before a range or chain of mountains; in this case, it refers to the Andes

Chile/Argentina

Ambos países disputan, desde el siglo pasado, tres islas (Picton, Nueva, y Lennox) que, de hecho, están ocupadas por Chile. Argentina reclama tales islas, situadas en el sector atlántico del Canal de Beagle (en el extremo sur del continente) basándose, entre otras cosas, en un protocolo firmado en 1893, según el cual los dos países convinieron que "Chile no puede pretender ningún punto sobre el Atlántico, ni Argentina sobre el Pacífico". En 1971, las partes convinieron en pedir el arbitraje de la corona británica. Ésta, basándose en un veredicto de la Corte Internacional de Justicia, adjudicó las islas a Chile (1978). Argentina declaró "nulo" el fallo, que no tuvo en cuenta el protocolo de 1893. Hubo aprestos° de guerra. Una reunión de cancilleres°, reunida a instancia de los Estados Unidos en busca de una solución, terminó en un fracaso. El Vaticano decidió entonces que un delegado personal del Papa realizara una misión de buena voluntad, y finalmente logró que ambos países se sometieran al juicio de la Santa Sede°. Éste no se ha expedido aún.

preparations / high-ranking officials

Santa... Holy See

Colombia/Venezuela

Ambos países mantienen un diferendo° sobre delimitación de aguas marinas y submarinas en el golfo de Venezuela. Colombia tiene 40 kilómetros de costa sobre ese golfo, que sirve como "puerta de entrada" al golfo de Maracaibo, base de la riqueza petrolera venezolana. Se supone que la zona del diferendo posee, también, importantes reservas de petróleo. Esto ha acentuado el interés mutuo en el área, dificultando la solución del conflicto, que se remonta a finales del siglo pasado. Los presidentes Adolfo López Michelsen (Colombia) y Carlos Andrés Pérez (Venezuela), se esforzaron la década pasada por hallar una fórmula de solución, basada sobre la explotación conjunta de las aguas en disputa, pero no fue posible hallar una fórmula satisfactoria para ambos países. El diferendo está sometido a permanentes "conversaciones" entre los dos países.

dispute

Venezuela/Guyana

Venezuela reclama un territorio, la Guayana Esequiba, equivalente a dos tercios° de la superficie de Guyana. En 1966, antes de concederse la independencia de este último país, Venezuela y Gran Bretaña suscribieron, junto con representantes guyaneses, un acuerdo por el cual, si una comisión mixta no hallaba forma de° solucionar el litigio antes de 1970, éste sería sometido a las soluciones pacíficas previstas en la carta de la ONU.[3] La comisión mixta no resolvió el conflicto pero, en 1970, las partes firmaron el "Protocolo de Puerto España", estableciendo una moratoria de doce años (hasta 1982). El litigio se remonta a 1831, cuando Gran Bretaña ocupó la zona reclamada, incorporándola a la Guayana Británica.

thirds

no... did not find a way to

Ecuador/Perú

Ecuador reclama 175.000 kilómetros cuadrados que el protocolo de Río de Janeiro (1942) cedió a Perú. En 1960, el gobierno ecuatoriano denunció aquel protocolo, alegando que había sido impuesto por la fuerza: Perú había tomado la ciudad ecuatoriana de El Oro, hasta que Ecuador aceptó el protocolo. Éste, sin embargo, fue suscrito ante los cancilleres de casi todos los países americanos. La aspiración peruana sobre esa región —la del Alto Amazonas— se remonta al siglo pasado. Perú obtuvo el acuerdo materializado en el protocolo de Río de Janeiro. Por éste, Ecuador se redujo a la mitad del territorio al que se creía con derecho.[4]

Argentina/Gran Bretaña (Malvinas)

En 1833, Gran Bretaña ocupó militarmente las Islas Malvinas, situadas en el Océano Atlántico. Las islas habían pertenecido a España e integraban el territorio argentino desde la independencia de este país, en 1810. Tras la ocupación, las Malvinas (rebautizadas Falkland) pasaron a formar parte de los territorios de ultramar° del Reino Unido°. El archipiélago ha sido utilizado desde entonces como estación naval y de telecomunicaciones. No está confirmado que los mares adyacentes cubran importantes yacimientos de petróleo. Argentina ha reclamado sistemáticamente la devolución del archipiélago. Actualmente, ambos países mantienen conversaciones —en el marco de la ONU— con vistas a una solución definitiva.

 Argentina se atribuye soberanía sobre las Islas Malvinas, Georgias del Sur y un sector de la Antártida que incluye las Islas Orcadas del Sur.

overseas / *Reino...*
 United Kingdom

Argentina/Brasil/Paraguay

En 1979 se logró un acuerdo para la utilización del Río Paraná (que en su parte superior sirve de frontera a Paraguay y Brasil, más abajo separa a Uruguay de Argentina y finalmente se convierte en un río interior de este último país). En 1975, Brasil comenzó a ejecutar (en sociedad con Paraguay) la gigantesca represa° hidroeléctrica de Itaipú (más de 12 millones de kilovatios). Argentina sustuvo que la obra podía afectar la navegabilidad en el curso inferior del río, y a proyectos hidroeléctricos argentinos, como el de Corpus (también en sociedad con Paraguay), 300 kilómetros al sur de Itaipú. El acuerdo establece que Corpus tendrá una cota° de 105 metros, lo que le permitirá una potencia instalada de 4500 milivatios. También se pactaron normas para asegurar la permanente navegabilidad del río.

dam

share, quota

Notas

1 *Guatemala/Belice:* Se declaró independiente en 1981.
2 *OEA:* Organización de Estados Americanos.
3 *ONU:* Organización de las Naciones Unidas.
4 *Ecuador/Perú:* En enero de 1981, los dos países tuvieron choques armados por esta causa.

Cuestionario

1 ¿Cuál es la causa del conflicto fronterizo entre la Gran Bretaña y Guatemala?
2 ¿A qué se llama "Guerra del Fútbol"? ¿Cuál fue la causa verdadera del conflicto?
3 ¿A qué país pertenecía antes la zona norte de Chile? ¿Qué causó este cambio fronterizo?
4 ¿Por qué Bolivia no tiene una salida al mar?
5 ¿Qué ocurrió en la Guerra del Chaco?
6 ¿Dónde está el Canal de Beagle? ¿Qué problema ocasiona?
7 ¿Cuál es la causa del conflicto fonterizo entre Colombia y Venezuela?

El Pacto Andino
Ramón Escovar Salom*
REVISTA K/LA ESTRELLA**

Panamá, 31 de julio de 1980

El Pacto Andino[1] es de los intentos de integración más serios y más respetados de los últimos tiempos. Partió de ciertas rigideces° al principio, pero en la medida que pasa el tiempo° va ganando en originalidad para no parecerse a ningún esquema preconcebido ni a ningún dogma ideológico. La ALALC[2] (Asociación Latinoamericana de Libre Comercio) fue esencialmente un ejercicio tarifario° no orientado a aumentar la independencia sino a favorecer el intercambio°. Sus metas cronológicas no se cumplieron, como tampoco se honrarán los plazos° artificialmente propuestos en el Pacto Andino, porque éste es un proceso difícil de fijar en el tiempo. Sin abandonar el esfuerzo planificador habría que darle más participación a las necesidades que puedan incorporarse al sistema. En otras palabras, esto quiere decir que el acuerdo andino debe aprender a vivir de su propia originalidad sin excesos principistas, sin convencionalismos académicos y sin dogmatismos ideológicos. Lo importante es la integración como hecho acumulador y armónico.

    Es la política, más que la economía, la que ha venido a darle nuevos aires al Pacto Andino. La circunstancia de que casi todos

° rigidities
° *en...* as time goes on

° concerned with tariffs
° trade
° time limits

---

* *Ramón Escovar Salom:* Exministro de Relaciones Exteriores de Venezuela y autor de *América Latina: el juego sin fronteras,* es actualmente investigador de la Universidad de Harvard en los Estados Unidos.

** *La Estrella:* El diario más importante de la República de Panamá, con una tirada de 120.000 ejemplares. Su director es Leónidas Escobar.

LENGUAS, NACIONES, PAÍSES, E INDIVIDUOS

los países del grupo hayan buscado la legitimidad democrática[3] le ha ofrecido una nueva perspectiva. Además de Venezuela y Colombia, las dos democracias supervivientes de Sur América, ahora Ecuador y Perú, han entrado en el juego. Habrá que esperar con cautela° lo que ocurre en Bolivia, donde los factores tradicionales de poder han convertido en deporte nacional los asaltos al palacio presidencial.

con... cautiously

El hecho de que los países del Grupo sean vistos hoy con más respeto en las audiencias internacionales es porque ahora tienen un mensaje que no lo proporcionan los componentes de la industria automotriz°, cuyas discusiones se han llevado tanto tiempo, sino la actitud moral. Los signatarios del Acuerdo de Cartagena[4] no van a ser respetados por sus cañones° ni por su poderío technológico sino por el éxito que tengan en lograr un grado razonable de convivencia, de tolerancia, de dignidad nacional e internacional, y por el grado de eficiencia que logren sus sociedades.

industria... automotive industry

guns

Los países latinoamericanos, cualquiera que sea su sistema político, son cada vez más dependientes, precisamente por su debilidad tecnológica. Las economías desorganizadas e ineficientes, las tensiones sociales acumuladas, la inestabilidad política, la mentalidad de las clases dirigentes, todos esos factores han influido para restarle importancia a América Latina°.

restarle... reduce Latin America's importance / backwardness

Si no hubiese ningún otro indicador del atraso°, como el analfabetismo, la desnutrición, la marginalidad, la desigualdad, y las referencias expresadas a través del Producto Territorial Bruto,[5] una sola muestra sería suficiente para representarlo: la retórica. No es que la retórica en sí sea mala, sino que la que predomina todavía en América Latina es anticuada, anacrónica, llena de alusiones patrióticas, de cantos encendidos a las "glorias" del pasado, a la gesta° de la Independencia, y a los héroes de todas las batallas, verdaderas o imaginarias. Con esto nos colocamos fuera del presente y tratamos de encontrar la legitimidad en un origen homérico°. La historia así expresada nos hace daño porque disminuye el sentido de la acción, debilita la vivión del presente y, por supuesto, da muy escasa noción del porvenir.

heroic feat

Homeric (pertaining to Homer or his Greek epics)

Dentro de los anacronismos latinoamericanos están los pleitos fronterizos. Es una herencia del pasado que no hemos podido ni querido liquidar. De estas diferencias vive mucha gente y algunos gobiernos que buscan la legitimidad mediante una supuesta hostilidad exterior. Así se justifican algunas veces las compras de armamentos°, alimentadas° por diversos intereses nacionales e

arms / fed

LENGUAS, NACIONES, PAÍSES, E INDIVIDUOS

internacionales. El pleito fronterizo convierte a los países en actores ciegos. Por supuesto, se sabe muy bien que una guerra en serio, en la práctica, es muy difícil. La mediación internacional acude ante el conflicto armado. En cada país con problemas de fronteras suele haber "patriotas" que viven estas situaciones con fantasías delirantes y promueven toda clase de rencores.

Así como el Pacto Andino —además de acuerdo para la integración económica— ha derivado en entendimiento político para la defensa de ciertos principios, también puede servir para ambientar las negociaciones pendientes por problemas territoriales o marítimos.

La ortodoxia jurídica ha predominado en varios de los asuntos pendientes por fronteras. La ocasión suele ser propicia° para toda clase de disquisiciones° en donde abunda ese otro ejercicio latinoamericano, heredado de las Leyes de Indias:[6] la exégesis° jurídica. Los problemas territoriales pierden su naturaleza política y en lugar de ser vistos por los estrategas, son reducidos al microscopio jurídico. Por supuesto, de un pleito permanente puede vivir mucha gente. En la medida en que se atice° el "patriotismo" hay más controversia.

Los asuntos pendientes por deslinde° son incompatibles con un grado avanzado de desarrollo en América Latina. No se resolverán nunca si no hay la voluntad de lograrlo en cada país. Para eso no basta la sabiduría jurídica ni la fuerza militar. Es una cuestión política y como tal hay que mirarla.

¿Es concebible que países que obtienen un beneficio concreto de la integración no puedan negociar políticamente soluciones fronterizas? Es irracional que América Latina continúe cultivando y promoviendo estas confrontaciones.

No puede obtenerse un resultado duradero si en la negociación política no se tiene en cuenta el interés nacional del otro país. Si en el acuerdo andino no es posible crear el clima para estos fines y ayudar a obtenerlos es porque tampoco se puede ir más lejos en la integración.

El Grupo Andino ha mostrado su interés en crear instituciones. La Corporación Andina de Fomento o la Corte de Justicia o un futuro Parlamento[7] son pasos en ese sentido. Pero estas instituciones son demasiado débiles todavía y las que están por crearse lo serán por largo tiempo como para esperar que ellas sustituyan a las negociaciones políticas.

Los pleitos fronterizos son, en gran parte, consecuencia del colonialismo. Las demarcaciones por áreas marinas o submarinas, pendientes entre varias naciones de América, están muy vinculadas° también a estas consideraciones. Estos asuntos son demasiado importantes como para abandonarlos en manos de los especialistas.   *linked*

El acuerdo andino, originalmente económico, ganaría en vitalidad en la medida en que se le sumen otras sustancias, no prefiguradas en el orden conceptual, sino ofrecidas por la realidad. El realismo no es prescindir de° la realidad sino aprovecharla. Es entender los asuntos no como problemas sino como desafíos°.   *prescindir... dispense with / challenges / successes*

Uno de los aciertos° del presidente Belaúnde,[8] desde el comienzo de su carrera política, fue haber incorporado el tema de la comunicación y de la integración geográfica a la agenda política. Esto demuestra que las pautas° para la acción no son elaboraciones intelectuales y rígidas sino materia muy viva y flexible.   *guidelines*

El acuerdo andino es un programa de acción y como tal es susceptible de crecer con la acción.

Notas

1 *Pacto Andino:* Acuerdo comercial y tarifario firmado en mayo de 1969 por Colombia, Ecuador, Perú, Bolivia, y Chile. Más tarde se les agregó Venezuela y Chile, pero este último país se retiró en 1973 después del golpe de estado del general Pinochet. El nombre se refiere a los Andes, la cordillera que comparten todos estos países.

2 *ALALC:* Asociación Latinoamericana de Libre Comercio (en inglés llamada *Latin American Free Trade Association*), organización fundada en 1960 en la ciudad de Montevideo por Argentina, Paraguay, Chile, México, Brasil, Perú, y Uruguay.

3 *legitimidad democrática:* Se refiere a la calidad que solamente se logra por elecciones democráticas libres.

4 *Acuerdo de Cartagena:* Firma del Pacto Andino en esta ciudad de Colombia.

5 *Producto Territorial Bruto:* La suma de bienes y servicios producidos en un país (*gross national product,* en inglés).

6 *Leyes de Indias:* Recopilación° hecha en 1660 de las diversas reglamentaciones que España dio a los territorios de América durante la época colonial.   *collection*

7 *Corporación Andina de Fomento, Corte de Justicia, Parlamento:* Instituciones del Pacto Andino.

8 *Belaúnde:* Fernando Belaúnde Terry, Presidente del Perú que fue derrocado por los militares en 1968 y elegido de nuevo en 1980.

Cuestionario

1 ¿Qué ha sido más importante para el desarrollo del Pacto Andino, la economía o la política?
2 ¿Por qué dice el autor que los países del grupo tienen más autoridad?
3 ¿Qué opinión tiene el autor de la "retórica"?
4 ¿Por qué son anacrónicos los pleitos fronterizos?
5 ¿Cuál fue uno de los aciertos de Belaúnde?

Dámaso Alonso y la lengua española en América

Julia García Baldassarre*

OPINIONES LATINOAMERICANAS

Miami, septiembre de 1980

Dámaso Alonso, director de la Academia Española de la Lengua, poeta, crítico literario, lingüista y autor de importantes obras, nos concedió una entrevista recientemente en Buenos Aires, que resumimos a continuación°.   below, following

    La conquista española significó no sólo la posesión de tierras vírgenes, también la implantación de la lengua castellana en América. Perdidas las colonias, los españoles salieron confortados porque dejaron el gran legado° del idioma. Afirmó que existen 19   legacy
pueblos de habla hispana y alrededor de 300 millones de personas que hablan hoy el idioma español. Pero que sólo hay 36 millones de españoles, por lo tanto, la lengua madre se ha expandido por el mundo como retoños° de un frondoso° árbol.   shoots / leafy
    Factores crecientes, modificaciones constantes lo llevan a pensar en los cambios venideros°, de aquí a 50 ó 100 años. Se   future
atreve a predecir para ese futuro la existencia de una lengua hispanoamericana, y el "español sólo en España". Incluso la influencia inversa se percibió en el siglo XIX en el impacto que produjeron los escritores Andrés Bello, Cuervo, el modernismo de Rubén Darío, que deslumbró° a los españoles e influyó notable-   dazzled
mente en sus obras posteriores, así como actualmente marcan
rumbos° los barrocos americanos. Desde principio de siglo, los   directions

---

* *Julia García Baldassarre:* Es una escritora argentina que colabora en periódicos y revistas de América y Europa.

americanos hispanohablantes, han producido obras maestras, lo que en buen español llamamos "un boom", agregó° con picardía°.

    Hay que evitar —dice— el deseo de conservar la unidad básica de la lengua que hablamos. Es decir, que nuestra lengua esté sujeta, toda, a unas mismas normas gramaticales y que sea perfectamente comunicable entre los naturales de todas las naciones hiapánicas. La fórmula es procurar la conservación de las estructuras en el estado que hoy la usan los hablantes cultos de todos los países de nuestra comunidad lingüística, evitándose —y pone gran énfasis— los vulgarismos. Pero en cuanto a innovación o creación idiomática, es necesario que cualquier nuevo elemento sea común a todos los países hispanohablantes.

    Sería de desear —lo ideal— la unidad total en todo lo que innove, miles y miles de nombres de inventos, de aparatos, de verbos para usar esos aparatos. Pero hay que tener en cuenta que la innovación muchas veces consiste, por desgracia, en la adopción de extranjerismos°. Es verdad, agrega, que a veces molesta ver incorporada una voz extranjera. Pero no hay más remedio que aceptarla. Al menos habría que hacer todo lo posible para que

agregó... he added mischievously

foreign words

esos nombres y esos verbos fueran los mismos en todos los países de nuestro idioma. Esa sería una fórmula para que nos sigamos entendiendo en el año dos mil y algo...

En lo tradicional se debe respetar, sin embargo, lo establecido. Las formas nativas originales, voces distintas que proceden de lenguas habladas antes, en cada país (árabe, guaraní, quéchua, nahua, etc.). Son pues, elementos que introducen diferencias en el habla de cada nación, que se oponen a la unidad total, pero que no afectan la unidad básica —en la que yo hago tanto hincapié°, dice—, por la que por fin hay que luchar. A veces surgen elementos que parecen tender a desgastar° la unidad básica, por ejemplo el voseo°. Pero en este caso, Dámaso Alonso defiende desde hace años, a veces en polémica, incluso con algún gramático argentino, el tratamiento de *vos*, que debe ser absolutamente respetado, porque como ocurre en la Argentina es el tratamiento de la amistad, de la familia y del amor.

Pide, entonces, una unidad lo más completa posible pero que no contenga un sentimiento nacionalista. Nada de nacionalismos aisladores, apunta contundente°. Lo que nos interesa en la lengua castellana es que sus palabras y sus elementos significativos sean como la palabra lo indica: significativos, que tengan un valor de intercambio y que lo tengan en todo el ámbito de nuestra comunidad lingüística. Para que continúe siendo un vínculo de hermandad, de paz, y de cultura entre los hombres que la hablan hoy, y entre los cientos de millones que la han de hablar en el larguísimo porvenir.

No se confiesa enemigo del "purismo", pero lo pone en el lugar que le corresponde, sin darle tanta magnitud, ya que en estas épocas, reconoce que no puede estar en primera fila. Luego del análisis de los problemas más profundos, podrán, sí, venir las consideraciones puristas, siempre que no lleguen a enturbiar° lo claro.

emphasis

weaken
use of *vos*

convincing

obscure

Cuestionario

1 ¿Qué significa la conquista española, según Dámaso Alonso?
2 ¿Qué quiere decir el autor por una lengua hispanoamericana distinta del español hablada en España?
3 ¿Por qué deben evitarse los vulgarismos?
4 ¿Qué características deben tener las innovaciones en el lenguaje?
5 ¿Qué debe hacerse para adoptar las palabras extranjeras?

Sistema para la elaboración de frases técnicas

Marco A. Almazán*

OPINIONES LATINOAMERICANAS

Miami, septiembre de 1978

Hace algún tiempo un economista norteamericano, Mr. Philip Broughton, después de largos años de experimentación, inventó un sistema para la elaboración de frases técnicas, mediante° el cual —según él— se puede convertir en éxito cualquier frustración en el campo de los informes, discursos, conferencias, y escritos sobre temas económicos. Su método se denomina "Proyector Sistemático de Frases Cohete°" y por lo visto se ha venido utilizando en Estados Unidos con óptimos resultados. Tanto así que la revista *Newsweek* hizo una reseña° del mismo y poco después *Orientación Económica* de Caracas, Venezuela, la tradujo y publicó en español. Esta última versión la que, con la venia° de nuestros colegas norte y sudamericanos, a continuación damos a conocer a ustedes, por considerar que es de gran interés y utilidad para los lectores de estas latitudes, especialmente para aquellos que de cuando en cuando tienen que dirigirse a un selecto y erudito auditorio.

El sistema consta de treinta "palabras-cohete°" agrupadas° en tres columnas, cada una de las cuales lleva la numeración del 0 al 9:

° through

° *Proyector...* Systemic Projector of Rocket Phrases / review

° permission

° technical words, "Rocket Phrases" / grouped

---

* *Marco A. Almazán:* Escritor mexicano, diplomático, y columnista de diversos diarios latinoamericanos.

LENGUAS, NACIONES, PAÍSES, E INDIVIDUOS

COLUMNA 1	COLUMNA 2	COLUMNA 3
0. Programación	0. Funcional	0. Sistemática
1. Estrategia	1. Operacional	1. Integrada
2. Movilidad	2. Dimensional	2. Equilibrada
3. Planificación	3. Transicional	3. Totalizada
4. Dinámica	4. Estructural	4. Insumida
5. Flexibilidad	5. Global	5. Balanceada
6. Implementación	6. Direccional	6. Coordinada
7. Instrumentación	7. Opcional	7. Combinada
8. Retroacción	8. Central	8. Estabilizada
9. Proyección	9. Logística	9. Paralela

El método de empleo es el siguiente: Se escoge al azar° un número cualquiera de tres dígitos y se busca la palabra correspondiente a cada dígito en cada una de las tres columnas. Por ejemplo, vamos a suponer que elegimos el número 306. El 3 de la primera columna produce "planificación", el 0 de la segunda "funcional", y el 6 de la tercera "coordinada." "Planificación funcional coordinada". Otro ejemplo: el número 740 nos da "instrumentación estructural sistemática". Y otro más: la cifra° 835 nos lleva a la "retroacción transicional balanceada". Precioso, ¿no? Casi suena a las intrincadas° y esotéricas frases con que don Luís Echeverría[1] solía adornar sus kilométricas peroratas°.

Cualquiera de estas combinaciones puede insertarse en cualquier informe o conferencia y resonará° con decisiva e indiscutible autoridad. A ver quien le tose a° una "dinámica logística estabilizada". Según afirma Mr. Broughton, el inventor original del sistema, "nadie tendrá la más remota idea de lo que usted ha dicho, pero —y esto es lo verdaderamente importante—, nadie estará nunca dispuesto a reconocerlo".

Que pasen ustedes buen día, señores, dentro de una perfecta flexibilidad global equilibrada.

al... randomly

cifra figure

intrincadas intricate
kilométricas... long speeches
resonará will ring out
le... can compete with

Nota

1 *Luís Echeverría:* Presidente de México entre 1970 y 1976.

Cuestionario

1. ¿Qué inventó Philip Broughton?
2. ¿En qué ocasiones se emplean las frases del método?
3. ¿Qué quiere decir "dinámica logística estabilizada"?
4. ¿Dónde se ha utilizado este método con éxito?
5. Resuma en menos de cien palabras el método descrito.
6. Imagine que usted es un técnico que quiere impresionar a su audiencia. Elabore la primera parte de su discurso con el mayor número de frases técnicas. Comience así: "La mejor solución para nuestra compañía es la 'estrategia operacional', pero también creo que sería una buena idea mejorar la programación... "
7. Comente sobre el lenguaje empleado por los medios de comunicación en la actualidad. ¿Cree usted que la prensa de los Estados Unidos contribuye a enriquecer el lenguaje? ¿Por qué?
8. Critique el lenguaje usado por los políticos profesionales y por los abogados.

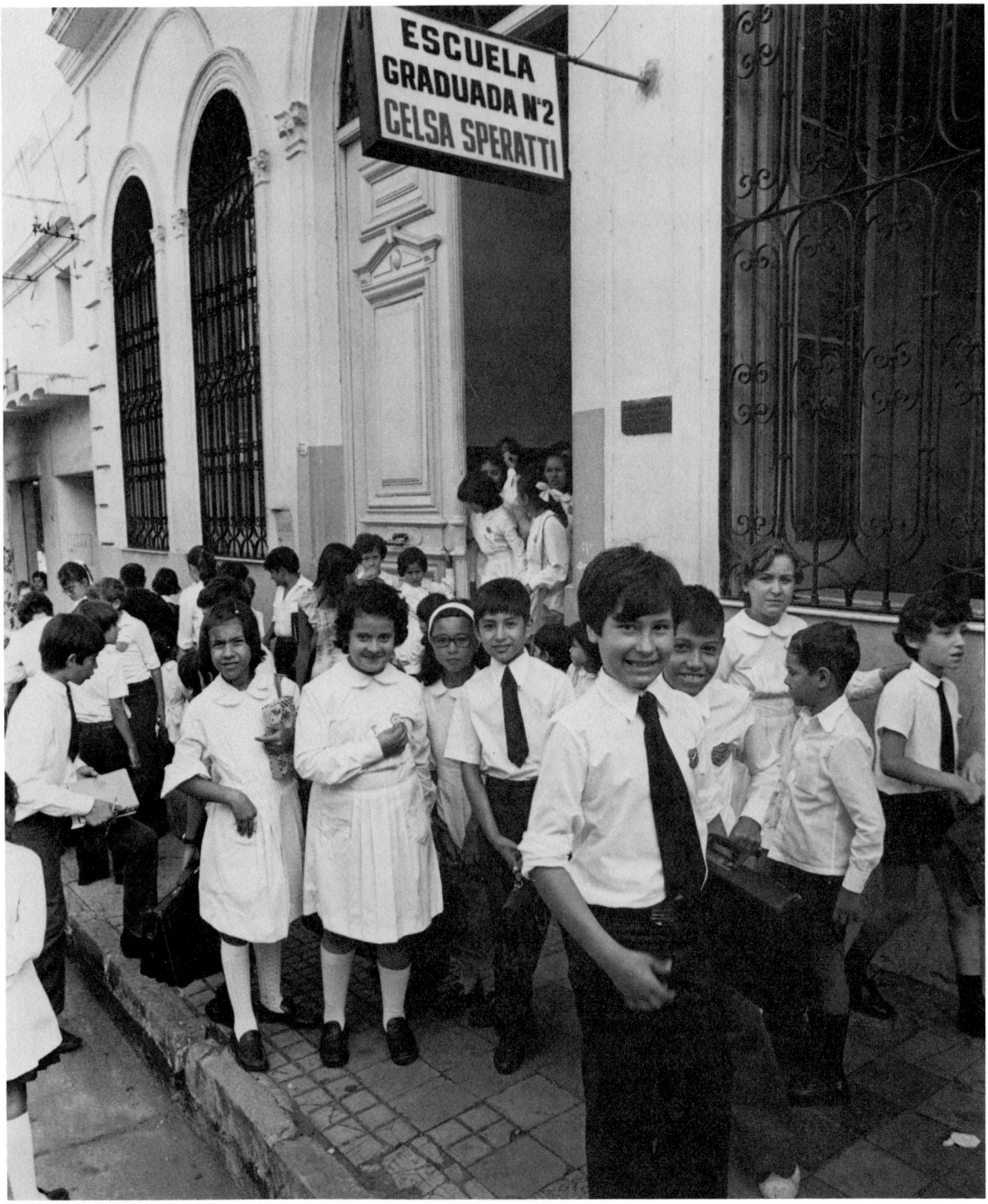
ESCUELA
GRADUADA N°2
CELSA SPERATTI

CAPÍTULO 2
Los niños, los jóvenes, y la educación

El niño es el más preciado patrimonio de cualquier sociedad. Desde el nacimiento hasta los años en que se convierte en adulto con plena autonomía, padres y gobiernos deben preocuparse en que el niño reciba los cuidados apropiados, la alimentación correcta, la educación necesaria, y la protección debida en la sociedad. Entre las noticias diarias sobre la situación de la infancia en el mundo, destacan° los esfuerzos de   stand out
la prensa en aconsejar acerca de la enseñanza y en denunciar las imperfecciones de la educación.

"Accidentes en la casa" efectúa un análisis exhaustivo sobre los peligros que sufre el niño en la cómoda vida del hogar, y aconseja acerca de cómo minimizarlos. "Prohibido expender bebidas alcohólicas" muestra cómo las autoridades de una ciudad española intentan evitar los peligros del alcoholismo cuando el niño ya se ha convertido en joven. La entrevista titulada "Hay que dar al niño orientación vocacional" expresa el gran interés de la prensa latinoamericana por los temas vocacionales y la necesidad de dar al niño los consejos adecuados para que elija la profesión correcta a su capacidad y necesidades. "La orientación del adolescente", fechada en Madrid, indica que las preocupaciones españolas son similares. "Dislexia: jugando a aprender" trata de los remedios que la ciencia educativa presta a las deficiencias en la lectura.

LOS NIÑOS, LOS JÓVENES, Y LA EDUCACIÓN

A pesar de todos los intentos por crear una forma de vida más justa, las diferencias económicas producen en todos los países hispánicos que unos niños tengan una infancia más agradable y con más comodidades que otros. Las notas de *Cambio 16* tituladas "Niño rico" y "Niño pobre" muestran algunas de las diferencias en sus vidas.

Para el adulto que ya ha pasado de la etapa de la universidad, todo se recuerda con agrado°, quizá por aquel dicho° de "todo tiempo pasado fue mejor". Para el estudiante español o latinoamericano, los mejores años de la vida del hombre presentan ciertas dificultades, aunque con el paso de los años todos los problemas se olvidan. El constante aumento de los gastos, el dilema entre el libre ingreso y la admisión restringida°, son algunos de los problemas a resolver. Escritores y periodistas han señalado que una sociedad sin excelente educación no tiene futuro. La prensa española y latinoamericana siente como obligación mostrar los problemas de la universidad, pues sin ella la sociedad no puede funcionar. En contraste con las autoridades educativas, para las que la educación es adecuada, la prensa publica frecuentes artículos y editoriales acerca de las deficiencias. Los aspectos correctos se dan por descontados°, pero los imperfectos son los que aparecen en las páginas de los periódicos.

"Sancionarán a estudiantes de Medicina" puede dar la impresión de que todos los estudiantes de Quito copian en los exámenes. No es así y todos sabemos que (en mayor o menor grado) en todos los países del mundo hay casos diversos de conducta incorrecta en la universidad. Lo que ocurre es que en diversos países hispánicos el estudiante opta por esa conducta como medio de defensa por lo que considera es una política equivocada por parte del gobierno. Por ejemplo, el estudiante de Quito puede considerar que restringir la entrada a la universidad (como indica el artículo titulado "Algunas facultades° de Barcelona exigirán examen de ingreso") es una medida injusta. Consideran que si el estudiante ya ha pasado los exámenes del bachillerato (la escuela secundaria) está capacitado para ingresar en la universidad. Por ello, resuelve vengarse del sistema. En forma similar, en menor grado de conducta picaresca, los estudiantes de la universidad española de Santiago de Compostela decidieron comer gratis en los restaurantes como protesta de los precios elevados en la

con... happily
dicho saying

libre... open and restricted admissions

se... are taken for granted

schools (within a university)

comisaría. Se trata, por lo tanto, de una cadena de obstáculos que todos tenemos que pasar para conseguir el ansiado diploma universitario. Sin embargo, este triunfo no garantiza el éxito en la sociedad.

    La universidad, como la conocemos en el mundo occidental, es una institución de origen medieval a la que hace apenas unos pocos años solamente asistían los miembros de unas minorías privilegiadas. En los países más adelantados del mundo hispánico (Argentina, Venezuela, España, y México entre ellos) solamente el 1 por ciento de la población en edad universitaria ingresaba a las facultades. Aunque los gastos de inscripción en las universidades estatales eran simbólicos (veinticinco dólares anuales en las universidades españolas de los años sesenta) comparados con los que debe pagar un estudiante de los Estados Unidos, la concentración de las mejores universidades en unas pocas ciudades (Madrid, Barcelona, La Habana, Buenos Aires, Santiago de Chile, Caracas, Lima, Ciudad de México) convertía en prohibitiva la carrera para el estudiante de provincias. Con el desarrollo de universidades en diversos puntos de la geografía de casi todos los países hispanohablantes en los años sesenta, y la ampliación de las universidades capitalinas, la minoritaria universidad española y latinoamericana se ha masificado con el resultado de que la Universidad Autónoma de México (UNAM) tiene más de 200.000 estudiantes y la de Madrid, 120.000.

    Ahora bien, mientras la universidad ha crecido, los cuadros de profesores se han ampliado, y la enseñanza ha mejorado en ciertos lugares (sobre todo con la competencia de las universidades privadas), la sociedad y la economía no han crecido lo suficiente para acomodar a la masa de diplomados que sale cada año de las aulas°. Por este motivo, lo que antes parecía reservado a los obreros, ahora ataca a los universitarios: el paro laboral°. Mientras hace unos años, el diplomado en Derecho, Medicina, o Economía tenía dificultades en conseguir un buen trabajo, al ser miembro de una élite privilegiada, tarde o temprano ocupaba su puesto en la sociedad. Con la masificación de la educación universitaria, la falta de puestos de trabajo produce la supercalificación° masiva y la consiguiente frustración. Y la prensa, naturalmente, señala los males actuales. El artículo de *El País* titulado "Universidad y paro" es un claro ejemplo.

classrooms

paro... strike

overqualification

Por último, si a pesar de todas las leyes, una parte de la población de un país es analfabeta, ¿qué sentido tiene hablar de la educación universitaria? Para los peruanos de los que habla el artículo titulado "El dilema de los analfabetos", el verdadero problema no es ingresar en la universidad, sino ser considerados parte de la sociedad.

Accidentes en la casa
AUTÉNTICO*

Caracas, abril de 1978

La cantidad de niños que sufren accidentes en el hogar es escalofriante°. En Estados Unidos, por ejemplo, cada año 500.000 niños se intoxican° con productos de uso cotidiano° en la casa. Según los especialistas estos accidentes nunca se deben a una sola causa sino a varias que confluyen° para producirlos. Es decir, un niño, por su movilidad y su inconsciencia°, está siempre más expuesto al peligro que un adulto; sin embargo, hace falta° que una serie de circunstancias se den juntas° para que el accidente se produzca. Esas circunstancias, es decir, horas, estados de ánimo, situaciones, etc., en que son más frecuentes los accidentes han sido analizados por especialistas infantiles —sicólogos y pediatras—, quienes prepararon un informe completo sobre el tema. Conocerlo nos permitirá estar atentos° y evitar los riesgos cuando estos se produzcan. Por eso *Auténtico* publica a continuación las ocho causas y momentos más comunes de los accidentes infantiles y una serie de recomendaciones útiles para evitarlos.

frightening

se.. are poisoned / daily

come together
innocence
hace... it is necessary
se.. happen all at once

aware

1 Antes de las comidas

La mayoría de los accidentes infantiles se producen antes de las horas de las comidas, cuando los miembros de la familia tienen

---

* *Auténtico:* Semanario de información general publicado en Caracas, Venezuela. Contiene numerosas ilustraciones, fotografías, y reportajes y está dirigido primordialmente a la clase media venezolana. Sus artículos sobre política son muy comentados. Son sus directores Sofía Imber y Carlos Ranjel.

LOS NIÑOS, LOS JÓVENES, Y LA EDUCACIÓN

hambre, ya que el apetito insatisfecho hace que tanto los adultos como los niños estén ansiosos y de mal humor. Si por algún motivo usted se ha atrasado°, no permita que los niños vayan a la cocina, mejor prepáreles algún bocadillo° frío para entretenerlos°. Coma algo usted también.

se... have fallen behind / snack
keep them occupied

2 El cansancio° y el sueño

fatigue

Aunque no tan importante como el hambre, el cansancio y el sueño producen también numerosos accidentes. Una persona cansada se conduce con irritación y negligencia y el sueño pone a los niños insoportables°. Estos dos factores, cuando se dan juntos, pueden tener fatales consecuencias. Por ello es importante que los niños duerman siesta° y evitar que se cansen en exceso. Si es usted la que está agotada° es preferible que también descanse un poco.

pone... makes the children unbearable

duerman... take a nap
exhausted

3 La mamá está enferma

Es sorprendente el número de niños que se accidentan cuando la mamá está enferma, embarazada°, o tiene cualquier molestia°. En esa circunstancia la mujer está más nerviosa y, al no sentirse bien, está menos atenta a las necesidades familiares. Esto también ocurre cuando está enfermo otro miembro de la familia porque la madre se ve obligada a prestarle mayor atención y desatender al resto°... Es decir cuando usted o alguna persona de la familia esté enferma, deje de lado todas las tareas no fundamentales y de ser° posible consiga alguien que se encargue de vigilar° a los niños.

pregnant / problem

desatender... neglect the others

de... if it's / *se...* takes charge of watching

4 El apuro° es peligroso

hurry

Otro desconcertante descubrimiento de los especialistas es que los niños sufren más accidentes los sábados a la mañana que cualquier otro día. Esto sucede porque la mayoría de las madres tienden a acumular tareas en ese día (compras semanales°, limpieza general, etc.) y están muy apuradas. Además ese día los niños no tienen escuela. Es conveniente que las madres traten de planificar mejor sus tareas o, de no ser posible, encuentren una actividad alternativa para los niños.

compras... weekly shopping

LOS NIÑOS, LOS JÓVENES, Y LA EDUCACIÓN

5 Evitar a los extraños

Cuando se deja a un niño al cuidado de una persona extraña o de sus hermanos mayores el número de accidentes aumenta. En el caso de los hermanos mayores, porque éstos siguen sin tener bien definido el sentido de la responsabilidad. En cuanto a la persona extraña, la causa es la personalidad del niño. Todo niño tiene sus propias características que solamente sus padres o la persona que los cuida siempre conocen muy bien. En consecuencia, no deje a sus niños pequeños al cuidado de los mayores y si deben cambiar de niñera°, acompáñela durante un tiempo hasta que se acostumbre bien al niño.

nursemaid

6 Las mudanzas° y los viajes

moving

La alteración de las costumbres, el lugar desconocido, cualquier cambio de rutina exponen° al niño a mayores peligros. Por ello hay que tener especial cuidado en los viajes o mudanzas. En una nueva casa el primer período, hasta que los niños comiencen a conocer todo, es muy peligroso. En esta etapa debe vigilarlos especialmente.

expose

7 Los riesgos de la angustia

Cuando los padres están angustiados los niños sienten que su seguridad se derrumba° y se accidentan con más frecuencia. Las causas de la angustia familiar incluyen hasta problemas económicos, pero cualquiera sea la causa nunca debe ocultársele° el problema al niño. Generalmente cuando se adopta una actitud de ocultamiento° los niños la detectan y eso aumenta su desconcierto°. La mejor manera de calmarlo es darle una explicación sencilla y asegurarle que todo pasará pronto y sobre todo, dejar bien claro que él no es culpable en absoluto de lo que sucede.

se... is crumbling

hide

hiding
confusion

8 Desatención y negligencia

Una de las mayores causas de accidentes es la negligencia de las personas mayores que dejan al alcance de° los niños objetos peligrosos. Por ejemplo, guardar° en lugar accesible el detergente puede ser motivo de graves envenenamientos°. La edad más

al... within reach of
keep

poisonings

LOS NIÑOS, LOS JÓVENES, Y LA EDUCACIÓN

peligrosa de los niños es desde que empiezan a moverse solos hasta la edad preescolar, pues todavía no saben bien obedecer órdenes. Si usted tiene niños en esa edad no se descuide° un segundo. Evite dejar a su alcance cosas pequeñas que pueda tragarse°, controle las ollas° cuando cocina, vigile la plancha° caliente, no deje medicinas ni productos limpiadores a su alcance y sobre todo, en vez de decirle a cada momento "no toques eso", quite de su alcance todos los adornos y elementos° que puedan ser peligrosos.

no... don't be neglectful

be swallowed / pots and pans / iron

adornos... decorative and household objects

Cuestionario

1 ¿Cuándo se producen la mayor parte de los accidentes infantiles?
2 ¿Cuándo está más nerviosa la madre, según el autor?
3 ¿Por qué son peligrosos los viajes?
4 Reduzca este artículo a 150 palabras.
5 Comente sobre la importancia del cuidado materno. ¿Puede haber demasiado?
6 ¿Es usted partidario° de las guarderías infantiles°? ¿Considera usted que la mujer puede trabajar mientras tiene niños de corta edad°?

supporter / *guarderías...* day-care centers
de... very small

Dislexia: jugando a aprender
Mabel Correa*

HOY**

Santiago de Chile, 17 de julio de 1977

En Chile no existía ningún texto para ayudar a la rehabilitación de niños con dificultades para aprender a escribir y leer, a pesar de que las investigaciones efectuadas por el Departamento de Educación Especial de la Universidad Católica indican que en el país una gran cantidad de alumnos —cerca de 300 mil— presentan problemas de ese tipo. Tropiezos° que, de no subsanarse° oportunamente, derivan en fracaso y deserción escolar°, repetición°, y hasta conductas antisociales.

Por eso, Cristina Vives, María Elena Toro, y Nelly Umaña, profesoras de la Escuela Especial No. 93 de Santiago, se rebelaron. Decidieron no seguir dependiendo de textos importados —ajenos a la realidad del estudiante chileno— y emprendieron° hace un año y medio la tarea de recoger en un libro sus propias experiencias como educadoras de niños con trastornos de aprendizaje° o disléxicos.

Ahora leo y escribo, bellamente impreso por Editorial del Pacífico, no es un sesudo° análisis de casos tratados por las tres profesoras. Es un libro con 303 páginas de ejercicios prácticos —cada cual diseñado° con un fin específico— para que cualquier padre, apoderado°, o maestro guíe la corrección de dificultades de

---

* *Mabel Correa:* Periodista chilena de la revista *Hoy*.

** *Hoy:* El semanario chileno más importante publicado en Santiago con una tirada de 60.000 ejemplares. Se fundó en 1976 y su director es Emilio Filippi.

lectoescritura° en un niño. El texto, aunque pretende cubrir las necesidades de rehabilitación de niños con trastornos severos, un 30 por ciento del total (reconocen cuatro o cinco letras pero no saben leer), puede emplearse igualmente para aprender —en forma entretenida°— a leer y escribir.

De la palabra dislexia se ha abusado, explican las profesoras. Es la razón por la cual no quisieron incluirla en la portada° de la obra. Con ella se ha llegado a calificar°, erróneamente, a pequeños que tienen inconvenientes para seguir un ritmo escolar normal, porque presentan retardo mental°, deficiencias sensoriales° o motoras° graves (ceguera°, sordera°, parálisis cerebral...), desviación° sicosocial, o trastornos emocionales severos.

En cambio, la dislexia se refiere a aquellos déficits que se manifiestan en algunos niños —ya sea por razones de origen sociocultural, orgánico, intelectual, emocional, o por el empleo de métodos escolares inapropiados— en el aprendizaje a pesar de una adecuada inteligencia, audición°, visión, capacidad motora, y equilibrio emocional. Son estudiantes que difieren en particular de los retrasados mentales°, porque poseen una dificultad y no una incapacidad para aprender.

Los disléxicos —muchas veces más inteligentes que el promedio° de sus compañeros de curso— cometen errores reiteradamente o les cuesta adquirir la técnica para descifrar un código° (como lo es la lectoescritura). Y éstos no se solucionan con los métodos de enseñanza corriente. De allí que antaño°, al no detectarse a estos alumnos para someterlos a un entrenamiento especial° que los pusiera a la altura° de los demás, pasaron a constituir la legión de los flojos rematados°.

Las autoras comienzan por presentar al niño las vocales° y luego las introducen en el mundo de las demás letras, siguiendo una secuencia especial para que aquéllas como la *p* y la *t*, la *p* y la *q*, la *b* y la *d*, *d* y la *t* —que tienen puntos comunes de pronunciación o similitud gráfica°— queden convenientemente separadas. Porque los disléxicos moderados —pueden leer pero con errores específicos— comúnmente "se caen" en estas letras al no discriminar en forma visual o auditiva (o ambas a la vez) una de otras.

Todo el recorrido por este abecedario°, deliberadamente desordenado, resulta un juego en que los participantes recortan° letras e imágenes de revistas para pegarlas° donde se indica, pintan, hacen morisquetas° frente al espejo, completan imágenes,

reading and writing

entertaining

cover
classify

presentan... they exhibit mental retardation / sensory / motor / blindness / deafness / deviation

hearing

retrasados... slow learners

average
code

long ago

entrenamiento... special education / level / *flojos....* totally stupid / vowels

written similarity

recorrido... run-through of this alphabet / cut out
glue them
hacen... make faces

LOS NIÑOS, LOS JÓVENES, Y LA EDUCACIÓN

identifican figuras o letras iguales uniéndolas con rayas°, rellenan con sémola°, y bordan con lana°.

uniéndolas... joining them with lines
rellenan... make stuffed toys / *bordan* ... embroider with wool

Cuestionario

1 ¿Qué hicieron estas maestras?
2 ¿Qué contiene el libro que se menciona en el artículo?
3 Resuma el artículo en un corto párrafo.
4 Comente sobre los métodos de enseñanza para tratar la dislexia.
5 ¿Cree usted que los sistemas educativos actuales son adecuados para tratar este tipo de problema?

Hay que dar al niño orientación vocacional
Luis Beltrán Prieto*
AUTÉNTICO

Caracas, 20 de julio de 1980

La cuestión educacional ocupa lógicamente un puesto destacado° en las plataformas electorales. El doctor Prieto compromete su gran prestigio de pedagogo° en una proposición revolucionaria: que se haga la exploración vocacional° de cada niño entre los 11 y los 13 años, y que a partir de allí se determine qué educación adicional debe recibir. Así no ocurrirá que se detecten en las universidades verdaderos débiles mentales, y que la repetición en algunas facultades° llegue al 60 por ciento.

AUTÉNTICO: Usted publicó su programa electoral en todos los diarios y además ha autenticado ese documento en una notaría pública. ¿Por qué ese gesto que, aunque usted afirma que no es efectista° ni demagógico, podría, sin embargo, interpretarse como tal?

LUIS BELTRÁN PRIETO: El documento es un resumen de mi programa de gobierno y lo autentiqué en la Notaría 8. No soy ni demagogo ni efectista. Estoy convencido y este convencimiento me llega de° mi largo contacto con el país, de que la gente que estamos en la picota° somos los políticos, no los comerciantes que hacen negocios. Esto me llevó a la convicción de que debía introducir un cambio en las costumbres políticas. El programa de gobierno° generalmente es un documento que además de las ofertas° elec-

puesto... important position
pedagogo teacher
se... investigate the career potential

facultades glossary

efectista sensationalist

llega... comes from
en... at the top
programa... platform
ofertas promises

* *Luis Beltrán Prieto:* Profesor de Pedagogía y político venezolano.

torales contiene posiciones de carácter ideológico. Casi nadie lo lee o sólo lo leen los muy interesados en el proceso político. Procedí entonces a hacer este resumen y a autenticarlo, primero, para decirle a la gente que es un documento que goza de fe pública°; segundo, porque para develar° cualquier duda de la gente sobre la eficacia de las promesas electorales era necesario, al mismo tiempo, indicarles que tienen un documento allí y que pueden reclamarle al candidato si alguna vez se desvía° de sus orientaciones en la campaña electoral.

goza... is official
reveal

se... deviates

AUTÉNTICO: La parte más interesante de su programa de gobierno es la reforma educativa. Usted propone que entre el séptimo y el noveno año de estudios, es decir, a nivel de sexto grado de primaria, séptimo grado de primaria y primer año de secundaria, se haga una exploración vocacional de cada estudiante y que eso determine si ese estudiante debe concluir sus estudios en el décimo ó undécimo año, o seguir estudios superiores. Es una proposición muy revolucionaria.

LUIS BELTRÁN PRIETO: No tanto, no tan revolucionaria. Es que la gente aquí no está acostumbrada a manejar determinados conceptos. En los periódicos aparecen declaraciones de los funcionarios de la Universidad sobre lo que está aconteciendo°. Incluso han encontrado en la Universidad gentes que son incapaces para seguir estudios, débiles mentales. Si se hace una exploración en el séptimo, el octavo, y el noveno año de estudios, a los 11, 12, ó 13 años, ya uno detecta a ese estudiante y ya se sabe para dónde puede ir y qué puede estudiar y el individuo va a estudiar seguro de que puede dar rendimiento° en una profesión para la cual se le descubrieron capacidades. Y no pasaría como ahora que en la Universidad le dan una planilla° al muchacho con cuatro opciones, Medicina, Ingeniería, Abogacía°, o Farmacia, que se acoja a° cualquiera de las cuatro porque son para las que hay cupo°. Eso es un delito°! Se está atentando contra° la propia capacidad del individuo. Para poder tener un país con gente capacitada° tenemos que escoger a esa gente y decirle: Usted sirve para esto, usted para esto, usted para lo otro, estudie tal cosa que allí va a dar mayor rendimiento. Habrá gente que se resistirá, habrá quien se resistirá a estudiar Medicina cuando lo que quiere estudiar es Ingeniería, pero la investigación° ha demostrado que no tiene capacidad para las matemáticas.

happening

dar... be productive

form
law / *se...* takes refuge in / room
crime / *se...* it is an attack against
qualified

research

AUTÉNTICO: Y habrá gente que se resistirá a ser mecánico, cuando quiere ser abogado...

LOS NIÑOS, LOS JÓVENES, Y LA EDUCACIÓN

LUIS BELTRÁN PRIETO: Precisamente. Pero cuando las pruebas° indican que sus habilidades manuales son excelentes y su capacidad razonadora° es falla°, entonces si escoge Derecho° tendrá incapacidad razonadora, mientras que puede triunfar en una profesión donde sus manos forman un equipo°. Puede ser agricultor, soldador°, músico incluso, con una gran capacidad para ello.

tests

reasoning / weak / law

team
welder

AUTÉNTICO: Esa idea es revolucionaria, y, sin duda, como usted señala, encontraría grandes resistencias, que a los estudiantes a los 11, 12, ó 13 años, a lo sumo, se les haga una investigación vocacional y que se les dirija de allí en adelante hacia lo que puede ser su vocación y no que ocurra lo que ahora, que todos los estudiantes aspiran a ser universitarios. ¿Qué proporción de los estudiantes harían estudios cortos no universitarios en relación con la proporción, sin duda mucho menor, de quienes, serían admitidos a estudios superiores?

LUIS BELTRÁN PRIETO: Bueno, yo no podría determinarlo ni se puede determinar todavía. Desde luego que resuelve el problema de congestión de la Universidad pero no solo ese es su objetivo. Su objetivo es colocar a cada venezolano en el puesto donde mejor pueda resultar°, donde cada individuo se sienta seguro de su destino. Porque cuando se impulsa a un pobre muchacho a estudiar una cosa para la cual no tiene capacidad, o él mismo decide estudiarla, entonces llega a la Universidad y hace como quien llega ante una visión terrorífica, se tira para atrás°, es decir, se retira°, abandona la Universidad.

AUTÉNTICO: O no la abandona, sino que repite y repite, se queda por años.

LUIS BELTRÁN PRIETO: Sí, repite, repite. Los decanos° están haciendo en este momento un estudio en la UCV° y en las otras universidades determinando que la repitencia en algunas facultades es del 60%, 45%, 48%. De manera que eso, además de que implica un gasto° muy grande de dinero, y eso sería lo menos importante, también implica un gasto de energía humana, desaprovechamiento° de capacidades humanas de las cuales no se puede abusar. Eso tiene que usarse racionalmente.

AUTÉNTICO: Pero los estudiantes son los primeros que se oponen a todo sistema de selección.

LUIS BELTRÁN PRIETO: No, no se oponen. Lo que pasa es que aquí nunca ha habido orientación vocacional. Yo no hablo de orientación profesional porque la orientación profesional es posterior. Cuando digo "exploración" es para escarbar°, para buscar qué tiene usted, qué vale usted. Es una clase de escuela distinta de la actual, una escuela que tiene que tener laboratorios, que tiene que tener taller°, campos de aplicación, maestros con una orientación determinada, y biblioteca, —los libros serán un elemento pero no el único elemento de la escuela. Es decir, que de una escuela libresca° como la actual, se pasa a una escuela de trabajo en la cual se movilizan todas las personalidades° del individuo.

AUTÉNTICO: ¿Sigue usted creyendo que la educación superior debe ser incondicionalmente gratuita como hasta ahora o que las universidades deben investigar la capacidad de contribución de los estudiantes pudientes°, que son muchos?

LUIS BELTRÁN PRIETO: Eso lo dice el artículo 79 de la Constitución que redacté yo°. El artículo 79 dice: La educación es gratuita en todos los niveles. Sin embargo, en la educación superior y en la especial podrán establecerse contribuciones para los estudiantes con capacidad para pagarlas. Es una reforma hecha para que los que tienen posibilidades hagan posible, al mismo tiempo, que otros continúen sus estudios. Ahora, yo he hecho el análisis y es importante que lo diga porque algunas gentes confunden las cosas. Cuando yo planteo° la educación gratuita en todos los grados, yo estoy convencido de que si aquí en Venezuela se le ocurriera a alguno a establecer una cuota de pago de la matrícula universitaria° ateniéndose° a los costos de la Universidad entonces nadie iría a la Universidad, nadie, porque nadie va a pagar Bs°. 26.000 anuales por ir a estudiar Odontología en Maracaibo, por ejemplo, ni nadie va a pagar 26.000 bolivares al año en la universidad más cara del mundo que es la Simón Bolívar,[1] nadie va a pagar eso.

propose

cuota... university registration fee / meant to cover / bolívares: monetary unit of Venezuela

AUTÉNTICO: Por lo mismo que los estudios son tan costosos para las universidades, dondequiera menos° en Venezuela se ha admitido que los estudiantes pudientes deben contribuir en algo al costo de sus estudios. Pero aquí hay una resistencia empecinada° a eso.

dondequiera... everywhere except

stubborn

LUIS BELTRÁN PRIETO: Hay esa resistencia porque no se ha establecido la forma de hacer la investigación y el pago y no porque la gente no esté de acuerdo en pagar.

Nota

1 *Universidad de Simón Bolivar:* Universidad privada situada en Caracas.

Cuestionario

1 ¿Cuándo propone Beltrán Prieto que se haga la exploración vocacional?
2 ¿En qué consisten los métodos propuestos?
3 Reduzca la entrevista a un corto párrafo informativo.
4 ¿Cree usted que el ingreso a la universidad debe hacerse competitivamente, o bien considera usted que cada estudiante que obtenga un diploma de secundaria puede tener derecho a la admisión a la universidad?
5 ¿Qué sistema considera usted que es mejor, el de Venezuela o el de los Estados Unidos? ¿Por qué?

Niño rico
CAMBIO 16*

Madrid, 30 de noviembre de 1979

Ha pasado parte de sus vacaiones en la playa y el resto en la sierra, a pocos kilómetros de Madrid. Se llama Víctor, tiene 13 años y de mayor° piensa ser ingeniero como su padre. Tiene cuatro hermanos, uno de ellos antiguo° alumno del colegio donde estudia.

 El colegio es un edificio soberbio° rodeado de jardines, situado a las afueras de Madrid por la carretera de La Coruña.[1] En el centro está todo listo pata iniciar el curso. Ya están contactados los servicios de autobuses. Las despensas° de las cocinas se están aprovisionando y se han terminado de limpiar los campos de tenis, fútbol, balonvolea°...

 Víctor no tiene ni idea de lo que su padre paga todos los meses por él, como tampoco sabe que hace unos años, cuando ingresó por primera vez en el colegio, pagaron más de 100.000 pesetas[2] en calidad de inscripción°. Sólo sabe que su colegio es uno de los mejores de España.

 Y realmente lo es. Por las 20.000 pesetas mensuales que pagan sus padres, Víctor tiene garantizado comida, transporte, una buena enseñanza, y un reducidísimo número de compañeros en su aula. No más de veinte. Las prácticas° de laboratorio y el aprendizaje de un idioma extranjero se hacen casi a nivel individual.

 Por esas 20.000 pesetas le salen gratis el resto de las actividades extra, que suelen encarecer° en otros colegios la enseñanza. Podrá

de... as an adult
former
magnificent

provisions

volleyball

registration

exercises, sessions

que... which usually make more expensive

---

* *Cambio 16:* Semanario español de información general. Fue fundado en 1971 y se convirtió en activo centro de oposición al gobierno de Franco. Según una versión no oficialmente reconocida, *16* quiere decir los 16 socios originales. Es la revista número 5 del mundo en su género. José Oneto es su director.

modelar barro°, hacer cerámicas, aprender música, natación°, y elegir entre cuatro o cinco deportes de pista°.

La comida del colegio es francamente buena. Los menús son seleccionados por médicos, y a los padres de los niños pequeños se les envía, semanalmente°, para que los conozcan con anticipación. En los cursos superiores funciona una especie de "self-service" para que vayan acostumbrándose al ritmo universitario.

No es la comida lo mejor del colegio de Víctor. A juzgar por las opiniones de los padres que tienen allí a sus hijos y por el número de solicitudes°, tiene que ser un buen colegio. Y dificilísimo el entrar. Víctor no tuvo problemas porque ya tenía hermanos mayores estudiando allí. Además entró de muy pequeño°, porque como el colegio es bilingüe°, es necesario adaptarse al nuevo idioma desde los cursos inferiores.

Lo que más le fastidia° a Víctor es colocarse° de nuevo el uniforme. Su madre se lo ha colgado° ya, impecablemente planchado°, en el armario, entre otras ropas de vestir, para que se vaya acostumbrando unos días antes de empezar el curso. Con las 16.000 pesetas que ha costado, Víctor piensa que podría haber renovado° parte del equipo° de esquí, porque ya lo tiene destrozado°.

modelar... mold clay / swimming
de... track

weekly

applications

de... as a very young boy / bilingual (Spanish-English)

bothers / dress up in
su... His mother has hung it up for him / pressed

replaced / outfit
porque... because he has already ruined it

Nota

1 *La Coruña:* Ciudad más importante de Galicia, la región noroeste de España, y capital de la provincia del mismo nombre.
2 *Pesetas:* En 1981, 100 pesetas = 1 dólar.

Cuestionario

1 ¿Cómo describiría usted el colegio al cual asiste el niño rico?
2 ¿Qué le disgusta de la vida del colegio?
3 ¿Qué les cuesta a sus padres el colegio?
4 Hágale cinco preguntas a Víctor y contéstelas con la información del artículo.
5 ¿Cree usted que es justo que la educación excelente cueste tanto dinero?
6 Comente sobre las ventajas y desventajas de la educación pública.

Niño pobre
CAMBIO 16

Madrid, 30 de noviembre de 1979

Jugaba en la puerta de su colegio, pero estaba un poco serio porque había ido a examinarse de una asignatura pendiente.[1] Por la escalera de acceso al semi-sótano° donde está instalado el colegio, en un barrio obrero de Barcelona, se tropezó° con albañiles° y sacos de arena y cemento. Dentro, el suelo del estrecho corredor y el de algunas aulas estaba levantado. En las paredes, sin embargo, todavía colgaban unos maravillosos dibujos realizados con gracia y hasta irreprochable estilo.

Se llama Angel, tiene 13 años y dos hermanos más pequeños que él. Su padre trabaja en la construcción y, después de dar más vueltas que un molino°, el año pasado no tuvo más remedio que meter al chico en aquel colegio.

El tal colegio es un pisito° de escasos metros, lleno de humedades y por el que paga el padre de Angel, todos los meses, 800 pesetas. Porque no encontró plaza en un colegio estatal. En el fondo sabe que si el tajo no se da bien° y la mujer se queda sin casas donde trabajar, a mediados de curso el chiquillo puede abandonar el colegio "porque nos faltará para comer".

Hace ya unos días que el colegio abrió de par en par° sus ventanas, para airear° las habitaciones, pero allí no hay forma de quitar —dice Angel— "ese olor a rancio y a mojado°". El año pasado un profesor intentó sacar° a los chicos en las horas de recreo a algún parque de la calle, pero el director se negó°. Así que, este año, Angel volverá de nuevo a pasar las de recreo en un patio interior al que apenas llega la luz del sol porque siempre hay tendidas sábanas° y colada° de las vecinas de los pisos superiores.

°floor where the tops of the windows are at street level / *se...* stumbled / bricklayers

después... after breaking his neck working
°floor (of a small building)

el... the job doesn't work out well

abrió... opened wide
°air out
a rancio... rancid and moldy
°take outside
se... refused

tendidas... sheets hanging / bleached clothing

LOS NIÑOS, LOS JÓVENES, Y LA EDUCACIÓN

Las aulas no están mejor: una pizarra, unas cuantas tizas° y un mapa mundial. Cualquier material de trabajo lo tienen que traer los chicos y chicas y pagarlo de su bolsillo°.

Para los 400 alumnos cuentan sólo con dos lavabos° y no tienen muchas dificultades para atravesar por los pasillos° si lo hacen de uno en uno. El profesor de Ciencias Sociales, corpulento y grandullón°, a veces sí que las tiene.

A las 800 pesetas mensuales, los padres de Angel tienen que sumar° las 3.000 pesetas que han tenido que dar a principio de curso, para pagar los libros de texto y algo de material°, lo imprescindible°.

En cuanto a lujos°, Angel prefiere gastarse en bollos° las pesetas que le dan todos los días para el transporte, que en la camioneta que le deja en la puerta del colegio. Total, son veinticinco minutos de recorrido a pie, cuatro veces al día.

pieces of blackboard chalk

pagarlo... pay for it out of their own pockets / bathrooms
hallways

oversized

come up with
school supplies
minimum
luxuries / pastries

Nota

1 *asignatura pendiente:* En muchos países hispánicos, cuando un estudiante no consigue pasar una asignatura, en lugar de repetir todo el curso, deja esta materia para el año siguiente,

y entonces se examina de nuevo junto a las asignaturas del nuevo curso. Así, por ejemplo, un estudiante de cuarto grado de educación elemental puede pasar al quinto y examinarse de la asignatura de matemáticas de cuarto grado junto a las del quinto.

Cuestionario

1 ¿Cómo es la familia del niño "pobre"?
2 ¿Qué cuesta su escuela?
3 ¿Cómo va a la escuela?
4 Hágale tres preguntas al niño y contéstelas con la información del artículo.
5 ¿Cree usted que la familia de Angel debe pagar el colegio?
6 ¿Qué haría usted si fuera Ministro de Educación para aliviar la situación de los niños como Angel?

La orientación del adolescente
Prieto Cantero*
EFE

Madrid, 17 de agosto de 1979

La pubertad es una etapa de ingenuidad e inmadurez y es preciso cuidarla con exquisito tacto y atención, como a las flores. Particularmente los padres tienen la estricta responsabilidad de fortalecer° la incipiente personalidad del joven y la joven y ayudarles a caminar con responsabilidad y conciencia por la vida. Aquí no valen las actitudes permisivas, cuando no alentadoras°, en costumbres que nada tienen que ver con la auténtica libertad inherente a la dignidad humana pues los resultados suelen ser lamentables y hasta catastróficos.

    Lo permisivo y lo alentador de lo peligroso no hay que confundirlo con el verdadero cariño°; ese es un "cariño" equivocado y ayuno° de óptica realista, es como querer jugar con fuego o con una pastilla de cianuro° y no querer quemarse o envenenarse°. De los padres que así proceden lo menos que puede decirse es que son unos irresponsables y unos ingenuos. El tiempo y la realidad de los hechos les hace que se lleven las manos a la cabeza°, pero ya será tarde.

    Hay pues que respetar la verdadera y alta libertad personal a que tienen también derecho el joven y la joven, pero con responsabilidad y conciencia en todo momento ante los propios hijos y ante la sociedad.

strengthen

cuando... if not positively encouraging

affection
ignorant
pastilla... cyanide tablet / poison oneself

se... they turn out to be the losers

* *Prieto Cantero:* Periodista de la agencia EFE.

LOS NIÑOS, LOS JÓVENES, Y LA EDUCACIÓN

Sucede como a las flores

Al joven y a la joven le sucede como a las flores de un jardín: si el jardinero° no se ocupa y preocupa de que crezcan y se desarrollen con normalidad, se plagan de maleza° y terminan ahogadas°, por mucha agua y alimento que se les dé. Se precisa algo más; es necesario regar° y atenderlas bien. Eso mismo requieren el joven y la joven que empiezan a caminar por la vida. Y no se les quiere más porque se les deje "a su aire°". Al contrario, se les quiere menos, pues caerán y los padres y la sociedad pagarán un duro tributo de desequilibrio.

    Durante la pubertad se inician en el cuerpo humano intensos cambios biológicos, y esto sucede incluso en los animales irracionales.

    Es ley de vida. Los simios°, por ejemplo, muestran transcendentales cambios y asombrosos impulsos entre individuos de distinto sexo cuando llegan a la adolescencia. El comienzo de esta edad representa en cualquier mamífero° el indicio de transformaciones biológicas y bioquímicas en su cuerpo, y esto es más marcado en el ser humano por el hecho de disfrutar de inteligencia y racionalidad.

    Pero los padres han de procurar° que sus hijos no se comporten° como seres irracionales y para ello han de ayudarles con responsabilidad, haciendo que los hijos se comporten como personas responsables y conscientes. Los primeros que salen ganando° son los hijos y así lo reconocerán cuando crezcan y sean mayores. Estos años exigen un mayor cuidado y atención, y aquí está el verdadero cariño hacia los hijos, años en que se adquieren pautas y costumbres y se afianza° la personalidad del adolescente que a su vez transmitirá a sus hijos el día de mañana.

gardener	
se... become overgrown with weeds / choked	
to water	
a... free, by themselves	
monkeys	
mammal	
see to it / behave	
salen... come out ahead	
se... becomes secure	

Respeto mutuo

Con la llegada de la pubertad las hormonas sexuales irrumpen° con fuerza en el cuerpo del joven y de la joven, que han de aprender a respetarse mutuamente. Si ese respeto no existe, difícilmente habrá fidelidad, sobre todo en el varón, que es el que sobresale° en fuerza bruta. Los padres pueden contribuir decisivamente a evitar este peligro, y para eso necesitan actuar con responsabilidad y conciencia, y dar de lado° la táctica permisiva y el aliento de lo nocivo° en costumbres y modos de vivir.

break out	
stands out	
dar... avoid	
aliento... encouraging what is harmful	

Se requiere tacto, paciencia, responsabilidad, y mucho cariño. En una palabra, y como decíamos antes, los padres han de actuar con el adolescente con el mismo mimo° y cuidado que el jardinero con las flores. Pues la acción hormonal que irrumpe en el muchacho y la muchacha es un tanto ciega y es menester encauzarla° a fin de llevar la formación personal a buen puerto.

Estas hormonas en sí° son beneficiosas y desde luego necesarias, pero no han de campar por sus respetos°, pues nos jugarán una mala pasada°, de resultados desastrosos. Hay que tener muy en cuenta estos principios biológicos de la educación de los hijos.

Se trata de transformaciones y cambios biológicos que se han dado siempre en la humanidad y no tienen porque asustar° a nadie; pero requieren encauzamiento° al igual que un río desbordado°, y de no hacerlo así surgirán problemas difíciles y graves. La solución está en la formación integral de la persona, aunque el hijo de momento proteste, pero el día de mañana lo agradecerá.

pampering

es... it is necessary to give it direction / *en...* in themselves / *campar...* let them call the tune
nos... will play a mean trick on us

scare
channeling
running over its banks

Cuestionario

1. ¿Qué es la pubertad?
2. ¿Qué deben hacer los padres en esta etapa?
3. ¿Qué debe hacerse cuando se produce el desarrollo sexual?
4. Use la información del artículo para hacerle una entrevista de cinco preguntas y cinco respuestas al autor.
5. Comente sobre la adolescencia y su importancia en el desarrollo del ser humano.
6. ¿Considera usted que los niños y las niñas deben educarse juntos? ¿Por qué?

Prohibido expender bebidas alcohólicas a adolescentes
LA VANGUARDIA

Barcelona, 13 de mayo de 1979

El Ayuntamiento° de Sant Feliu de Guíxols[1] está preocupado con el grave problema que representa la ingestión de bebidas alcohólicas por los menores en locales públicos, por ello ha dictado normas por las que se prohibe vender alcohol a los adolescentes.

En su preocupación por el hecho de la frecuentación de menores en los bares, donde se les sirven bebidas alcohólicas, la alcaldía guixolense° en un comunicado° a la prensa señala que "el problema es tan grave como difícil de luchar, pero sea como sea° se comunicará a todos los propietarios° de establecimientos la prohibición de expender° alcohol a adolescentes". En este orden continúa la comunicación de la alcaldía destacando que "se les hará saber los artículos del Código en que quedarán incursos° y se vigilará el cumplimiento".

Ayuntamiento... municipal government

alcaldía... office of the mayor of Guíxols / release
sea como... be that as it may, / owners / sell

criminally negligent

Nota

1 *Sant Feliu de Guíxols:* Ciudad catalana de la Costa Brava, a orillas del Mediterráneo, centro de turismo estival.

Cuestionario

1. ¿Quién prohibió la venta de bebidas alcohólicas a los menores?
2. ¿Qué les sucederá a los comerciantes que no cumplan con las leyes?
3. Hágale una entrevista con tres preguntas y respuestas al alcalde de la ciudad preguntándole por qué ha dictado esa ley.
4. ¿Considera usted que los adolescentes pueden beber bebidas alcohólicas?
5. ¿Cree usted que la prohibición de vender bebidas alcohólicas va a disminuir el problema?

Sancionarán a estudiantes de Medicina que pasaron el año falsificando notas
EL COMERCIO

Quito, 7 de marzo de 1979

El rector de la Universidad Estatal de Guayaquil, Arq.° Jaime Pólit Alcívar, anunció que habrá sanciones para 3 secretarias y 16 estudiantes de la Facultad de Ciencias Médicas que pasaron de año mediante° falsificación y alteraciones en el registro de las notas de exámenes°.

El caso adquirió gran resonancia° en este puerto por la peligrosidad que significa el hecho de que elementos impreparados obtengan títulos de médicos, falsificando sus notas para convertirse en lo que vulgarmente se conoce como *matasanos*°.

El rector confirmó las irregularidades identificando a 3 secretarias de la facultad y a 16 estudiantes que pasaron fraudulentamente de año y advirtió que impedirá que "los inmorales se paseen° libremente". Dijo que para eso están las cárceles° y prometió que "allí estarán los culpables".

En el delito fueron involucradas° las secretarias Ana Rugel de Cevallos, Elizabeth Arroba, y Gladys Cedeño, quienes se ponían en contacto con los estudiantes que habían perdido el año en las materias de morfología o embriología y concertaban arreglos pecuniarios° para inscribir en los registros notas que les garantizaban la promoción, sin los debidos conocimientos.

Según las denuncias°, las secretarias cobraban° entre 10 y 15 mil sucres por el "trabajo".

arquitecto

pasaron... passed to the next grade / *el...* the exam grade list / *adquirió...* had great repercussions

quacks

se... walk around / prisons

involved

concertaban... made monetary arrangements
charges / were charging

Cuestionario

1. ¿Por qué se considera peligroso el hecho de que algunos estudiantes falsificaron sus notas?
2. ¿Quiénes les ayudaron a los estudiantes en falsificar notas?
3. ¿Cuánto cobraban las secretarias por sus ayudas?
4. ¿Considera usted justo que un sistema educativo tenga estos problemas? ¿Qué haría usted para evitarlos?
5. ¿Qué sucede en la universidad donde usted estudia? ¿Hay trampas° en el comportamiento de los estudiantes? Si alguien copia en los exámenes, ¿qué sucede?

° cheating

Deciden los estudiantes darse grandes comilonas y que pague el Rector

EFE

Madrid, 9 de octubre de 1979

Los estudiantes de la Universidad española de Santiago de Compostela[1] han decidido darse grandes comilonas° y pasar las facturas° al Rector°.

Y como faltan comedores económicos —el único existente, al precio de 90 pesetas (un dólar y 30 centavos), no puede dar de comer° a todos los estudiantes— grupos de universitarios decidieron comer a la carta° en restaurantes de primera categoría y dejan con la boca abierta a los propietarios al devolverles° la factura con el cargo° de que se la cobren al Rector.

Ante esto, la Asociación de Restauración y Hospedaje° de Santiago de Compostela ha dado aviso al vecindario° de que andan sueltos° determinados comensales° "que tanto desprestigian a° nuestra universidad", y puede suceder que los estudiantes decidan, ante la falta de alojamiento°, instalearse en los mejores hoteles y que paguen las autoridades universitarias.

darse... give themselves big dinners / bills / president (of a university)
dar... feed
comer... eat à la carte
return to them
recommendation
Asociación... Hotel and Restaurant Association / neighborhood
andan... there are walking around / diners / *desprestigian...* bring shame upon / housing

Nota

1 *Santiago de Compostela:* ciudad española situada en la provincia gallega de Pontevedra. Es famosa por su universidad.

Cuestionario

1. ¿Qué han hecho los estudiantes de Santiago?
2. ¿Cuánto cuesta una comida en los comedores universitarios?
3. ¿Qué temen los hoteleros de Santiago?
4. ¿Es cara la comida en la universidad donde usted estudia? Justifique los precios.
5. ¿Cree usted que es justo hacer lo que hicieron los estudiantes? ¿Qué haría usted si fuera dueño de un restaurante de Santiago?

Algunas facultades de Barcelona exigirán examen de ingreso

Enric Canals*

EL PAÍS**

Madrid, 3 de marzo de 1979

La Universidad de Barcelona podría adoptar una serie de medidas tendentes a frenar° la masiva incorporación de estudiantes al citado centro previsto para el próximo curso°. El equipo rectoral° ha elaborado un documento, con una detallada propuesta, que deberá ser discutido por todas las facultades para su posterior aprobación.

Según dicho° texto, algunas facultades podrían incorporar un examen de ingreso, aparte del examen general de acceso a la Universidad que actualmente realizan los alumnos. Así mismo se sistematizarían las pruebas de acceso° para los mayores de 25 años, y se cambiaría la estructura de los actuales cursos nocturnos. Sobre este último punto, la Universidad ofrecería la oportunidad de escoger entre matricularse de menos asignaturas° —con lo que una carrera de letras°, por ejemplo, podría alargarse a siete años°— o matricularse de todas las asignaturas en cada curso, aunque sin que la Universidad pueda responsabilizarse del perfecto desarrollo de estos cursos.

medidas... measures to slow down / one-year course of study / *equipo...* presidential team

this, the abovementioned

pruebas... entrance examinations

courses
carrera... major in humanities
podría... could take as long as seven years

* *Enric Canals:* Corresponsal de *El País* en Barcelona.

** *El País:* Diario de la mañana publicado en Madrid. Su fundador es José Ortega Spottorno, hijo del escritor Ortega y Gasset. Su director es Juan Luís Cebrián. Con una tirada de 140.000 ejemplares está considerado como el diario más influyente entre la intelectualidad y los políticos.

LOS NIÑOS, LOS JÓVENES, Y LA EDUCACIÓN

El anuncio de esta serie de medidas ha provocado la respuesta airada° de varios sectores estudiantiles, principalmente de los alumnos que actualmente cursan° COU.¹ La protesta se ha materializado en la realización° de varios paros°.

La junta de gobierno° de la Universidad, por su parte, ha decidido ampliar el plazo° de admisión de sugerencias° por parte de las distintas facultades. Fuentes del propio rectorado° informaron a *El País* que, no obstante la ampliación del plazo, es casi segura la implantación° de un examen de ingreso específico en la Facultad de Medicina.

angry
actualmente... are currently taking
carrying out / strikes
junta... governing board / deadline / suggestions / office of the president

establishment

Nota

1 *COU:* Curso de Orientación Universitaria. Es un año entero de diversas asignaturas, que se estudian al terminar el bachillerato y que sirve de preparación a la universidad.

Cuestionario

1. ¿Por qué quieren frenar la masiva incorporación de estudiantes a la universidad?
2. ¿Cuáles son los criterios para controlar la matrícula?
3. ¿Por qué están en paro los estudiantes?
4. ¿Se va a aplicar el mismo criterio a todas las facultades?
5. ¿Para qué sirve la educación secundaria? ¿Cree usted que la escuela secundaria prepara a los estudiantes para enfrentarse con la vida? Dé sus razones.
6. Imagínese que usted fracasa en un examen de ingreso. ¿Qué haría usted para resolver la situación?

Universidad y paro
Oriol Bohigas*
LA VANGUARDIA

Barcelona, 4 de julio de 1979

En unos artículos anteriores he argumentado en favor de las limitaciones en el acceso a la universidad, como respuesta inmediata a dos problemas que no me atreveré° a llamar coyunturales°, pero que no podrían ser superados° en determinadas circunstancias y aun a plazos relativamente largos°: la insuficiencia de medios físicos, económicos, y docentes°, y el deficiente nivel de la enseñanza secundaria. Hay otro argumento en favor de estas limitaciones, que suele ser usado con mayor contundencia°, pero con el cual estoy menos de acuerdo: la conveniencia de que se planifiquen° las necesidades profesionales de nuestra sociedad y se cuantifiquen las plazas° universitarias de acuerdo con ello.

    Se argumenta en este sentido que la universidad es una fábrica de parados°, ya que la cantidad de títulos profesionales expedidos° excede a la demanda. El porcentaje de arquitectos en España es, evidentemente, superior, por ejemplo, al de Estados Unidos y, por lo tanto, el coeficiente de inactividad o inadecuación° es dos o tres veces mayor, con el consiguiente desgaste° social, económico, y psicológico. Dentro de un par de años el número de médicos excederá ya al necesario, incluso para una supuesta° reforma integral° de nuestro sistema sanitario. En las demandas profesionales consideradas todavía "liberales" el problema es parecido, aunque en proporciones menos graves. En las facultades

no... I will not dare
occasional / overcome
a... relatively long term
instructional

impressiveness

se... be planned
se... the number of places be decided

fábrica... factory producing unemployed persons / granted
el... the ratio of idleness or inappropriate training / waste
supposed
total

* *Oriol Bohigas:* Columnista catalán de *La Vanguardia.*

de carácter no profesionalista° el tema es difícilmente cuantificable, dado que los licenciados° que producen han pasado ya a unas expectativas° menos relacionadas con los correspondientes currícula.

Dado que un estudiante universitario le cuesta al Estado cerca de 100.000 pesetas anuales, podría decirse que esa fabricación de profesionales parados es un despilfarro° que hay que frenar, programando científicamente las plazas de acceso.

Éste tipo de afirmaciones pueden justificarse desde el punto de vista de la ordenación del gasto público, pero parten de dos planteamientos equivocados°. El primero es una interpretación todavía anticuada de esas profesiones. Se supone que permanece una situación social en la cual, por ejemplo, el arquitecto es, sin distinción, un personaje° destinado a proyectar y dirigir una obra en los mismos términos en que lo situó la sociedad del siglo XVIII y en que se mantuvo durante las primeras etapas del proceso de industrialización. Contrariamente, hoy, un titulado en Arquitectura° que quiera dedicarse a ella no debe ya imaginar su futuro profesional en estos términos. No puede ser un arquitecto como lo fueron Schinkel, Garnier, Viollet-le-Duc, Gaudí, o Aalto, ni siquiera como sus contemporáneos de menor prestigio y de obra más escasa. Hoy, un arquitecto debe saber que, fundamentalmente, su profesión es la que antiguamente usufructuaban° los oficios que partían de una directa práctica laboral, cuando el porcentaje de titulados universitarios era menor; delineantes°, jefes de obra°, controladores de presupuestos°, dibujantes de perspectivas, burócratas del municipio, etc. Entendiendo así la profesión, los puestos de trabajo del arquitecto son más numerosos de lo que creen la mayoría de los titulados que siguen imaginando que persisten las estructuras profesionales del siglo pasado. Entre los médicos y los ingenieros y entre tantas otras profesiones, el problema es muy parecido. Por lo menos, eso parece deducirse del creciente porcentaje de estudiantes de Arquitectura, de Medicina, o de Ingeniería frente a la relativa disminución° en las correspondientes carreras intermedias. Si casi todos los aparejadores° acaban titulándose de arquitectos, alguien tiene que ejercer las funciones que a éstos se adjudicaban° y que siguen teniendo una importancia capital en la construcción.

En resumen, pues, la planificación restrictiva de los puestos universitarios atendiendo al futuro profesional comportaría° el error de no considerar el cambio que han sufrido y están sufriendo esas profesiones.

facultades... non-professional schools / university graduates / expectations

extravagance

parten... come from two mistaken assumptions

important person

titulado... graduate in architecture

made use of

designers
jefes... supervisors / budgets

reduction
foremen
se... were assigned

would imply

Pero hay, además, un segundo error de planteamiento que me parece de mayor alcance estructural. Ese error consiste en considerar a la universidad solamente como un sistema expendedor de títulos° que permiten y aseguran una actuación° profesional legalmente establecida. Es decir, un médico, por el solo hecho de tener el título, es el profesional que tiene a su cargo la responsabilidad de curar a los enfermos. El arquitecto avalado° por una escuela superior es el responsable de la estática° y hasta de la estética de los edificios.

Esa formulación —nacida en la voluntad de control social de la mentalidad ilustrada, en la cual la propia sociedad se impuso las reglas de su constitución y permanencia°— es hoy errónea y nociva°. La universidad no puede ser ya esa garantía de titulaciones responsables. La universidad ha de limitarse a investigar, a promover°, y a comunicar unos conocimientos que se condicionan sobre todo por las propias posibilidades y circunstancias. El que° estos conocimientos sean o no suficientes para ejercer una profesión que la sociedad ha cargado —incluso en términos legales— con unas ciertas responsabilidades, es un problema que debería pasar por otros filtros impuestos por esta misma sociedad. Es decir, un licenciado en Medicina es simplemente un personaje que ha asimilado unos conocimientos en la universidad —diversos, puntuales°, no homogéneos°, a menudo sin referencia práctica°— que no lo deberían acreditar° ante determinadas responsabilidades, si no es después de un control inicial y periódicamente continuado de su real capacidad teórica y práctica. Un titulado en Arquitectura tendría que ser simplemente una persona que durante seis años ha aprendido algunos temas relacionados con este arte. La titulación profesional debería desligarse° totalmente de la universidad. Sólo así se recuperaría su necesaria independencia, su capacidad de investigación, su desinteresada vocación pedagógica.

Desde este enfoque, no se puede, pues, argüir° una relación entre necesidades profesionales y plazas universitarias. El derecho a aprender arquitectura o medicina, filosofía o matemáticas no tiene por qué relacionarse con ejercicios profesionales como el del arquitecto, el médico, el filósofo, o el matemático. Es un simple derecho a la cultura que debe estar en la base de cualquier otra profesión, arte, y oficio y en la perfección de cualquier cometido° social. Queda sólo la duda —difícil de resolver honestamente— si, a pesar de ello, esa pura acción cultural no dirigida a lo profesional es un lujo excesivo en nuestra sociedad. Yo creo que no. Aquellas

LOS NIÑOS, LOS JÓVENES, Y LA EDUCACIÓN

100.000 pesetas anuales serían un despilfarro si se destinaran sólo a llenar puestos de trabajo inexistentes, pero no lo son si se dedican al simple acto de la pura difusión cultural. La urgente necesidad de limitar las plazas universitarias no viene, pues, de una posible planificación profesional, sino de la misma estructura interna de la universidad y de la situación general de la enseñanza. La educación secundaria es insuficiente e ineficaz° para la mayoría de estudiantes. La universidad no tiene medios materiales e intelectuales para absorber tanta demanda en situación tan deficiente. Sólo resolviendo previamente estos dos problemas — desgraciadamente difíciles a corto plazo°— dejaría de ser una demagogia de raíz reaccionaria° la protesta contra la selectividad, que, de momento, sería un medio para evitar el colapso funcional e intelectual de la universidad.

ineffective

a... short term
de... of a reactionary nature

Cuestionario

1 ¿Cuáles son las deficiencias de la universidad española, según el artículo?
2 ¿Cuánto le cuesta al estado la educación de un estudiante?
3 ¿Cuál debe ser el oficio de un arquitecto de hoy?
4 ¿Es que tener título universitario quiere decir que uno es profesional?
5 Comente sobre la situación de las universidades en los Estados Unidos y trate de compararla con la descripción que el autor hace de las universidades españolas.
6 Si usted tuviera el poder necesario, y pudiera comenzar la estructura de la universidad ideal, ¿Cómo sería su sistema? ¿Cuántas facultades o escuelas tendría? ¿Cree que es necesario el sistema de *college* de cuatro años preparatorios para ingresar en las escuelas profesionales, o bien cree que sería mejor ir a estudiar medicina, derecho, arquitectura, etc., directamente desde la escuela secundaria?

El dilema de los analfabetos
Patricia Ricketts Rey de Castro*
OIGA**

Lima, 1 de julio de 1979

Un millón 800 mil peruanos mayores de 18 años son hoy objeto de uno de los debates de mayor carga° emotiva y política de la nueva Constitución. ¿Deben tener derecho a sufragar°? ¿En las próximas elecciones?

Los fundadores de la República sostuvieron° que "el ciudadanato° sólo debe desenvolverse° bajo las reglas de la utilidad común°. Sin interés por los actos públicos y sin luces para desempeñarlos°, es imposible tengan buen éxito los asuntos nacionales".

Esos dos principios han orientado desde entonces la visión constitucional del sufragio en el Perú. Se le han entendido como derecho y atributo, y también como responsabilidad que asume el individuo frente al conjunto social. De un lado, el derecho ciudadano; de otro, el bien común°.

De ahí que diversos requisitos viniesen a limitar el "atributo más glorioso". De todos ellos sólo subsisten dos: la edad y el alfabeto°. Aquella se ha reducido a los 18 años. Por desgracia, el alfabeto no puede limitarse a las vocales.

impact
vote
maintained
citizenship / develop
utilidad... common good / *luces...* the knowledge to carry them out
el... the common good
literacy

* *Patricia Ricketts Rey de Castro:* Periodista peruana especializada en temas educativos.

** *Oiga:* Revista peruana publicada en Lima con una tirada de 40.000 ejemplares. Se dedica principalmente a los temas de interés nacional y a los reportajes sobre personalidades.

La Izquierda y el PPC

En el seno° de la Comisión de la Asamblea Constituyente,[1] presidida por Clohaldo Salazar Penailillo, del PPC,[2] el debate sigue abierto. Los miembros —tres del Apra,[3] tres del PPC, tres de la izquierda marxista, y un cacerista°— han presentado diversos planteamientos° que hasta el domingo no habían podido reducirse a un solo dictamen°.

Se descarta° la posibilidad del proyecto° único, puesto que las posiciones son radicalmente opuestas. La izquierda tiende a otorgar° incondicionalmente el voto a los analfabetos en las próximas elecciones. El PPC, en cambio, opina que los analfabetos no deben votar en las próximas elecciones directas, presidenciales y de diputados, pero que sí podrían hacerlo en las municipales y en las senatoriales, que serían indirectas, a base de colegios electorales municipales. Además, habría una campaña de erradicación del analfabetismo.

Cuestión abierta

Entre ambas posiciones, el Apra aún no ha definido la suya. Dos de los constituyentes apristas° —Tapia y Muñiz— no parecieron demasiado entusiastas con el voto analfabeto. Francisco Chirino Soto fue de parecer° distinto. Y todo parecía indicar que la tesis de PAP[4] aún no se ha escrito. Luis Alberto Sánchez[5] logró que la Asamblea aprobase un registro de identidad de analfabetos, que permitiría ir ganando tiempo. Insiste en la necesidad de defender la democracia, evitando postergar° la transferencia del poder, que los plazos largos traen tentaciones y no sería imposible que por organizar el voto de los analfabetos, todos nos quedásemos sin voto.

Tremendismo°

Nada de lo dicho parece justificar el tremendismo con que algunos toman el asunto, como si pudiese ser definitorio de la democracia en el Perú. El FOCEP[6] anunció una movilización nacional de campesinos° y coordinaciones especiales de la izquierda. Y olvidando que la Constituyente es soberana° y representa al país, cualesquiera que sean sus decisiones, un catedrático° de la

Universidad de Lima sostuvo hace poco que si no le hacen caso, podría producirse un desajuste° entre la "constitución jurídica" y la "constitución natural" o "real".

El comportamiento político de los analfabetos es impredecible. Más el perfil° del analfabeto (predominio rural y femenino) no lo acerca° precisamente a la izquierda marxista. El analfabeto no tiene por qué pensar° de manera fundamentalmente distinta de su vecino que sí sabe leer y escribir. Por el contrario, dados el aislamiento° y la incomunicación del analfabeto —perjudicado° en muchos casos por su monolingüismo quechua o aymará°—, sería más bien de esperar que influyese poderosamente en su opción política el contacto directo con ese vecino. El analfabeto se entera por la vía oral°. Su mundo es cerrado, lugareño, vecinal°. Y no se debe olvidar, al respecto, a quienes favoreció mayoritariamente°, hace poco, el voto de esos comunicadores rurales alfabetos. Hablar de voto rural y de voto femenino no es tema que pueda intranquilizar° al Apra que dispone, por otra parte, del más organizado mecanismo de comunicación directa y oral en el país.

La situación de hoy es muy distinta de los años treinta cuando más de la mitad de los peruanos mayores de 15 años no sabían distinguir pe de pa°. Y sin embargo, no fueron intenciones de segregación las que determinaron entonces la exclusión de los analfabetos. Los constituyentes de la generación anterior, siguiendo una de las más firmes constantes de nuestra historia, decidieron que quienes no están en condiciones de enterarse de las cuestiones en debate ni del significado político de los candidatos, mal pueden decidir la conformación° de los poderes del Estado, en un sentido u otro. Y al respecto, es preciso recordar otra constante: que las poblaciones rurales de este tipo son las que acusan° mayor resistencia al cambio social. Sus imaginarios intereses son nítidamente delineados en las universidades. Pero rara vez los perciben ellos mismos.

Quienes hoy critican con ligereza° estas y otras decisiones de los constituyentes del pasado, atribuyéndoles la más aviesas° intenciones de segregación de las mayorías, se saltan a la garrocha muchos hechos°. Entonces la incomunicación del país era extrema, en todos los sentidos posibles, incluyendo el vial°. La barrera del idioma° era enorme. La radio no existía. El voto de los analfabetos habría significado la apoteosis del caciquismo°, cosa que todavía podría ocurrir hoy.

La Constitución del 33 no quiso aprovechar políticamente el analfabetismo. Se propuso combatirlo mediante disposiciones avanzadas: la enseñanza primaria obligatoria y gratuita, la creación de una escuela en lugares donde haya 30 niños, el apoyo obligatorio del sector privado a la educación, la carrera docente°. Estableció que "la educación moral y cívica del niño es obligatoria y se inspirará necesariamente en el engrandecimiento nacional y la solidaridad humana".

 En resumen, la Constitución del 33 optó por la liquidación del analfabetismo. Mucho se ha avanzado por ese camino, aunque no lo suficiente. Sin embargo, lo que plantee° para el futuro la nueva Constitución, tendrá mucho menos trascendencia° que

carrera... teacher's profession

suggests

consequence

antaño. Y ésta será aun menor, a medida que el problema se reduzca.

En verdad, se diría que estamos haciendo una tempestad en un vaso de agua°. El debate se refiere principalmente a una elección. Que acaso no sea la próxima.

tempestad... tempest in a teapot

En efecto, si la Constituyente concluye su cometido° dentro de tres o cuatro meses, como todo parece indicarlo, la cuestión de los analfabetos implicaría una suerte de veto suspensivo a° las elecciones y a la sustitución del régimen militar por otro democrático y constitucional.

assignment

de... veto for suspending

Como todo el mundo sabe, organizar un registro de votantes analfabetos tomaría muchos meses (en el supuesto optimista de que se pueda realizar sin gruesas fallas° que descalifiquen el proceso o lo hagan cuestionable). Lo mejor sería enemigo de lo bueno.

sin... without great defects

Si resulta así debatible, por razones puramente prácticas, el voto de los analfabetos en 1979, las votaciones del futuro presentan otra problemática. Suponiendo que tengamos una cada cinco años, habría cambios de gobierno en 1984, 1989, y 1994, para no ir más lejos. A nadie se le oculta que si el país logra° erradicar el analfabetismo —como no puede menos de hacerlo— la cuestión será del todo irrelevante en 1989. Para entonces el país estará mucho más urbanizado y comunicado y será harto menos° analfabeto. Por consiguiente, la cuestión se reduce, en verdad, a la posible elección de 1984. ¿No estamos gastando demasiada energía en ella?

manages

harto... much less

Notas

1 *Asamblea Constituyente:* Cuando el Poder Legislativo tiene la misión fundamental de redactar una nueva constitución, recibe el nombre de Asamblea Constituyente. En 1979, el Congreso Peruano, presidido por Víctor Raúl Haya de la Torre, dirigente del APRA, votó el nuevo texto.
2 *PPC:* Partido Poplar Cristiano. En 1968, el General Velasco Alvarado derrocó al gobierno constitucional de Fernando Belaúnde Terry, líder del PPC. El 26 julio de 1980, el mismo Belaúnde tomó posesión como Presidente después de haber ganado las elecciones y logró la devolución del poder de manos de los militares.

3 *APRA:* Alianza Popular Revolucionaria Americana
4 *PAP:* Partido de Acción Popular
5 *Luis Alberto Sánchez:* Escritor, profesor universitario, y dirigente aprista del Perú.
6 *FOCEP:* Frente Obrero, Campesino, Estudiantil, y Popular

Cuestionario

1 Según el autor, ¿cuál es la importancia de llegar a ser alfabeto?
2 ¿Qué quiere decir el monolingüismo quechua o aymará?
3 En los últimos cuarenta y cinco años, según el criterio del autor, ¿ha habido un cambio significativo en la disminución del analfabetismo en el Perú?
4 Imagínese que usted es maestro de una clase de adultos analfabetos. ¿Cuál sería su primer paso al hacerles a sus alumnos aprender a descifrar las letras?
5 Imagínese que usted es votante analfabeto. ¿Cómo haría para votar?
6 Los partidos políticos no deben meterse en la erradicación del analfabetismo. ¿Cuál es su opinión?

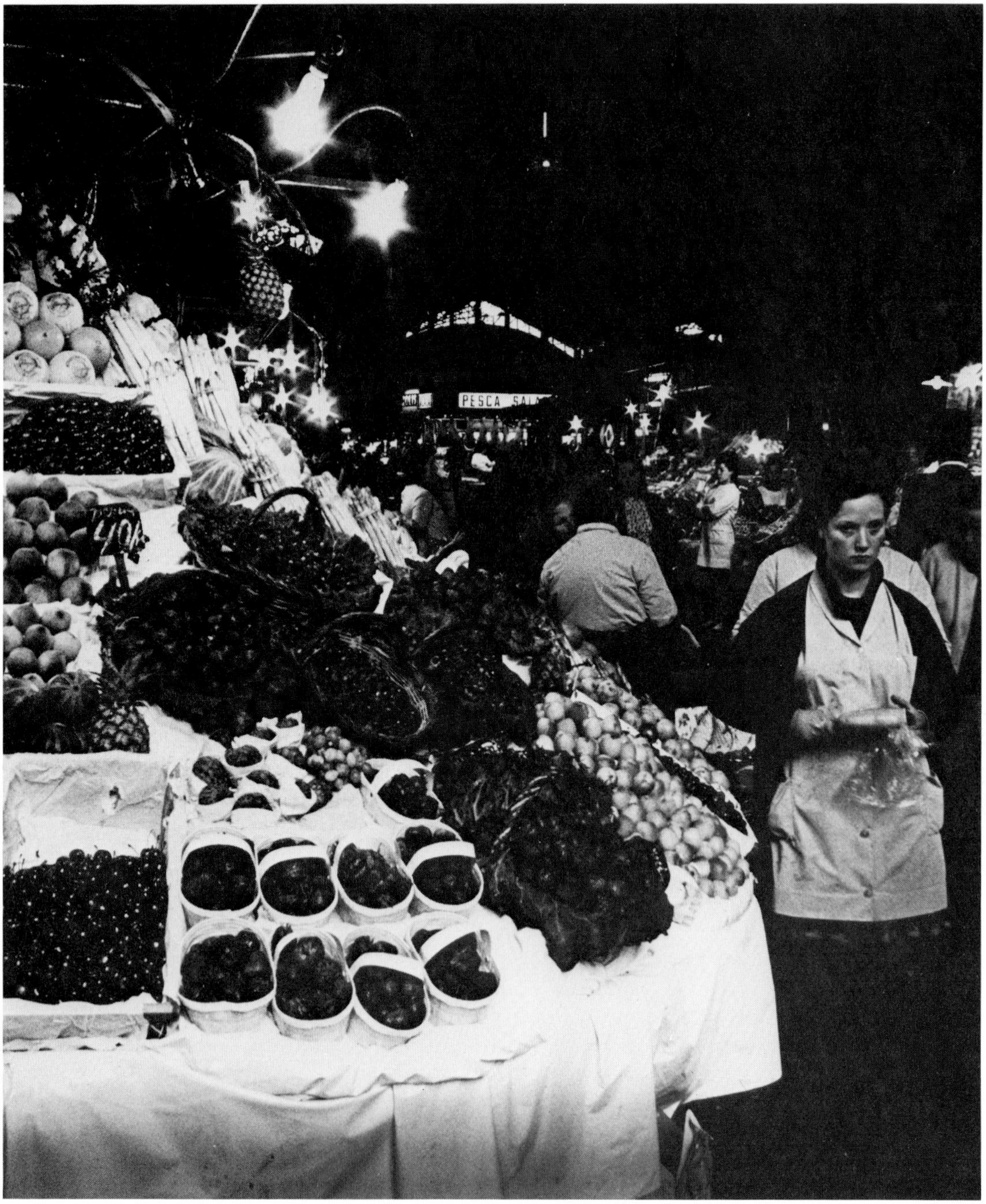
PESCA

CAPÍTULO 3
La salud del ser humano

En la pasada década los conocimientos sobre el funcionamiento del cuerpo humano se han convertido en materia popular. Antes la medicina y la biología parecían estar reservados a los científicos. Las escuelas primero y los medios de comunicación más tarde divulgaron° aspectos fundamentales de la salud del ser humano. La prensa informa más que nunca sobre los peligros del alcohol, pero el hombre que se decanta° ahora por el consumo de las drogas y el tabaco parece no sufrir descenso en el favor del público°. El fenómeno conocido como "footing" en los países hispanohablantes se ha llegado a institucionalizar con la creación de circuitos instalados por las municipalidades, y los remedios de urgencia conocidos como trasplantes son hoy tan normales que se han llegado a aprobar leyes que regulen la donación de órganos vitales. El habitante de las ciudades, sin embargo, se verá constantemente aquejado° de "estrés°" y para ello la prensa tendrá recomendaciones diarias.

    Cualquiera que haya viajado por España o América Latina habrá comprobado la variedad de comidas que existe entre un país y otro, entre una zona geográfica y su vecina. No existe tal cosa como la "comida española", pues en nada se puede comparar la alimentación diaria de un habitante de Santo Domingo con la de otro de Buenos Aires. Las comidas cotidianas de un vasco son radicalmente diferentes de las que tiene un sevillano. En los últimos años, la prensa ha ido intentando desmitificar la realidad de la alimentación de los pueblos hispanos, en algunos casos con consejos sobre las comidas más sabrosas, y en otros acerca de obtener una dieta más racional y saludable.

° spread knowledge

° *se...* props himself up

° *descenso...* fall from public favor

° harassed / stress

Existe en Madrid una verdadera psicosis con la contaminación

Carmen Armesto*

EFE

Madrid, 6 de diciembre de 1979

Una máscara antigas facial o una escafandra°, semejante al uniforme espacial, es el regalo típico que desean estas Navidades la mayoría de los españoles residentes en las grandes ciudades.

La culpa de esta insólita elección común° la tiene la contaminación y las cifras alarmantes sobre el deterioro de la salud pública a causa de los humos contaminantes°.

A causa de la contaminación atmosférica y la psicosis que se ha producido en el país, los fabricantes de máscaras antigás están haciendo su agosto°.

Las máscaras que cubren el rostro completo se venden como rosquillas° al precio de 150 dólares. Un modelo más sencillo que sólo protege la nariz y boca se puede adquirir por la mitad de precio.

No hace falta ir a un establecimiento especializado del ramo° para comprar las máscaras antipolución, desde hoy hasta los grandes almacenes las promocionan bajo el lema° "como vencer los malos humos°".

Detrás de la alarma popular están las primeras reacciones de los organismos° oficiales de varias ciudades españolas, cuyos índices de contaminación° han rozado° estos días cifras superiores a los 1.000 microgramos de bióxido de azufre°.

diver's suit

insólita... unusual popular choice

humos... polluting smoke

están... are reaping their harvest

Las... The full-face masks are selling like hot cakes

especializado... specializing in the line

motto

como... how to overcome fumes

institutions

índices... pollution indexes / approached

bióxido... sulfur dioxide

* *Carmen Armesto:* Redactora de EFE.

LA SALUD DEL SER HUMANO

En el caso concreto de la capital madrileña el gobernador civil, Juan Rosón, convocó a una rueda de prensa° para anunciar una serie de medidas de "emergencia" que entran en vigor a las cero horas° del martes hasta que la situación de peligro desaparezca de la atmósfera que rodea° la ciudad.

rueda... press conference

entran... go into effect at midnight / covers

Cuestionario

1 ¿Por qué se necesitan máscaras en un ambiente de contaminación?
2 Imagine que usted está hablando con el gobernador. Hágale varias preguntas y contéstelas de acuerdo al contenido del artículo.
3 Comente sobre el futuro de las ciudades, si sigue el problema de la contaminación.
4 Considere si los gobiernos están haciendo lo posible para mejorar la vida en las ciudades. ¿Quién tiene la culpa?

El mar, la playa, el sol, y la salud
Vicente Palomares*
EL CORREO CATALÁN**

Barcelona, 17 de junio de 1979

Parece ser que al mar se echa de todo°, sin que nadie se preocupe de no perjudicarlo. Pero, ¿hasta qué punto esto incide° también en la salud del ser humano? ¿Cuál es el balance —positivo o negativo— de nuestro contacto con el mar, la playa, y el sol en verano?

    El doctor Jacinto Corbella, dermatólogo, catedrático de toxicología y decano de la Facultad de Medicina de la Universidad de Barcelona, señala algunos puntos interesantes a tener en cuenta.

JACINTO CORBELLA: Cuando se va de vacaciones a la playa, no cabe duda que° ello beneficia en gran manera —si se dosifica racionalmente°— las personas, por la tranquilidad que proporciona el ocio° y por el contacto continuo con la naturaleza. El sol es factor de vida, y si se toma con prudencia da resultados muy positivos, pues es un elemento antianémico y antirraquítico (Helioterapia)[1] al facilitar la fijación de la vitamina D° en el organismo humano. Igualmente cabe° citar los beneficios que comporta° el ejercicio físico al aire libre, un aire mucho más puro del que existe en las grandes ciudades, particularmente si las playas donde se veranea° están apartadas de° las aglomeraciones urbanas.

al... everything gets thrown into the sea / impinge

no... there is no doubt / *se...* one does it rationally leisure

facilitar... facilitating Vitamin D conversion it's possible / brings

se... one spends the summer / *apartadas...* far away from

  * *Vicente Palomares:* Redactor de *El Correo Catalán.*
  ** *El Correo Catalán:* Periódico de la mañana que aparece en Barcelona, con una tirada de 80.000 ejemplares. Su director es Lorenzo Gómis Sanahuja. Se publica una página diaria en catalán.

LA SALUD DEL SER HUMANO   101

Pero la playa y el mar también tienen sus riesgos y peligros. No debemos olvidar el tributo que se paga cada verano en ahogados°, accidentes que sufren aquellos que no saben nadar o que, si saben nadar, son víctimas de algún colapso corte de digestión, calambre°, u otros trastornos parecidos mientras están en el agua. Engrosan° esta lista los que son arrastrados° por las corrientes marinas y los bañistas arrollados° por determinadas embarcaciones° o lanchas a motor° que, de manera imprudente, navegan cerca de la playa.

   drownings

   cramps
   Increase / swept away
   run over
   vessels / *lanchas...*
     motorboats

EL CORREO: ¿Qué enfermedades se pueden contraer durante la temporada estival° en la playa?

   temporada...
     summertime

JACINTO CORBELLA: Resaltaremos° primero las de carácter microbiano, que provocan enfermedades en la piel, como la pitiriasis versicolor, contagiosa, pero de trastornos leves. Estas infecciones de la piel se producen generalmente a causa de la suciedad de algunas playas o aguas y, en algunos casos, degeneran en pústulas y costras° que, a su vez, son vehículos de contagio. Añadiremos, además, las enfermedades digestivas producidas por ingerir° aguas contaminadas, que provocan gastroenteritis (diarreas, disentería, colitis, etcétera), los casos de tifus, y las inflamaciones del oído (otitis), favorecidas por la existencia de tapones de cerumen° que impiden la salida del algua cuando ésta ha entrado en el oído al sumergirse en el mar los bañistas. Igualmente mencionaremos las irritaciones oculares° —como la conjuntivitis— producidas también por las aguas sucias o contaminadas.

   We will point out

   scabs
   ingesting

   tapones...
     accumulations of wax
   irritaciones... eye
     irritations

En cuanto a los estragos° que puede ocasionar el sol, destacaremos las lesiones que produce en la piel cuando ésta ha estado excesivamente expuesta a las radiaciones solares.

   damage

El cutis se vuelve entonces rojo (eritema), caliente, doloroso, hinchado°... Después esta piel castigada por el sol se desprende y salta a tiras°.

   swollen
   se... peels off in strips

Una insolación° prolongada puede producir trastornos graves, como las reacciones meníngeas y la creación de tumores malignos cutáneos (cáncer de piel). ¡Por cierto, esta enfermedad se descubrió que los primeros en sufrirla fueron los marineros!

   exposure to the sun

No olvidemos, por otra parte, que un exceso de sol sobre la piel hace que ésta se reseque°, dando lugar a la aparición prematura de arrugas.

   se... dries out

EL CORREO: Y para terminar, danos tu[2] criterio de toxicólogo sobre la contaminación del medio ambiente.

JACINTO CORBELLA: En lo que se refiere a nuestro mar y playas, subrayaremos° que la presencia de residuos industriales en los ríos de Cataluña —una de las regiones más industrializadas de España, cuyos ríos que desembocan en el Mediterráneo, son los más contaminados del mundo—, hacen que crezca la posibilidad de llegar a contraer enfermedades por ingerir peces que han concentrado en sus tejidos° algunos metales como el cadmio y el mercurio, tal como está pasando en el Japón, cuyo problema ha producido y produce continuamente centenares de muertos.

          we shall point out

          en... in their tissues

Notas

1. *antirraquítico:* En inglés, *Antirickets* o *heliotherapy:* la aplicación terapéutica de radiación del sol.
2. *danos tu:* A pesar de que la norma en la mayoría de los países hispánicos es dirigirse a las personas con las que no se tiene una gran amistad por medio del formal *usted,* en los últimos

años se observa una mayor tendencia al uso del *tú*. Por ejemplo, hace algunos años, el periodista nunca habría usado el *tú* en esta entrevista.

Cuestionario

1 ¿Cuál es el mayor beneficio que uno saca al ir de vacaciones a la playa?
2 ¿Cuáles son los peligros que uno corre mientras está en el agua de las playas?
3 ¿Qué es lo que le pasa a la piel al quedarse uno soleándose con excesividad?
4 ¿Qué efecto produce la contaminación en la producción de los alimentos? Mencione algunos.
5 ¿Qué cree usted que es más importante, el progreso científico o la conservación del medio ambiente?
6 Imagínese que hay un lugar del mundo donde no hay contaminación. Descríbalo desde el punto de vista de su sistema de transporte.

Reláaajese, reláaajese..., no piense en nada
EL PAÍS

Madrid, 10 de julio de 1979

Duros días los que acaban de pasar. Si los que observaban el partido desde las gradas° se sentían extenuados°, ¿qué no les habrá sucedido a los que se encontraban en el terreno de juego? ... Así oímos decir que nuestros líderes, los más jóvenes, los más guapos, los de, supuestamente, mejor salud, padecían stress. Y esto del stress, ¿qué es exactamente?

Conviene saber, en primer lugar, que la Real Academia Española de la Lengua ha admitido el término *estress*,[1] y lo define de la siguiente forma: "Situación de un individuo vivo, o de alguno de sus órganos o aparatos, que, por exigir de ellos un rendimiento° superior al normal, lo pone en riesgo próximo de enfermar". Y, en la práctica, ¿cómo se manifiesta esta tensión y qué podemos hacer para cambiarla?

¿Podría el oficinista que está recibiendo una reprimenda lanzarse, con una daga°, al cuello de su jefe como si tratara de eliminar a un peligroso cocodrilo, o el piloto de un avión en apuros° responder al instinto de salir corriendo para ponerse a salvo°?

Hay ciertas reacciones instintivas del hombre que han quedado desfasadas°, son inadecuadas e inútiles para la civilización urbana. Somos demasiado animales, demasiado primitivos en relación con el medio en que vivimos. Una de estas reacciones es la llamada de lucha o huida°, su función es preparar al individuo para enfrentarse a un peligro que le amenaza°. Fisiológicamente, la respuesta° se caracteriza por un aumento del metabolismo (consumo de oxígeno), de la presión sanguínea°, del ritmo cardíaco

desde... from the grandstand / exhausted

output

knife

en... in danger
ponerse... get out of danger

out of phase

de... fight or flight
threatens
response
blood

LA SALUD DEL SER HUMANO   105

y respiratorio, de la cantidad de sangre bombeada° por el corazón,   pumped
y de la sangre que llega a los músculos del esqueleto. Evidentemente, esta respuesta era perfecta para cazar bisontes° o para   buffalo
huir de un leopardo enfurecido. Hoy no vale. Sin embargo, la
agresión permanente que sufren los habitantes de la ciudad hace
que el instinto de agresión o huida se encuentre en estado de
alerta constantemente. Embotellamientos°, prisa, dificultades   traffic jams
económicas nos van deteriorando y nos precipitan a las enfermedades típicas de los tiempos que corren: hipertensión, infarto
del miocardio°, accidentes cardiovasculares, y depresión.   *infarto...* heart attack

¿Qué hacer con este estado de excitación del cuerpo, que
dentro de una oficina no nos sirve para nada, por hablar en
términos eufemísticos?

Plas, plas, plas... musita un descamisado tumbado en la
moqueta de un suntuoso despacho de la Quinta Avenida°. ¿Un   *musita...* whispers a shirtless man lying on his carpet in his sumptuous Fifth Avenue office / *un...* someone dying / *en...* fashionable / *Escuela...* Business School / thought up
loco?, ¿un agonizante°? No, el director de la compañía poniendo
en práctica el nuevo método de relajación en boga°. Como lo oye.
Un profesor de la Universidad de Harvard, Herbert Benson, que
trabaja para la Escuela de Dirección de Empresas°, ha ideado° el
método más sencillo. Está dirigido principalmente a los ejecutivos
extenuados, pero puede servir a cualquiera. Basado principalmente en la meditación trascendental, no tiene, sin embargo,
nada que ver con la religión; para ponerla en práctica sólo se
necesitan cuatro elementos básicos: un lugar tranquilo, una
actitud pasiva, una posición cómoda, y una palabra. La habitación
debe estar en penumbra° y alejada de ruidos molestos°. El medi-   *en...* in the shade / *ruidos...* noises
tador debe sentarse o echarse en la posición que considere más
confortable, con el propósito de reducir el esfuerzo muscular a un
mínimo. Es conveniente aflojar° cinturones, corbatas, y quitarse   to loosen
los zapatos o cualquier cosa que oprima el cuerpo. Por último, es
muy importante no observarse, no forzar el estado de relajación.
Hay que dejarse llevar de una forma totalmente pasiva. Con los
ojos cerrados, se deben ir relajando todos los músculos poco a
poco, al tiempo que la mente se deja vacía°, siendo consciente   empty
únicamente de la respiración. Cada vez que se expulsa el aire hay
que repetir una palabra mentalmente. Cualquier palabra es
apropiada, con tal de que sólo tenga una sílaba, aunque no
carezca de significado. Por ejemplo: dos, más, mar, re, etcétera.
La meditación hay que practicarla dos veces al día durante 20
minutos, y nunca después de las comidas. Hay que dejar transcurrir un par de horas para dar tiempo a la digestión.

La práctica continuada y regular de esta técnica libera de la ansiedad y la fatiga. Durante la meditación se producen cambios fisiológicos, como el descenso del metabolismo (consumo de oxígeno) y del ritmo respiratorio. Según afirma el profesor Benson, la respuesta de relajación es el instinto opuesto al de agresión, y la humanidad lo ha sabido invocar a lo largo de toda su historia, especialmente a través de las religiones. La oración° es un excelente método de relajación. Un ejemplo perfecto es el rito de rezar° el rosario: la repetición monótona y constante de las mismas palabras tiene como resultado la obtención° de un vacío mental° que libera al individuo de su angustia. Los místicos de todas las religiones han dominado las técnicas de meditación, rodeándolas a menudo° de un aura de misterio. Los aspirantes debían y deben someterse a ceremonias secretas de iniciación antes de aprender el método. Los movimientos rítmicos, la repetición de palabras y cánticos son comunes a todas las religiones. Cuando un sacerdote cristiano aconseja° la meditación no quiere decir que la persona deba ponerse a reflexionar° sobre algún problema, sino todo lo contrario, ha de vaciar su mente y concentrarse en la nada.

¿Puede ofrecernos algo la sabia naturaleza, a nosotros, animales de asfalto, para alejar nuestras angustias?

Colores, por ejemplo. De todos es sabido que el verde y el azul producen efectos sedantes°; por eso son utilizados en los hospitales.

Alimentos también: la leche y sus derivados (yogur, queso) tienen propiedades tranquilizantes: un vaso de leche caliente con miel antes de acostarse ayudará a conciliar el sueño°. También hay quien recomienda comer una manzana o tomar mucha lechuga. Fuera° todos los excitantes: café, té, picantes°, comidas pesadas por la noche, y alcohol. En cualquier herboristería° se pueden encontrar hierbas que combaten el insomnio, las hay por decenas.

Dormir es vital para mantener el equilibrio nervioso. (Nunca caiga en la cama con los pies fríos. Sumergirlos si es necesario en agua fría y caliente de forma alternativa, unas cinco veces.) ¿Su trabajo es intelectual? Tendrá pues los músculos de la nuca° contraídos, tensos. Aplique en la zona dolorida una compresa de agua° lo más caliente posible, y manténgala hasta experimentar una sensación de descanso. ¿Abusa de la lectura? Llame al sueño colocando un paño caliente° sobre sus ojos o ejerciendo un suave masaje en el entrecejo°. Si pertenece al glorioso gremio° de los que jamás tienen sueño al meterse en la cama y que son incapaces de despertarse por la mañana, aparte de° nuestro más sentido

prayer
pray

achievement / *vacío...* mental vacuum

rodeándolas... occasionally surrounding them

advises
ponerse... to begin to reflect

efectos... tranquilizing effects

conciliar... to induce sleep

Get rid of / hot seasonings
herb store

nape of the neck

compresa... water compress
un... a hot cloth
space between the eyebrows / union
aparte... besides

LA SALUD DEL SER HUMANO
107

pésame°, le ofrecemos un ejercicio que sirve para adquirir dominio sobre la mente y el cuerpo: manténgase de pie en medio de la habitación, con un solo pie sobre el suelo.

nuestro... our deepest condolence

Nota

1 *estress:* Desde su fundación en el siglo XVIII, las recomendaciones de la Real Academia de la Lengua han sido obedecidas como leyes por los diarios e editoriales de libros. Sin embargo, en los últimos tiempos, teniendo en cuenta el retraso de la Academia en ponerse al día° con respecto a la evolución de la lengua, han sido los diarios más prestigiosos los que han marcado las pautas a seguir. Por ejemplo, *El País* considera que ya es hora de escribir en español *estrés* (tal como se pronuncia aproximadamente la palabra inglesa *stress*).

ponerse... updating itself

Cuestionario

1. ¿Qué es lo que contribuye al estrés de una situación?
2. A uno, ¿qué le hace el instinto de agresión?
3. ¿Cuáles son las cosas que contribuyen al deterioro sicológico de las personas?
4. ¿Qué quiere decir la *meditación trascendental*?
5. ¿Cree que vale la pena estar trabajando toda la vida para ganar más dinero? ¿Cuánto cuesta, en dinero, padecer de estrés?
6. ¿Cree que las técnicas de la meditación trascendental son brujería, religión del siglo XX, supersticiones, o gimnasia para habitantes de ciudades?

Regulación oficial del trasplante de órganos
Raimundo Castro*
EL PERIÓDICO DE CATALUNYA**

Barcelona, 9 de octubre de 1979

El Congreso[1] vivió ayer el sprint final previo a° las vacaciones que la Cámara[2] tendrá durante el mes de agosto. Tras un descanso para cenar, los diputados aprobaron leyes hasta medianoche y hoy continúan desde las nueve de la mañana para concluir el debate.

    Dentro de lo aprobado ayer merece destacarse una ley sobre el trasplante de órganos que tiempo atrás habían presentado los diputados socialistas. Fue aprobada por todos y uno de los diputados no desaprovechó° la ocasión para recalcar° que ésta y la anterior son las primeras leyes que se hacen en el Congreso a propuesta de la Oposición y no del Gobierno. Como consecuencia de esta ley, el Gobierno, como declaró a *El Periódico* Donato Fuejo, tiene el reto° urgente y el mandato de contribuir a crear un clima favorable a la donación de órganos (se pide incluso que conste° en el DNI[3] si se tiene condición de donante o no, al igual que figura el grupo sanguíneo°), descentralizar los servicios médicos para que se puedan hacer trasplantes no sólo en Madrid y Barcelona, y fomentar° la colaboración internacional a través de organismos especiales para el intercambio de órganos.

    prior to

    no... did not fail to take advantage of / stress

    challenge

    state
    grupo... blood type
    promote

  * *Raimundo Castro:* Redactor de *El Periódico de Catalunya.*
  ** *El Periódico de Catalunya:* Diario publicado en Barcelona con una tirada de 70.000 ejemplares. Su director es Antonio Franco Estadella.

Notas

1 *Congreso:* El Congreso de Diputados español.
2 *Cámara:* El Congreso.
3 *DNI:* Documento Nacional de Identidad: la tarjeta de identificación que deben llevar todos los españoles.

Cuestionario

1 ¿A qué se refiere la ley sobre los trasplantes?
2 ¿Qué partido político propuso la ley?
3 Imagine usted que está entrevistando a un diputado que apoyó la ley. Hágale tres preguntas y dé tres respuestas.
4 Escriba una carta al director del diario, aplaudiendo o rechazando la medida del Congreso sobre los trasplantes.
5 ¿Cree usted que el Gobierno debe intervenir para decidir si los órganos de los ciudadanos pueden ser trasplantados? ¿Cree usted que los líderes religiosos deben intervenir en esta cuestión? ¿Por qué?
6 ¿Cree usted que sería buena la medida que obligara a llevar estos datos en una tarjeta de identidad? ¿Por qué?

Todos son donantes si no dicen lo contrario
Raimundo Castro
EL PERIÓDICO DE CATALUNYA

Barcelona, 9 de octubre de 1979

Como se destacó en el Congreso, con la ley de trasplantes de órganos se acaba con un grave problema de los ciudadanos españoles. La legislación española al respecto hacía que los trasplantes hasta hoy día se hicieron prácticamente en la ilegalidad en muchos aspectos. Ahora se reconoce la muerte clínica cuando se constata la muerte cerebral°. Antes, como señaló Donato Fuejo, "prácticamente por ley el cadáver tenía que oler° para reconocer la muerte oficial".

 Ése y otros problemas hacían que fuese prácticamente imposible recuperar órganos en buen estado para trasplantar a ciudadanos necesitados y que en España se trasplántase órganos 40 veces menos que en Finlandia o 20 menos que la media° de la Europa Occidental. Ahora, según la nueva ley, todos somos donantes en caso de muerte por accidente si no mostramos oposición expresa en contra para que se utilicen nuestros órganos tras morir. Ahora, en ningún caso se compensará económicamente al que done órganos (excluyendo la sangre), pero tampoco se cobrará al que lo reciba. Y, ahora, finalmente, para el donante, tanto vivo e inmediatamente después de morir, sólo hay que ser mayor de edad.

Ahora... Now clinical death is recognized when brain death is confirmed / smell

average

Cuestionario

1. Según el artículo, ¿es verdad que todos los españoles tienen que ser donantes?
2. ¿Cuáles son los problemas que hace imposible recuperar órganos en buen estado?
3. En España, ¿se está considerando la compensación económica al que done un órgano?
4. Enumere los peligros o los riesgos en la donación de los órganos. ¿Cree usted que sería una ventaja si todos los países del mundo tuvieran leyes así?
5. Si usted fuera investigador científico, ¿cómo reaccionaría ante una ley de donación de órganos?

Corazón a ritmo
CAMBIO 16

Madrid, 6 de marzo de 1979

El corazón es posiblemente el órgano vital que más sustos causa a las personas°. Como habitualmente realiza° silencioso y eficaz, trabajo, unas manifestaciones excepcionales, más o menos ruidosas, provocan el alarma.

Sin embargo, es más el ruido que las nueces°: pocas veces esas manifestaciones son signo de infarto.

Los latidos inhabituales° del corazón pueden ser de dos tipos: rápidos, y en ese caso es taquicardia, o fuertes e irregulares, y en ese caso es arritmia.

La arritmia puede ser exclusivamente un síntoma benigno de un cierto fallo del corazón°.

La taquicardia y las palpitaciones suelen deberse, la mayoría de las veces, a un desorden neurovegetativo° de origen emocional o digestivo

Una fuerte emoción, el abuso de tabaco y café o, quizá, un esfuerzo excesivo para el que no estamos preparados, puede producir esa taquicardia que, para muchos, se convierte en una alarmante sensación de que el infarto se le viene encima°.

Generalmente medicaciones sencillas que actúen sobre el corazón o sobre el sistema nervioso, como es el caso de los sedativos, son suficientes para acabar con ella y recuperar un ritmo tranquilo.

No hay que ceder al pánico en esos casos, pero sí hay que tomárselo absolutamente en serio: detrás de un problema de ritmo en el corazón puede esconderse° una lesión orgánica cardiovascular, tiroidea°, o de otro tipo.

que... that scares people most / it performs

es... it's no big thing

latidos... irregular beats

fallo... heart failure

of the sympathetic nervous system

se... is coming on

be hidden
thyroid

LA SALUD DEL SER HUMANO

¿Cuál es la mejor solución? El médico, sin duda. Cuando tenga problemas de este tipo acuda° al médico, hágase un chequeo°, y recuperará, probablemente, la tranquilidad.

° go
° checkup

Cuestionario

1 ¿Por qué le causa el corazón sustos a los seres humanos?
2 ¿Cuáles son las condiciones de la llamada taquicardia?
3 ¿Son los sedativos adecuados para controlar los problemas del sistema nervioso?
4 ¿Cree usted que las personas de las sociedades avanzadas tienen buen cuidado de su salud, especialmente con respecto al corazón?
5 Piense sobre lo que usted haría si tuviera en sus manos la política de salud pública. ¿Qué recomendaría a sus ciudadanos?

Correr, placer intelectual
Mario Vargas Llosa*
CAMBIO 16

Madrid, 1 de julio de 1979

Comencé a correr a los 35 años, cuando me di cuenta que mi único ejercicio diario consistía en cruzar una docena de veces los cinco metros que mediaban entre el escritorio y la cama°. Un amigo deportista me convenció que el resultado de ese régimen de vida serían la obesidad, para empezar, y el ataque de miocardio° para terminar, pasando por varios anquilosamientos°. Fue sobre todo lo de la obesidad lo que me persuadió, pues siempre he creído que "la gordura° es una enfermedad mental", como escribió Cyril Connolly[1] (quien, dicho sea de paso°, murió obeso) en *La tumba sin sosiego*°.

    Corrí, al principio, en un estadio° que estaba cerca del mi casa. El primer día intenté dar una vuelta a la pista de atletismo° —400 metros— y tuve que pararme a la mitad, asfixiado°, con las sienes° que reventaban° y la certeza de que iba a escupir° el corazón. Poco a poco, sin embargo, fui saliendo de ese estado físico calamitoso y alcanzando los niveles aceptables y establecidos por el método Cooper[2]. Es decir, una milla (1.600 metros) en menos de ocho minutos o dos en menos de dieciséis. Corría cuatro o cinco veces por semana, temprano, y, aunque los primeros meses sentía aburrimiento y pereza —además de taquicardia y agujetas°—, luego me fui acostumbrando, después

que... that separated my desk and bed

heart muscle
joint stiffening

fatness

dicho... it may be said in passing / *La...* The Unquiet Grave
stadium / *dar...* run one lap of the track / out of breath / temples / pounding / spit out

pain from fatigue

* *Mario Vargas Llosa:* Escritor peruano nacido en Arequipa en 1936. Es autor de varias novelas, entre ellas *La ciudad y los perros, Conversación en la catedral, y Pantaleón y las visitadoras.*

apasionando y ahora soy un adicto y un propagandista del jogging, el más divertido y saludable de los deportes.

Los resultados de las carreras matutinas° fueron múltiples, todos benéficos. Es cierto que se trata del más rápido sistema para adelgazar°, sin hacer esas dietas que destrozan los nervios y ennegrecen° la vida, y una cura fulminante° contra el cigarrillo —fumar y correr son vicios incompatibles— y, también, que toda persona que corre se ríe a carcajadas de° los humanos que sufren de insomnio o de estreñimiento° porque duerme a pierna suelta° y tiene un estómago que funciona como un reloj suizo. Pero no son esos sus principales méritos. Superado ese período inicial en que el cuerpo se pone en condiciones° y adapta a la rutina, correr deja de ser algo que se hace por obligación, terapia, vanidad, etcétera, y se convierte en un formidable entretenimiento°, en un placer que, a diferencia de los otros, casi no exige riesgos° ni causa estropicios°.

Pero para gozar de él debidamente conviene tener en cuenta ciertas pautas. Correr no es divertido hasta que el cuerpo no alcanza lo que llaman el nivel de aptitud suficiente y para alcanzarlo cuanto antes, sin dar tropezones° —en el sentido figurado y en el literal— lo mejor es valerse de cualquiera de los muchos métodos que por ahí circulan. El que yo seguí —el Cooper— pone a cualquiera (lo que comprende a damas y caballeros entre los 10 y los 70 años) en condiciones de empezar a divertirse en 16 semanas, dedicándole una media de 5 días por semana y de unos 15 minutos cada día. Pero este entretenimiento está diseñado° para gentes que se hallan en pésimo° estado físico, a las que se les pide apenas, las dos primeras semanas, que cubran 1.600 metros en 13,5 minutos, lo que hace cualquiera andando de prisa. Es decir, no es difícil reducir las 16 semanas a 10 o a menos.

El método resulta fastidioso°, por lo monótono y estricto, pero durante esa indispensable iniciación uno comprueba° cómo la compleja maquinaria que es el cuerpo se va progresivamente desembruteciendo°, desapolillando°, aceitando°, aligerando°. Día a día tiene lugar en el que comienza a correr una toma de conciencia corporal°, el descubrimiento en él de órganos y músculos que ignoraban que existieran y con los que ahora —a costa de algunos calambres, ahogos, y sudores°— traba° relación y buena amistad. La ventaja de correr en un estadio, en esta etapa preparatoria, no es sólo la de las distancias marcadas que permiten medir los progresos, sino principalmente, la del terreno blando nivelado°, a fin de ir educando las plantas° de los pies para el

in the mornings

slim down
make grim / cura... miraculous cure
se... bursts out laughing at / constipation / a... soundly

en... in condition

entertainment
no... involves no risks
problems

sin... without stumbling

designed / extremely poor

bothersome
proves

toning up / getting rid of the cobwebs / becoming supple / losing weight / toma... awakening of physical awareness
ahogos... shortness of breath, and sweat / strikes up

blando... soft and level / soles

futuro. En esta etapa uno no se divierte corriendo, porque en realidad no corre: aprende a hacerlo, conquista el derecho a gozar corriendo. Lo importante, en estas primeras semanas, es la constancia, no sucumbir a las excusas y pretextos que el diablo —es decir, los músculos magullados°, los tendones resentidos°, el corazón atropellado°— inventa para inducirnos a descontinuar o poner fin a la preparación.

    Una vez que el cuerpo ha alcanzado un buen nivel de rendimiento, sugiero echar el libro del Mayor Kenneth H. Cooper al basurero°, junto con el cronómetro, dar la espalda al estadio y lanzarse a las calles, a los parques, a las playas, a las carreteras, fijarse itinerarios cambiantes. Ahora es cuando comienza lo bueno. Corriendo a la intemperie° uno advierte que, aun en las ciudades más feas de la tierra, hay siempre una trayectoria° posible que, a la hora que el sol se asoma o se oculta, con lluvia o sol radiante, es grato° seguir, y que, cuando uno pasa junto a ellos corriendo, ciertos árboles, fachadas°, esquinas, personas que riegan las macetas°, muchachas que salen al trabajo o vuelven de él, o perros que fornican, adquieren un encanto particular o son, en todo caso, muy diferentes de cuando uno los divisa° desde la ventanilla de un auto o caminando.

    Pero más todavía que el placer de ver, el jogging propicia y enriquece° el de pensar. Estoy convencido que mi rendimiento intelectual es mayor los días que corro que aquellos que descanso. En esos 20 o 30 minutos de ejercicio, mientras el cuerpo se va caldeando° y expulsando con el sudor toda clase de toxinas, el espíritu se va simultáneamente deshaciendo de preocupaciones e inhibiciones y alcanzando esa tensa serenidad que es la actitud más propicia para la reflexión y la fabulación°.

    Muchas veces, mientras corría, en la neblina del invierno limeño°, por el serpentino malecón° de Barranco,[3] he pensado en el flaco° favor que le hizo a la humanidad el cristianismo al disociar el cuerpo y el espíritu, al introducir esa mentalidad para la cual resultó que cultivar uno de ellos era írrito al° cultivo del otro. Aunque las cosas han cambiado algo, todavía subyace° en nuestros países la convicción de que los seres humanos se dividen en inteligentes y deportistas, que el desarrollo de la mente exige, o poco menos, el sacrificio del cuerpo (y viceversa). A diferencia de lo que occurría en Grecia o Japón, en que una cosa presuponía la otra —todavía hoy, en las artes marciales japonesas, la destreza física° es considerada una resultante de la superación° ética e intelectual—, en el Occidente cristiano el cuerpo se convirtió en el símbolo de lo perecedero y desdeñable°, centro de la corrupción y enemigo primordial del alma, algo de lo que el hombre debía avergonzarse° —y que era preciso, por lo mismo, ocultar y castigar—, obstáculo permanente de su vida moral e intelectual. Este fantástico prejuicio llevó a cabo°, en efecto, una disociación real. Desde hace siglos, en el Occidente el hombre es orientado desde la cuna° en una dirección o en la otra, al extremo de que ha llegado a tener cierta justificación el que los atletas piensen en los intelectuales como en unos risibles mamarrachos° físicos y el que para éstos aquéllos carezcan de sesos°.

    Reintegrar esos dos aspectos de la experiencia humana que nunca debieron escindirse° es una de las cosas que están por hacerse. Costará trabajo, pero hay indicios —a medida que las pistas, parques, playas, carreteras del mundo se llenen de corredores— de que no es imposible. Tarde o temprano la gente tendrá que convencerse que, como leer un gran libro, correr —o nadar, patear una pelota°, jugar al tenis, o saltar en paracaídas°— es, también, una fuente de conocimiento, un combustible para las ideas, y un cómplice° de la imaginación.

be ashamed

llevó... caused

cradle

risibles... ridiculous scarecrows
brains

split

patear... to kick a ball / *saltar...* to parachute
accomplice, aid

Notas

1 *Cyril Connolly:* Escritor inglés nacido en 1903. Autor de *Enemies of Promise,* entre otros libros.
2 *Cooper:* Major Kenneth H. Cooper, médico norteamericano, autor de numerosos libros sobre el ejercicio, como *Aerobics* y *The Aerobics Way.*
3 *Barranco:* Zona de Lima, capital del Perú, situada al sur del barrio de Miraflores.

Cuestionario

1 ¿Cuándo comenzó a correr el autor?
2 ¿Cuál es el primer ejercicio del método Cooper?
3 ¿Cuál es la ventaja de correr en un estadio al principio?
4 ¿Por qué dice el autor que el ejercicio beneficia el trabajo intelectual?
5 Comente sobre las ventajas tanto físicas como intelectuales del correr.
6 ¿Por qué la gente de las ciudades no hace ejercicio? ¿Considera usted que se debe hacer ejercicio en las escuelas, o bien cree que cada uno lo debe hacer por su cuenta?

Se habilitará° una docena de circuitos de "footing"
LA VANGUARDIA

will set up

Barcelona, 6 de julio de 1979

Una docena de circuitos de "footing"[1] salpicados° por toda la ciudad serán inaugurados, según los planes municipales, en las próximas fiestas de la Merced.[2] Se ubicarán° en determinados lugares del casco urbano°, de manera que quien quiera practicar este deporte no tenga que desplazarse al Tibidabo, al parque Güell, o a Montjuich, como sucede en la actualidad. "Haz deporte cerca de tu casa", éste es el lema que, en definitiva, se quiere poner en práctica.

El Ayuntamiento construirá a lo largo de este verano una docena de circuitos aptos para practicar "footing". Su recorrido total oscilará entre tres y cuatro kilómetros y se alternarán las zonas ideadas para la carrera° con aquellas otras más gimnásticas en las que se instalarán diversos aparatos y obstáculos, desde troncos hasta escaleras°. En total se piensa que cada circuito contará con unos catorce movimientos diferentes. Su construcción será costeada° a medias por el Ayuntamiento y el Consejo Superior de Deportes.[3] El emplazamiento° será determinado por el municipio y los proyectos serán diseñados por el Consejo.

Cada circuito constará de tres niveles distintos, correspondientes a la naturaleza del atleta. El más sencillo, el de los principiantes, será lógicamente el más fácil de superar. El segundo será para los ya iniciados y el más duro de todos ellos para quienes practiquen este deporte para mantenerse en forma atlética. En cada una de las zonas que configuren los circuitos habrá paneles°

scattered

Se... They will be placed
within the city limits

ideadas... intended for running

desde... from tree trunks to ladders

paid for
location

signs

LA SALUD DEL SER HUMANO 120

que indicarán qué debe hacerse en ellas, en las tres categorías antes citadas. La idea municipal es instalarlos en zonas céntricas. "Pretendemos° —manifestó a *La Vanguardia* Albert Pons Valón, concejal de Deportes°— acercar el deporte al ciudadano sin obligarle a efectuar desplazamientos; salir de casa con el chandal° puesto y poder regresar a los pocos minutos de haber finalizado el ejercicio."

we're trying

concejal... spokesman for the Sports Council

sweatshirt

LA SALUD DEL SER HUMANO

Estos circuitos no tendrán ni duchas ni casetas de vestuarios° para facilitar la práctica deportiva desde el propio hogar. En estos momentos, la Guardia Urbana, el Servicio Municipal de Parques y Jardines, el Departamento Municipal de Deportes y la Federación Catalana de Atletismo están trabajando para hallar los enclaves mejores donde levantar los circuitos. Por su parte, el Ayuntamiento efectúa un llamamiento a los ciudadanos en busca de lugares óptimos. Paralelamente a esta iniciativa, la delegación de deportes ha solicitado a la Guardia Urbana que los sábados y domingos prohíba el tráfico rodado por la carretera de las Aguas, en el Tibidabo, y la reserve para quienes deseen pasear o correr por ella. Uno de los obstáculos a salvar consiste en hacer compatible este deseo municipal con los practicantes del motocros[4] que, desde hace ya años, utilizan la montaña del Tibidabo como escenario de sus actividades.

<small>ni duchas... neither showers nor booths in which to change clothes</small>

En cuanto a los circuitos de "footing", deberá tenerse muy en cuenta el entorno° donde vayan a levantarse. No es lógico, por ejemplo, que uno de ellos se instalara en una zona que tenga a su alrededor un tráfico constante y altamente contaminante. Los deportistas podrían perecer°, o poco menos, en su intento por estar en perfecta forma física. Respirar los productos de la combustión de los motores de explosión de los automóviles, las motocicletas, los camiones, y los autobuses no representa, ni mucho menos, una garantía ni para los atletas ni para nadie.

<small>surroundings

die</small>

Notas

1 *footing:* Como sucede con numerosas palabras importadas de otras lenguas, los hispanohablantes muchas veces no las emplean exactamente igual que en la lengua original. Así por ejemplo, *footing* (pronunciado como *futin*, más o menos) quiere decir tanto la simple carrera que una persona da alrededor de su casa, como al entrenamiento que hacen los atletas. En la actualidad, se habla de "circuitos de footing" cuando se han establecido unas paradas fijas, con ejercicios recomendados, parecido al "vita-course" en inglés.

2 *fiestas de la Merced:* El 25 de septiembre, la ciudad de Barcelona celebra la fiesta de la Virgen de la Merced, patrona de la ciudad. En ese día tienen lugar conciertos de música,

representaciones de teatro, corridas de toros, y todo termina con un monumental castillo de fuegos artificiales°.   display of fireworks
3 *Consejo Superior de Deportes:* Órgano gubernamental que regula todas las actividades deportivas en España.
4 *motocros:* Deporte que se practica con una motocicleta. Consiste en seguir un circuito fijado entre colinas, sin carreteras asfaltadas.

Cuestionario

1 ¿Qué clase de deporte es el "footing"?
2 ¿Hay que viajar mucho a una cancha° para hacer el "footing"?   field
3 Diseñe un circuito del "footing" que coincida con su propia manera de hacer ejercicios. ¿Qué ejercicios prefiere?
4 Haga una lista de las posibles desventajas del "footing" en las ciudades grandes.
5 Comente sobre la necesidad de hacer ejercicios gimnásticos.
6 Describa los posibles peligros que encuentra uno al practicar cualquier deporte de noche en un circuito como del "footing".

Más carne y menos pan
CAMBIO 16

Madrid, 1 de enero de 1978

Las necesidades y los hábitos de alimentación han evolucionado notablemente en los últimos años en la sociedad española, hasta el punto que el Instituto Nacional de Estadística tuvo que variar recientemente la composición de la cesta de la compra° por que ya no respondía a la situación real de la familia española. Hoy, el español compra menos pan, menos aceite, grasas, patatas, frutas, café, azúcar, confituras, y bebidas alcohólicas; pero consume mayor cantidad de carne, pescado, productos lácteos, galletas° y bebidas no alcohólicas. En cuanto a la carne y según las estadísticas más recientes, cada español se come 63 kilos al año, es decir, casi 200 gramos diarios. De ese total, 4 kilos son de cordero, 4 de conejo, 20 de cerdo, 12 de vacuno°, 20 de pollo... Con el pollo ocurre una cosa curiosa, y es que somos el país europeo más aficionado a este tipo de carne, ya que la media en los países desarrollados está en torno a los 14,5 kilos. Esta preferencia por las aves es obligada en gran medida por los altos precios que alcanzan los otros tipos de carne en el mercado, por lo que al ama de casa, si quiere echar carne en el puchero° muchos días, no tienen opción a decidirse por otra.

    El español toma además 102 kilos de leche al año, 307 huevos, 120 kilos de patatas, bebe 66 litros de vino y 44 de cerveza. Hay que destacar el gran auge° de la cerveza en los últimos 12 años, cuyo consumo se ha duplicado, mientras ha descendido algo el consumo de vino. El pescado casi se mantiene igual, es decir, actualmente se consume 30,5 kilos al año, mientras que hace doce años se consumía justo un kilo menos. Es previsible que

cesta... (statistically typical) shopping basket

biscuits

beef

pot

increase, boom

ante las enormes subidas° que últimamente ha experimentado y las dificultades para la pesca, su consumo siga disminuyendo.   °price hikes

Respecto a las hortalizas° ha disminuido así mismo el consumo, situándose ahora en 123 kilos, mientras hace 12 años llegaba a los 132 por habitante y año. Sin embargo, la característica más destacada de la alimentación en España, lo que nos hace verdaderamente diferentes de los demás países, no es lo que comemos, sino lo que cuesta comer. Lo que los nutriólogos° llaman "módulo alimentario", es decir, el dinero que se invierte en la alimentación, coloca a España a la cabeza de los países europeos. Por supuesto que el gastar más no indica que comamos más, ni que la alimentación sea mejor, sino que existe un tremendo desfase en el valor de estos artículos. Y ello no responde a una situación coyuntural° e inflacionaria de estos últimos años, sino que en España, y es un hecho, la alimentación siempre ha alcanzado precios escandalosos.   °vegetables ... °nutritionists ... °current, temporary

Cuestionario

1 ¿Qué clase de carne compran más los españoles? ¿Por qué?
2 ¿Por qué disminuirá el consumo de pescado?
3 ¿Por qué se dice que los expañoles gastan más en la comida que el resto de los europeos?

Españoles bien nutridos: nos sobran grasas
CAMBIO 16

Madrid, 1 de enero de 1978

"Desde el punto de vista nutritivo, la situación de los españoles es satisfactoria. No hay grandes carencias, y el defecto a veces está más en lo que sobra que en lo que falta", declaraba recientemente un nutriólogo. En otras palabras, el español está suficientemente alimentado, aunque de hecho en muchos casos lo hace incorrectamente, y así toma excesivas calorías, demasiadas grasas, y poca vitamina A y B$_2$.

El español, la española de hoy, que en los últimos años ha conseguido bajar tripa y echar michelines fuera° a base de masajes, algo de deporte, y casi obsesión por la báscula° han de hacer un último esfuerzo y ajustar el régimen a sistemas más racionales de alimentación. La dieta que el español toma hoy le proporciona, por habitante y día, 3.040 calorías, 92,1 gramos de proteínas y 131 gramos de grasas. Esto supone un cambio importante en la dieta de los españoles desde el punto de vista nutrivito en los últimos 12 años, con aumentos del 21 por 100 en las proteínas que toma y del 35 por 100 en las grasas. En el aspecto energético la variación ha sido menor, sólo el 9,7 por 100 ha aumentado el consumo de calorías, pero sí se han producido cambios sustanciales en cuanto a la composición de ese valor energético. Así ha habido un enorme descenso en el consumo de cereales (pan), de un 17 por 100, lo que significa que se han sustituido determinados alimentos por otros de mejor calidad alimenticia.

El descenso en el consumo de pan ha ido paralelo con el aumento del consumo de carne, y así tenemos que las proteínas de origen animal representan el 52,8 por 100 de las proteínas que

bajar... lose weight (reduce the paunch and throw off spare tires) / scale

tomamos ahora, con un incremento respecto a 1964 del 71,7 por 100.

En cuanto al capítulo de vitaminas, el más deficiente, faltan precisamente las vitaminas del crecimiento (A y B). Su carencia es seguramente la responsable de que muchos españoles se sientan acomplejados por ser bajitos°. La vitamina A se encuentra, entre otros alimentos, en los productos lácteos, cuyo consumo en España se queda bastante por debajo del normal en Europa.

Si comparamos nuestro estado nutritivo con la media europea, resulta que los valores energéticos y proteínicos que toma el español quedan por debajo, ya que el europeo ingiere 3.414 calorías al día (nosotros 3.040), 94,7 gramos de proteínas (el español, 92), y 133 gramos de grasas, frente a los 131 consumidos en España. Hace tan sólo unos años, en 1970, España, junto con Portugal, eran los países que menos proteínas de origen animal tomaban en toda Europa.

se... have complexes about being short

Los vascos, sobrealimentados

Las regiones españolas presentan grandes diferencias a la hora de elaborar la dieta, en cuanto a su situación nutritiva, y naturalmente ante el hecho mismo de alimentarse. Para los andaluces, comer tiene poca importancia, según destaca el autor de numerosas encuestas° en las diversas regiones sobre temas nutritivos. Lo mismo sucede en Murcia, aunque, en general, para todo el país comer goza de mucho prestigio, como buen país latino. Vascos y navarros, en cambio, aprecian mucho la buena mesa, y sus platos condimentados tienen muchas calorías. *surveys*

Fundamentalmente por el norte se come mucha carne de vacuno y pescado, legumbres, leche, y azúcar. En Cataluña y Levante predominan las hortalizas°, el arroz, y los agrios° en la dieta, junto al pollo como carne y fruta en abundancia. En Castilla y Aragón se come mucha carne y huevos, y en Andalucía, aceite, pescado, y frutas. *vegetables / citrus fruits*

Las regiones del norte que tienen una dieta más rica tienen, naturalmente, un nivel nutritivo mucho mayor, incluso se podría decir que están sobrealimentados. Algunas zonas rurales de Vascongadas y Santander llegan a consumir hasta 4.000 calorías diarias, frente a las 3.040 que es el promedio nacional. Galicia y Levante presentan así mismo un consumo de calorías superior a la media nacional.

En cuanto a las proteínas sucede igual. La región norte tiene un exceso muy marcado, con valores que superan los 100 gramos diarios, mientras que la media nacional es de 92. En Galicia también sucede esto, aunque con grandes diferencias entre las zonas rurales y urbanas. Andalucía está en el extremo opuesto con menor consumo de principios nutritivos, junto a la meseta norte y Canarias.

En cuanto a las vitaminas sucede lo contrario, ya que el norte y Galicia presentan déficit más marcados que el conjunto nacional. En Galicia llega a ser grave, ya que en las zonas rurales el consumo de vitamina A es la mitad menor que en el resto de España. La meseta norte y la zona oeste presentan así mismo déficit notables. El consumo de vitamina A sólo es satisfactorio en Cataluña, Levante, y Madrid, y una parte de la zona del Ebro.

Cuestionario

1 ¿Cómo está alimentado el español?
2 ¿Qué ha ocurrido en el consumo de cereales?
3 ¿Qué países europeos eran los que en 1970 consumían menos proteínas de origen animal?
4 ¿Qué clase de comida se consume más en el norte de España?

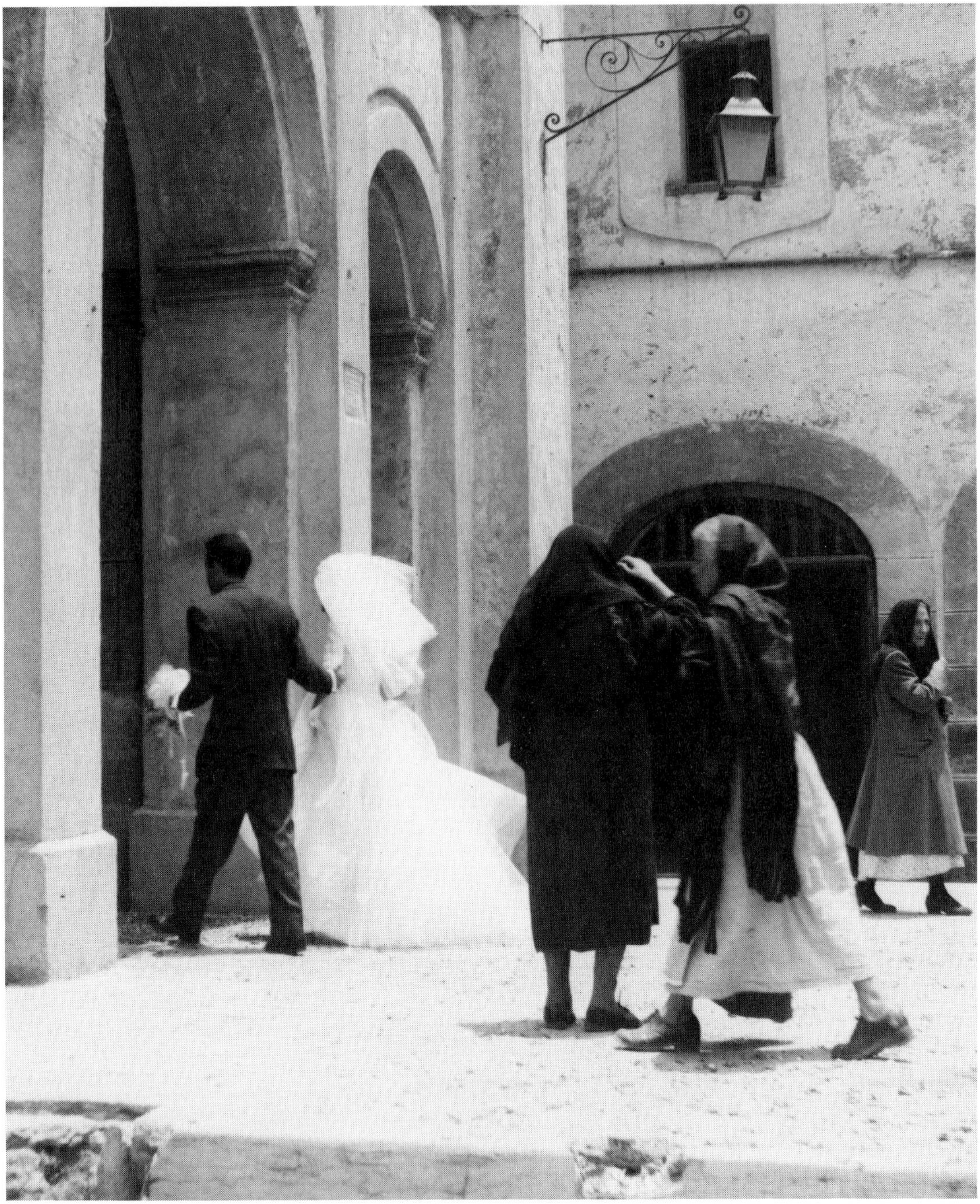

CAPÍTULO 4
El hombre y la mujer

Durante los primeros días de la creación, Dios se dedicó a crear el planeta. Más tarde creó al hombre a su imagen y semejanza, según la tradición bíblica, y a continuación consideró que no era bueno que el hombre estuviera solo y creó a la mujer. Algunos dicen que en ese preciso momento comenzaron los problemas del hombre, pues con el fin de remediar la soledad del varón°, se tuvieron que encontrar las soluciones para regular las relaciones y la convivencia°. Millones de años más tarde el ser humano todavía no ha hallado los medios ideales, aunque los experimentos son cuantiosos°: amor, relación sexual, control de natalidad, matrimonio, separación, divorcio.

"Los homosexuales y la pareja" y "Razones poderosas," dos notas publicadas en la revista española *Cambio 16*, presentan algunos de los aspectos del por qué las personas se casan y cuáles son las alternativas. Un artículo de *El País*, "Un instituto italiano suprime la enseñanza mixta", y otro de *La Vanguardia*, "Ensayos sobre la educación sexual" analizan algunos de los problemas que presenta la escuela cuando niños y niñas estudian juntos. Algunos consideran que la educación sexual debe ser reservada para la familia, mientras otros creen que la escuela debe enseñar esa materia como otras asignaturas. Mientras en unas escuelas, las niñas estudian aparte de los niños, la enseñanza mixta que va siendo adoptada por

°*remediar...* finding a solution to man's solitude / living together
many, numerous

numerosos sistemas hispánicos produce fricciones como la mencionada en el artículo sobre Italia.

Cuando algunos estudios muestran que la mitad de las esposas mexicanas son golpeadas por sus maridos, tal como publicaba *El Miami Herald*, una de las soluciones puede ser el divorcio. Sin embargo, en algunos países esto no es posible: "La regulación del divorcio se fundamenta en la Constitución" y "Obispos condenan divorcio". La razón es simple: en España y otros países, la Iglesia Católica tiene una gran influencia y las leyes del matrimonio están de acuerdo con las leyes eclesiásticas. Así también, la polémica existe acerca de la necesidad del matrimonio religioso o el derecho de tener solamente el civil. De este tema habla Antonio Gala en su artículo titulado "Matrimonio". A pesar de que el tono puede ser interpretado como irrespetuoso para ciertas creencias, el autor simplemente expresa su opinión sincera de que el matrimonio es un asunto entre dos personas. Sus ideas son compartidas por un elevado número de españoles y latinoamericanos.

"Las monjas quieren ser sacerdotes" es un artículo que presenta las reclamaciones de las religiosas para tener una vida tan activa como los hombres. La discriminación sufrida por la mujer en muchos países está llamando la atención de la prensa, y las notas de *El Miami Herald* sobre dos situaciones de Madrid y Buenos Aires presentan las dos caras de la misma moneda; ¿Qué hacer cuando no se acepta el embarazo? ¿Qué derechos tiene la mujer que tiene un hijo sin estar casada?

Los homosexuales y la pareja
CAMBIO 16

Madrid, 4 de marzo de 1979

Un nuevo informe Kinsey, pero sobre la homosexualidad, acaba de ser publicado por los discípulos del investigador. Kinsey, que murió en 1956, dejó un Instituto para Investigaciones Sexológicas en Bloomington, que es quien ha editado la citada obra. El estudio es un trabajo comparado entre 979 homosexuales, machos y hembras°, y 447 heterosexuales, también de ambos sexos.

El primer elemento que salta a la vista° es que la vieja calificación de homosexual activo y pasivo deja paso a una más laxa°, menos estricta.

De esta forma aparece: 1) la pareja cerrada, íntima, con absoluta fidelidad; 2) la funcional, formada por individuos que se respetan y confían, pero no son fieles° entre sí; 3) el tipo abierto, que, aunque convive° con otro, busca en forma permanente nuevas relaciones; 4) los asexuales, abúlicos° y apáticos totales, a quien les da lo mismo° cualquier cosa, y 5) los calificados de disfuncionales o aquellos que están afectados de serios trastornos psíquicos con problemas sociales graves.

De cualquier forma, el 30% de los 979 estudiados no pudieron entrar en ningún tipo de clasificación. El informe termina, además, con el viejo baldón° que pesaba sobre los homosexuales y su carácter de enfermos. Entre ellos, también hay enfermos con conductas sexuales calificadas de patológicas, pero no son más que entre los heterosexuales.

machos... male and female / *salta...* becomes obvious

relaxed

faithful
live together
passive
les... it doesn't matter

insult

Cuestionario

1. ¿Quién fue Kinsey?
2. ¿Cuántas clases de parejas distingue el estudio?
3. ¿Qué consecuencias tiene este estudio para la homosexualidid?
4. Imagine que Kinsey sigue vivo. Imagine una conversación entre su ayudante y el famoso investigador. Haga tres preguntas y dé tres respuestas suministradas por Kinsey, de acuerdo con la información del artículo.
5. ¿Considera usted que este tipo de experimentos ayudan a conocer mejor el comportamiento humano? ¿Considera usted que estos temas son estrictamente privados y que no interesan al resto de la sociedad?
6. ¿Cree usted que las pautas sociales han cambiado en los Estados Unidos durante los últimos viente años, con respecto al tema del artículo?

Razones poderosas
CAMBIO 16

Madrid, 28 de enero de 1979

A falta de° trabajos análogos realizados en España, no estará de más° tener en cuenta las motivaciones de las mujeres chilenas para casarse. Al fin y al cabo, una buena mayoría de ellas tienen sangre española. Los datos provienen° de una encuesta del doctor H. San Martín y son bastantes elocuentes:

    19 por 100 quieren salir de la casa paterna y ser libre.
    14 por 100 para no sentirse sola.
    13 por 100 no quiere que le digan solterona°.
    13 por 100 creía estar enamorada, pero ahora sabe que no lo está°.
    12 por 100 obligada o inducida indirectamente por los padres.
    11 por 100 creía estar enamorada y aún no lo está.
    7 por 100 para tener casa propia y dirigirla.
    6 por 100 porque necesita apoyo de alguien.
    5 por 100 porque quiere tener hijos.

    Y esto ¿qué tiene que ver con° la salud o con el sexo? Pues sí, tiene que ver, y mucho con la salud mental. Y alguna que otra vez°, también con el sexo.

A... lacking
no... it is not superfluous
come from

old maid

ahora... now know they are not

tiene... have to do with
alguna... now and then

EL HOMBRE Y LA MUJER 134

Cuestionario

1 ¿De dónde son las mujeres objeto de este estudio?
2 ¿Por qué se casan la mayoría de las mujeres?
3 ¿Qué porcentaje de mujeres se quieren casar solamente por tener hijos?
4 Imagine que usted es el doctor San Martín. Conteste tres preguntas que le hace un periodista sobre esta información.
5 ¿Cree usted que en los Estados Unidos la mujer actúa de la misma forma? ¿Por qué?
6 ¿Por qué puede ser injusto que la mujer tenga que esperar a casarse para vivir por su cuenta?

Golpean al 50% de las esposas mexicanas
EL MIAMI HERALD

Miami, 12 de marzo de 1979

Cincuenta por ciento de las mujeres mexicanas casadas son golpeadas por sus maridos, según afirmó el domingo el diario *La Prensa*.

El periódico de la ciudad de México señaló que una encuesta hecha a médicos, policías, jueces°, y al público en general, demostró que la mitad de las mexicanas casadas son maltratadas° por sus esposos.   judges
   mistreated

La información agregó que el castigo para los que golpean a sus mujeres es una simple multa° que va del equivalente de $0.04 a $2.20 y/o una sentencia de 3 a 15 días de cárcel, dependiendo de la decisión del juez.   fine

Cuestionario

1 ¿Quién golpea a quién, según el artículo?
2 ¿Quiénes son los que participaron en las encuestas?
3 ¿Hay un castigo relacionado con dar golpes a las mujeres?
4 Escriba una composición sobre la situación inversa, o sea en la que las mujeres golpean a los hombres.
5 Comente en forma escrita la relación entre el maltratamiento y la ley.

Un instituto italiano suprime la enseñanza mixta
EL PAÍS

Madrid, 29 de junio de 1979

La noticia apareció ayer muy destacada° en la primera página de diarios como *La república* o en tercera a seis columnas, como en el caso del *Corriere della Sera*, el primer diario de Italia. Ciento treinta y dos periódicos han publicado el hecho, y sin embargo, podría parecer una noticia sin gran importancia: en una pequeña ciudad industrial en el instituto de bachillerato,[1] el consejo de profesores, después de una votación secreta, decidió acabar con las clases mixtas para volver a separar chicos y chicas. Motivo, al parecer, algunos besos apasionados entre alumnos de distinto sexo y una frase que apareció en uno de los retretes° del instituto escrito en inglés: *Free Love*.   — highlighted / bathrooms

Los diarios italianos han dado mucha importancia a la noticia, porque, como afirman casi unánimamente, este procedimiento indica que en un campo tan delicado y tan importante como la coeducación se intenta retroceder° 30 años. Las reacciones han sido tan duras que los profesores que votaron a favor de la separación de los sexos están asustados° hasta el punto de que han indicado que el veredicto podría "reexaminarse".   — retrogress / afraid

El País preguntó a uno de los directores de periódicos que destacaron la noticia casi a toda página en primera, si un caso tan aislado° merecía tanta publicidad. La respuesta fue inmediata: "En este terreno, si se deja que se abra una grieta°, enseguida caerá todo el edificio levantado con tantas luchas".   — isolated / crack

Angela Crivelli, Secretaria Nacional de la Asociación Italiana de Padres de Familia, declaró al *Corriere della Sera* que tales decisiones "no se deben ya permitir, puesto que durante todos los años pasados investigaciones científicas muy serias han demostrado que es enormemente importante para la convivencia social el que los niños vivan juntos y no separados la experiencia escolar".

Según Luciana Pecchioli, Presidenta del Centro de Iniciativas Democráticas, "la experiencia de las clases mixtas, incluso en edad preadolescente, favorece siempre las relaciones equilibradas entre los dos sexos, en cuanto es el espejo de la realidad de la vida y de un mundo hecho de hombres y mujeres".

Por su parte, Marisa Muso, Secretaria Nacional de la Coordinación de Padres Democráticos, afirmó que su primera reacción al saber la noticia fue de "estupor°".

amazement

Nota

1 *instituto de bachillerato:* Centro de educación pública donde se cursan entre cuatro y seis años de la enseñanza secundaria. Los alumnos tienen entre doce y dieciocho años.

Cuestionario

1 ¿Para qué querían acabar con la educación mixta?
2 ¿Hay razones para que los jóvenes de ambos sexos se eduquen en el mismo ambiente?
3 ¿Es que la experiencia de las clases mixtas favorece relaciones equilibradas entre los sexos?
4 Resuma este artículo en un párrafo.
5 Comente sobre sus experiencias personales. ¿Cree usted que fue (o que hubiera sido) mejor o peor asistir a una escuela mixta?

Ensayos sobre la educación sexual en la Enseñanza General Básica
LA VANGUARDIA

Barcelona, 23 de junio de 1979

No hay nada planificado sobre educación sexual en los colegios de cara al curso° 1979–80 por parte del Ministerio de Educación, han informado fuentes allegadas° a ese departamento.

Lo anterior no desmiente° la existencia de ciertas orientaciones° para la educación sexual en la escuela, que servirán de base a un estudio más totalizador que elaborará en fecha próxima la Dirección General de Educación Básica,[1] ni que alguna de estas orientaciones muy básicas se estén aplicando de manera incipiente° en algunas escuelas estatales.

"Pero esto no quiere decir que haya algo regulado°—agregaron las mismas fuentes—ni siquiera un anteproyecto°. Solamente existe la intención de hacer un planteamiento serio del tema, a partir de criterios científicos, ético-jurídicos, y pedagógicos".

Las mismas fuentes precisaron° que para la aplicación en los colegios de unos criterios pedagógicos, insólitos° en nuestro marco educativo° en materia tan delicada, "es preciso contar con° los padres", y que hasta la entrada en vigor del estatuto de los centros° la relación padres-profesorado[2] no estará regulada con claridad.

de...	for the academic year / close
deny	
guidelines	
de...	tentatively formulated
	first draft
specified	
unusual	
marco...	educational framework / *contar...* to have the support of / *la entrada...* the center's statute is put into effect

Notas

1 *Educación General Básica:* Los primeros seis años de la educación, generalmente entre los seis y los doce años.

2 *padres-profesorado:* Se refiere a la ausencia de un sistema similar al de la P.T.A. de Estados Unidos, unas comisiones formadas por los padres de los estudiantes y los profesores.

Cuestionario

1 Según el autor, ¿debe haber ciertas orientaciones para la educación sexual? ¿Va a haber un planteamiento serio del tema de la educación sexual?
2 ¿Cree usted que los padres deben tener un papel en la educación sexual de los niños? En general, ¿considera usted que la

educación sexual debe hacerse en casa o en la escuela? ¿Por qué?
3. ¿Cree usted que la mayoría de los padres de sus amigos les han educado con relación a la sexualidad? ¿Cree usted que hay fallas en esta educación? ¿Qué es necesario para que la educación sexual recibida en casa tenga éxito?
4. Resuma la información del artículo en un párrafo corto.

La regulación del divorcio se fundamenta en la Constitución

Soledad Gallego-Díaz

EL PAÍS

Madrid, 21 de septiembre de 1979

La regulación del matrimonio y de las causas de disolución que actualmente prepara la Unión de Centro Democrático (UCD) abordará de frente° el tema del divorcio, con independencia de° que sea un democristiano,[1] Iñigo Cavero, el titular° del Ministerio de Justicia. Así lo manifestó a *El País* el propio señor Cavero, quien aseguró que, desde el punto de vista de UCD, el mandato constitucional para regular las formas de matrimonio y su disolución lleva consigo la consideración del tema del divorcio.

Sin embargo, la primera batalla para la regulación del divorcio se ha planteado en UCD, no tanto en relación con las causas para la disolución del vínculo como en el aspecto, más jurídico, pero no menos importante, de las formas de matrimonio. En definitiva, se trata de dilucidar° si el divorcio queda enteramente en el ámbito° civil, teniendo en cuenta que partimos de una situación en que, a causa de la confesionalidad del Estado°, el poder civil se remitía° al ámbito canónico para todo lo relacionado con matrimonios celebrados por la Iglesia.

El Ministerio de Justicia ha elaborado un proyecto que, a juicio de su titular, es muy abierto. El señor Cavero manifestó que era rigurosamente inexacto que el Gobierno no hubiera preparado una ley del divorcio, tal y como afirman algunos medios de comunicación. "Hemos pensado que la mejor forma de regu-

abordará... will face head on / *con...* in spite of the fact / minister

explain
sphere
confesionalidad... support of the church by the state / *se...* relinquished

larlo, desde un punto de vista técnico, es introducirlo en el propio Código Civil, pero no tenemos ningún miedo a la palabra divorcio y el texto es meridianamente claro° en este sentido; dice textualmente que las causas de disolución del matrimonio son la muerte de uno de los cónyuges° y el divorcio, y, a continuación, pasa a regular las causas de éste."

De acuerdo con los especialistas centristas° consulados por *El País*, en Europa existen tres fórmulas distintas de regulación del matrimonio. La República Federal de Alemania, Bélgica, Holanda, y Francia adoptaron la fórmula conocida como "matrimonio civil obligatorio". Las parejas que desean casarse deben acudir, obligatoriamente, ante un juez civil y después, si lo desean, ante el ministro de la religión que profesan para celebrar la ceremonia correspondiente. Desde el punto de vista del Estado, existe un único matrimonio, el civil, y una única forma de prestar el consentimiento°, ante el juez. No se reconoce valor jurídico alguno al matrimonio exclusivamente canónico.

Esta fórmula ha sido rechazada por el partido gubernamental. El proyecto elaborado por el Ministerio de Justicia se inspira en los casos de Dinamarca, Portugal, o Gran Bretaña, en los que el Estado reconoce un único matrimonio, con dos fórmulas distintas de prestar el consentimiento: ante el juez o ante el ministro de la religión que practiquen los contrayentes. Esta última fórmula tiene también efectos civiles, pero puesto que legalmente es un único matrimonio, las causas de separación o de divorcio se establecen exclusivamente por tribunales civiles. Una pareja que haya contraído matrimonio canónico y que obtenga después la anulación del vínculo matrimonial en un tribunal eclesiástico, si desea volver a contraer matrimonio, deberá solicitar la anulación o el divorcio ante un tribunal civil. Es decir, los tribunales del Estado no reconocen la validez de las sentencias de un tribunal eclesiástico y le resulta indiferente si éstos han concedido la anulación° o no.

El sector más conservador de UCD —que no se opone frontalmente° al divorcio, porque supondría adoptar una postura inconstitucional, a juicio de los propios dirigentes gubernamentales— intenta que al menos el proyecto de ley español se ajuste más al modelo italiano, y que, como mínimo, el Estado reconozca la validez de las sentencias eclesiásticas, de forma que un matrimonio que haya conseguido la anulación en la Santa Rota° no tenga que solicitar obligatoriamente el divorcio de forma independiente. Este sector desearía una separación menos drástica

meridianamente... as clear as day

partners

centrist (member of the UCD)

consent

concedido... granted the annulment

head on

Santa... Holy Rota (ecclesiastical tribunal)

entre el derecho canónico y el derecho civil. "En el fondo°", explican sectores más progresistas de UCD, "desearían el modelo colombiano, según el cual el Estado no permite que un matrimonio contraído por la Iglesia obtenga el divorcio".

En... Essentially

Nota

1 *democristiano:* Un grupo perteneciente a la Democracia Cristiana pasó a formar parte de la Unión de Centro Democrático (UCD), el partido que venció en las elecciones españoles de 1977 y 1979.

Cuestionario

1 ¿Se puede regular el divorcio al ponerlo en el Código Civil?
2 En el proyecto de UCD, ¿cuáles son las causas de disolución del matrimonio?

3 Según el Ministro de Justicia, ¿se debe evitar la forma del matrimonio que tiene que ver con la iglesia?
4 Reduzca esta información a un párrafo.
5 ¿Cree usted que un país que tiene leyes de divorcio fomenta el aumento de matrimonios disueltos? ¿Considera usted que es justo que una pareja que se está peleando todo el día deba permanecer casada toda la vida?

Obispos condenan divorcio
EL MIAMI HERALD

Miami, 25 de noviembre de 1979

La conferencia de obispos° españoles atacó el sábado el divorcio, calificándolo de "un mal para la sociedad" y exhortó a todos los españoles, especialmente a los miembros del Parlamento, a no cambiar la posición del país, que es el único en Europa Occidental donde el divorcio está prohibido.   bishops

En un documento de siete puntos que define la posición de la Iglesia Católica en anticipación a la ley del divorcio, los obispos dijeron que "el divorcio alimenta el divorcio" y advirtieron a los católicos "que un hipotético divorcio civil no disuelve el lazo matrimonial°. La doctrina de la Iglesia es inamovible." Cincuenta y nueve de los 65 obispos que votaron aprobaron el documento. Cuatro votaron en blanco° y dos en contra, pero no se dio el nombre de los que no votaron a favor.   *lazo...* marriage bond

votaron... abstained

Cuestionario

1. ¿Cuántos obispos votaron a favor del documento?
2. ¿Por qué votaron en contra del divorcio en España?
3. ¿Por qué califican el divorcio como "un mal para la sociedad"?
4. ¿Cree usted que los obispos españoles tienen razón? ¿Por qué?
5. ¿Considera usted que una ley de divorcio provoca una epidemia de divorcios?

Matrimonio
Antonio Gala*
EL PAÍS

Madrid, 26 de noviembre de 1978

El actual Papa,[1] que no pertenece al sector más cerrado° de la Iglesia Católica, escribía hace 16 años que la importancia de la institución matrimonial reside en que justifica el hecho de las relaciones sexuales de una determinada pareja en el conjunto de la vida social y en que, al mismo tiempo, justifica la conciencia de los contrayentes respecto de esas relaciones sexuales. "Hay —agregaba Karol Wojtyla[2]— de una parte, la necesidad de ocultar las relaciones sexuales que se siguen del amor y, de otra, la de verlo reconocido por la sociedad en cuanto unión de dos personas. El amor exige este reconocimiento: sin él no está completo... El matrimonio es necesario para probar la madurez° de la unión del hombre y de la mujer, para aportar la prueba de la perennidad° de su amor."

    Según eso, el matrimonio es a la vez un título de propiedad física, un fármaco tranquilizante, y un documento probatorio de lo que siempre estará por demostrar°. Es decir, un cocktail complejísimo que, con aspecto de agua del Carmen,[3] puede producir una borrachera mortal° y una resaca° eterna. Y la equivocación surge de mezclar a la fuerza tres conceptos que no se excluyen mutuamente, pero que de ninguna manera tienen por qué ser simultáneos: amor, matrimonio, y sexo. Cada uno de ellos es capaz de vivir por separado. El riesgo está en hacerlos

° conservative

probar... test the maturity / continuity

fármaco... a tranquilizer, and a document to prove what will always have to be proven / *borrachera...* deadly drunken binge / hangover

* *Antonio Gala:* Escritor español autor de muchas obras de teatro.

convivir. Claro que no hay perfección sin riesgo, pero a nadie debe obligarse a la perfección. (Ya el idioma corriente, que suele acertar°, levanta una barrera entre la palabra *esposo/a* y las palabras *querido/a* o *amante,* por ejemplo: la primera no va cargada de las tintas sexuales y amorosas con que se cargan las segundas.)

    Acaso llamamos amor a demasiadas cosas. Pero, en líneas generales, es aconsejable hablar de tres tipos: el amor-impulso, apenas un estímulo físico; el amor-sentimiento, tradicionalmente hermoso y abocado° al trompazo°, y el amor-decisión, en que la voluntad —seria y libre— interviene. Los dos primeros tipos nada tienen que ver con el matrimonio o, al menos, mejor sería que nada tuvieran que ver; el tercero, es posible que sí.

    Nada más lejos de mi intención que denigrar el sentimiento personal amoroso: precisamente para salvarlo lo sitúo al márgen del matrimonio —que no es sentimental, ni siquiera personal, porque forma parte de un orden establecido por la colectividad. El amor es un deseo de unión. El matrimonio es una organización independiente de cualquier deseo y posterior, desde luego, al *duo in carne una*°; un compromiso taxativo° y regulado para que una asociación de dos resulte próspera. El amor no es susceptible de reglamentaciones. Si a ellas se añade, miel sobre hojuelas°; pero el matrimonio es sólo hojuelas.

    De ahí que lo juzgue no como algo personal, sino como una norma de higiene social (igual que las abluciones° o la prohibición del cerdo°, para evitar la triquinosis, de los mahometanos) que puede llegar a partir por el eje° al que se acerque a ella poco preparado. Quienes se casan con el pecho transverberado° de ilusiones inconsistentes aportan a su matrimonio materiales de construcción. Pero si ninguno de los dos cónyuges es buen arquitecto, el edificio jamás se construirá. Porque eso es el matrimonio: un edificio. Y en él, por lo común, tiene una planta el sexo. Una planta sólo: el matrimonio no es una casa de citas°. Hay también oficinas, clínicas, pompas fúnebres° ("todas las pompas son fúnebres"), lavanderías, guarderías infantiles, aulas, etcétera. Un edificio completo, por tanto. Y la planta del sexo está además canonizada: aquí el connubio implica el convivio: la decisión de compartir los cuerpos implica la de compartir todo lo demás. El abrazo conyugal es la expresión de que se está dispuesto a abrazar cuanto el cuerpo partícipe introduce en la cámara nupcial: el pasado y el futuro también. Así entendido, el sexo realiza; de otro modo, puede desequilibrar la institución.

suele... is usually right

vulnerable / misfortune

duo... two persons in one / *un...* a precise compromise
miel... honey on pancakes

cleansing
pork
partir... split down the middle
con... with their hearts filled

casa... brothel
pompas... funeral parlors

Por eso el amor de onda corta° no se para a pensar en los hijos. Y el responsable, sí. (El hijo ha de ser consecuencia de una decisión voluntaria —como el amor que lo engendra y como el matrimonio— nunca de un descuido°.) Aunque el matrimonio no tiene por qué verse seguido de hijos, ni funcionar sólo por ellos. Cuando —de la encíclica *Gaudium et spes* a la *Humanae vitae*[4]— la Iglesia, de sostener que el matrimonio es "comunión de amor" y "escuela de una humanidad más profunda" y se basa en la alianza más que en el contrato, pasó a sostener que se reduce a una máquina de hijos, nadie puede extrañarse ya de nada°, salvo de que haya gente que se siga casando por la Iglesia.

Tal es la causa de que no venga mal insistir en otra distinción: la que diferencia matrimonio y familia. La familia, en sentido de prole°, no precisa° vínculo de representación social ninguno: le bastan sus íntimos contactos, tan despreciados° por las leyes. (Yo he conocido a una señora que, ya muy mayor, en el velatorio de° su marido, ante la evidencia de una hija ilegítima que se presentó, cayó en la cuenta° de que no era imprescindible estar casada con un hombre para tener hijos de él.) Y la familia en sentido convencional se funda sobre el matrimonio, pero sin que desaparezca la índole° particular de éste por muchísimos hijos y nietos que procree. Si se oscurece tal diversidad° y el río-matrimonio se anonada° en el mar-familia, es que algo ha fracasado. Más: los padres que se refugian ciegamente en los hijos es porque no se realizaron° en el amor que los produjo. El ser humano no es una gallina clueca°: nadie se consuma a través de sus hijos. La paternidad anhelada° como remedio a una frustación personal es abominable y errónea. Tan abominable como creerse cumplido por escribir un libro o haber plantado un árbol.[5]

De lo antedicho se deriva una conclusión trascendental: la circunstancia de que el amor-sentimiento se acabe no quiere decir nada. El matrimonio no es consecuencia de él y, para que se acabe el matrimonio, se tienen que haber muerto, además del amor, muchas más cosas. Para mí, el matrimonio no es indisoluble, sino que llega a ser indisoluble para quienes no encuentran compensación en disolverlo.

El divorcio es, por tanto, un invento para clarificar la confusión de amor y matrimonio de que al principio hablamos: un mal menor°, un acta de defunción°, una declaración de ruina y desalojo°, una solución in artículo mortis° que pone fin a tristes situaciones, provocadas no por un error de sentimiento, sino —lo que es peor— de inteligencia. Ahora bien, de esto a decir°, como

el... headlong infatuation

oversight

nadie... no one can be surprised at anything anymore

en... with respect to children / *no...* doesn't require / neglected / *velatorio...* wake for
cayó... suddenly realized

nature
se... this diversity is obscured
se... disappears

no... they don't fulfill themselves
gallina... brood hen desired

mal... lesser evil / *acta...* death certificate / abandonment / *in...* at the point of death / *de...* to go from this to say

no es insólito, que el divorcio va contra la naturaleza, media un abismo°. Primero, porque hay muy pocas cosas que vayan contra ella° (siempre que no se la identifique con la normalidad o con la conveniencia o con la particular opinión). Segundo, porque algunos teólogos estiman (Romano Guardini[6] entre otros y, al citarlo, me curo en salud°) que lo antinatural es el matrimonio religioso con sus caracteres de unidad, santidad, e indisolubilidad. Se basan en una razón muy sencilla: el ser humano, de por sí, no es monógamo. Esto con la mano en el corazón o en cualquier otro sitio, sabemos todos que es verdad. De ahí que la Iglesia hable de carisma conyugal y de institución sobrenatural: porque lo que es de natural no tiene nada.

media... is a tremendous jump (la naturaleza)

me... I'm taking preventive medicine (against critics)

Karol Wojtyla también ha escrito: "El principio de la estricta monogamia, que coincide con la indisolubilidad del matrimonio válidamente contraído, es de difícil aplicación, pero indispensable si se quiere que la coexistencia de las personas de sexo opuesto (e indirectamente toda la vida humana, la cual en gran medida se apoya en esta coexistencia) alcance el nivel de la persona y del amor. Se trata del amor-virtud, del amor en el sentido integralmente objetivo y no sólo en el sentido psicológico y subjetivo del término."

Yo me pregunto por qué los defensores del matrimonio eclesiástico —esa meta tan ardua, esa simbiosis tan a duras penas asequible°— piensan el 99% de los seres humanos está llamado a él. Y que está llamado por las buenas°: por el simple azar° de haber paseado con una persona de otro sexo unos cuantos meses y haberse comido, a lo largo de ellos, entre los dos, tres kilos de almendras° y cuatro o cinco de patatas fritas. (El dato de que, entre tanto, estén o no mirándose con dulzura° a los ojos no afecta esencialmente a la cuestión.) O sea, que el punto de partida más habitual hacia la santidad e indisolubilidad del matrimonio se deja a la pura intención —es un decir— de dos personas que lo que están deseando es acostarse juntas. O quizá es que yo no entiendo nada. Porque, si acierto en lo que entiendo, el matrimonio católico es una cruz tan pesada° que hay que llevarla entre tres.[7] Como mínimo, claro.

achievable

por... voluntarily / chance, luck

almonds

con... tenderly

heavy

Notas

1 el actual Papa: Juan Pablo II.
2 *Karol Wojtyla:* Nombre original en polaco del Papa Juan Pablo II.

3 *agua del Carmen:* Líquido con propiedades medicinales que se usa para reanimar a los que sufren desvanecimientos.
4 *Gaudium et spes, Humanae vitae;* Encíclicas, del Papa Pablo VI del año 1968 sobre el control del nacimiento.
5 *escribir un libro o haber plantado un árbol:* Estas palabras pertenecen al dicho español que refleja la creencia de que el hombre se realiza completamente al "tener un hijo, escribir un libro y plantar un árbol". Estas palabras pueden ser interpretadas como machistas, pero simplemente se refieren al paso del tiempo necesario para escribir un libro, la vida sedentaria que supone poder plantar un árbol y formar una familia.
6 *Romano Guardini:* Filósofo y teólogo alemán (1885–1968), de ascendencia italiana. Se preocupó por la revalorización de la liturgia católica.
7 *tres:* Se refiere al hombre, la mujer, y el sacerdote que los casa.

Cuestionario

1 ¿Por qué dice el autor que el amor no es la mejor agencia de matrimonios?
2 ¿En qué reside la importancia de la institución matrimonial?
3 ¿Qué tipos de amor distingue Gala?
4 ¿Por qué compara el matrimonio con un edificio?
5 El divorcio es un invento. ¿Para qué?
6 ¿Considera usted que Antonio Gala tiene razón al separar el matrimonio, amor, y sexo? ¿Cree usted que son acertadas sus metáforas?

Las monjas quieren ser sacerdotes
Elvira Martín*
REVISTA K/EL HERALDO**

Barranquilla, marzo de 1980

Juan Pablo II reiteró en su homilia de Filadelfia la posición de la iglesia contra el sacerdocio de las mujeres. Reconociendo que la mujer puede lograr la santidad°, aclaró sin embargo que esto nada tiene que ver con los derechos humanos sino con la tradición eclesiástica de otorgar al hombre la función sacerdotal.   *lograr...* achieve sainthood

    Muchas monjas son hoy también mujeres liberadas que han dejado la clausura° y la enseñanza para realizar trabajos sociales en los barrios más miserables y más peligrosos en muchas grandes ciudades. Algunas esperan que las puertas del sacerdocio° se abran para ellas. Este pensamiento ha sido expresado en una conferencia internacional de las Hermanas° Escolares de Notre Dame sobre "Justicia Mundial" al que concurrieron° 900 miembros de la orden, celebrado recientemente en la ciudad de Nueva York.   convent / priesthood / nuns, sisters / attended

    Piensan ellas que si se deben orar por los enfermos y aconsejar a los que tienen problemas deberían también poder decir misa y administrar los sacramentos, es decir, ser ordenadas sacerdotes, cosa que no permite la Iglesia Católica.

    "Nuestros ministerios están limitados porque no hay sacer-

---

  * *Elvira Martín:* Periodista y ensayista española radicada en Nueva York, que colabora en diversos periódicos y revistas de América, especialmente con artículos sobre temas de la mujer.

  ** *El Heraldo:* Diario publicado en Barranquilla, ciudad de la costa norte de Colombia. Tiene una tirada de 90.000 y su director es Juan B. Fernández.

EL HOMBRE Y LA MUJER

dotes entre nosotras", comentó una hermana que confiesa tener vocación° para ser cura°.

tener... to have a calling / priest

    Estas Hermanas Escolares trabajan ahora en barrios donde hay madres sin maridos, con mujeres sin hogar en las ciudades, en problemas ecológicos, como trabajadoras sociales, y también como maestras, y encuentran que su nueva vida es más interesante.

    Esta orden religiosa fue creada en el siglo XIX con el fin de proporcionar° maestras para las escuelas parroquiales, pero ha cambiado su propósito desde el II Concilio Vaticano de 1963–65,[1] habiendo reformado su constitución. Así las hermanas tienen ahora libertad para elegir sus carreras y con ello han descubierto nuevos intereses. Una de ellas está en el grupo pro-paz de las Naciones Unidas en asuntos de ecología oceánica, otra dirige un refugio para mujeres sin hogar en Boston, otra que está graduada en medicina aconseja a los homosexuales, etcétera.

provide

    "Todas seguimos siendo educadoras, pero en un sentido más amplio. Realizamos también trabajo voluntario en las comunidades además de nuestras obligaciones específicas. Somos personas multifacéticas."

    Muchas ofrecen consuelo° espiritual a quienes lo necesitan, pero aun las que no son feministas resienten la existencia de una barrera. En América Latina hay hermanas regentando° parroquias

consolation

governing

porque faltan sacerdotes, y dicen: "La gente nos pide que digamos misa, que les demos la comunión y tenemos que decirles que no nos es posible. Es muy triste presenciar° como una familia está pidiendo un sacerdote para administrar los últimos sacramentos a un moribundo° sabiendo que nadie acudirá."

    Ellas no aspiran a llegar a las altas jerarquías de la Iglesia, pero quieren ejercer el sacerdocio. Saben que el Vaticano por fidelidad a las tradiciones apostólicas considera imposible que la Iglesia Católica ordene mujeres y que el Papa actual Juan Pablo II ha instado° a las monjas para que vuelvan a sus hábitos° y a su estilo de vida tradicional, pero esperan que Su Santidad cambie cuando, después de su visita a los Estados Unidos, conozca la labor que ellas están realizando.

Nota

1 *II Concilio Vaticano:* Reunión de todos los obispos católicos que fue convocada por el Papa Juan XXIII y tuvo como tema principal la puesta al día de algunas instituciones de la Iglesia.

Cuestionario

1 ¿Cuál es la posición de la Iglesia Católica sobre el tema del artículo?
2 ¿Quiénes son las Hermanas Escolares de Notre Dame?
3 ¿Dónde hay hermanas regentando parroquias?
4 Resuma el artículo en un párrafo corto.
5 ¿Cree usted que las mujeres deberían ser sacerdotes? ¿Por qué?

Inician juicio en España por aborto ilegal
EL MIAMI HERALD

Miami, 29 de noviembre de 1979

Madrid. La fiscalía° pidió el miércoles condenas° de uno a 28 años para siete mujeres acusadas de aborto ilegal y para un hombre acusado de complicidad, en juicio a puerta cerrada.

    Se trata de un primer grupo de 12 mujeres acusadas de haberse practicado abortos, operación prohibida por la ley española.

    El hombre está acusado de haber proporcionado° a las acusadas la dirección de un lugar clandestino donde realizaban abortos.

    La fiscalía demandó un año de prisión para el individuo.

    Las feministas se congregaron frente al Palacio de Justicia, al tiempo que un centenar más° continuaba con una protesta pasiva en el Ayuntamiento para reclamar contra° la prohibición legal de abortos en este país eminentemente católico.

    No se informó de desórdenes.

    La Policía[1] y la Guardia Civil[2] prohibieron el acceso al juicio a unas 300 personas, en su mayoría mujeres, simpatizantes de los acusados.

    Para tratar de evitar excusas para que se aplace° el juicio, tanto los manifestantes como la policía evitaron la violencia que ocurrió en el primer juicio por la misma causa el mes pasado.

    A diferencia de otras ocasiones, la policía no atacó a las manifestantes ni las insultó. Al contrario, les decían que eran "guapas".

    Las feministas abandonaron el lugar cuando las autoridades municipales prometieron escuchar sus demandas de que se eliminen los castigos penales a las que se someten a abortos.

office of the District Attorney / sentences

given

un... a hundred more
reclamar... protest against

postpone

El juicio se inició un mes después de manifestaciones efectuadas por las feministas en todo el país para protestar por un proceso similar incoado° contra 11 mujeres en el Norte de España. Ese proceso fue postergado° indefinidamente al no presentarse dos de las acusadas.

La fiscalía pidió 28 años de cárcel para una mujer de 50 años bajo cargos° de practicar los abortos, y un año para cada una de sus siete pacientes. Se estimaba que las cuatro mujeres restantes° serían presentadas el jueves ante la justicia.

El aborto provocado es ilícito en España y los esfuerzos de partidos políticos de izquierda por modificar el Código Penal al respecto han tropezado con la oposición del gobierno centrista del primer ministro Adolfo Suárez, y de la Iglesia Católica.

Un abogado defensor manifestó que las mujeres afirmarían ante la justicia su derecho a decidir si querían ser madres. Un cartel° colocado frente a la entrada del juzgado° pedía el "derecho al aborto" y amnistía para las acusadas. poster / court

La defensa también indicó que, según sus declaraciones, las acusadas eran demasiado pobres para buscar asistencia médica privada.

Notas

1 *Policía:* Policía Nacional. Antes se llamaba Policía Armada, su uniforme era de color gris (ahora es marrón). Se encarga de la vigilancia en los centros urbanos.
2 *Guardia Civil:* Cuerpo de seguridad que se encarga de la vigilancia en las zonas rurales españolas. Se distingue por su famoso *sombrero tricornio.*° sombrero... three-cornered hat

Cuestionario

1 ¿Cuál era la condena que pidió la fiscalía para las mujeres acusadas de aborto ilegal?
2 ¿Por qué fueron acusadas las mujeres?
3 ¿Cómo figura el hombre acusado en el pleito°? case
4 En España, ¿es legal el aborto?
5 Si fuera usted el juez en este caso, ¿a las mujeres las condenaría de la manera?
6 ¿Cree usted que el aborto debe ser legal en todas partes y bajo toda circunstancia?

Mujeres defienden a una madre soltera
EL MIAMI HERALD

Miami, 24 de noviembre de 1979

Buenos Aires. Un grupo de conocidas mujeres del teatro, radio, televisión, y las letras ha salido en defensa de una mujer soltera° de la provincia de Mendoza a quien se inició un sumario judicial° para despedirla de su empleo público porque espera un hijo.

El caso ha tenido gran repercusión en los medios de prensa al trascender° la reapertura° de un sumario por orden del poder judicial contra la mujer no identificada.

El diario *Buenos Aires Herald* comentó al respecto que "las tentativas de los gobiernos, aun de los militares, de imponer a la población una actitud moral recta, fracasan por lo general totalmente. Pero pueden hacer muy desdichada° la existencia de los desgraciados° que caigan bajo la mirada de un inquisidor oficial. Este parece haber sido (en Mendoza) el sino° de una madre soltera a la que un tribunal de justicia procura echar de su empleo debido a supuestas transgresiones de la moralidad y la religión."

El grupo de damas que salió en defensa de esa mujer, entre otras las excritoras Beatriz Guido, María Elena Walsh, y Silvina Ocampo, y las actrices Thelma Biral, Lidia Satragno, y Malviana Pastorino, dijo lo siguiente: "Estamos convencidas de que la maternidad deseada aun en condiciones de irregularidad legal, no ofende, ni perjudica, ni está prohibida. Es un acto de fe, de amor, de esperanza en un mundo lleno de odio y violencia. Para una mujer soltera es también un acto de coraje."

Mencionan un artículo de la Constitución que establece que "ningún habitante de la nación está obligado a hacer lo que no manda la ley, ni privado° de lo que ella no prohibe".

single
sumario... lawsuit

go beyond / reopening

unhappy
unfortunate ones
fate

deprived

Cuestionario

1 ¿Por qué se quiere despedir a esta mujer soltera de su empleo? ¿Está tratando el gobierno de imponer una actitud moral recta?
2 Según las mujeres que respaldan a la acusada, ¿es la maternidad de la mujer acto de coraje?
3 Comente sobre la justicia o la injusticia de la decisión del gobierno. ¿Cree usted que el gobierno tiene derecho en tratar de despedir a la mujer?
4 ¿Cree usted que transgresiones de la moralidad no las puede decidir el gobierno? ¿Por qué?

Los españoles se aman
CAMBIO 16

Madrid, 2 de julio de 1978

Esta revista ha intentado medir la brusca° transmutación de las costumbres amatorias de los españoles. Para ello trató de preparar una reveladora encuesta sobre los hábitos sexuales hispanos. Del examen de este fenómeno se desprende° que las jóvenes generaciones españolas se sienten mucho más libres, que los jóvenes de hoy se aman con más espontaneidad que sus padres, y que lo antes era pecado hoy es rutina.

En una cálida noche del verano de 1951, María N., una jovencita de 14 años, alzó su rostro de niña a la luz de las estrellas en una playa y recibío su primer beso de labios de Jesús, un vasco varios años mayor que ella. Lo primero que sintió María fue desilusión. Después, una angustiosa sensación de que había pecado.

Veintisiete años después, en un piso del centro moderno de Madrid, María N. narró su primera experiencia amorosa a esta revista en presencia de su hija Laura, de 17 años. La carcajada de la hija fue de campeonato° cuando escuchó de labios de su madre que besar era pecado.

Manuel Atance, de 81 años, no sólo se escondía, sino que cada vez que besaba a su novia se confesaba del "terrible pecado" cometido. Para Manuel, el beso era el beso. El primero que dio en su vida fue a su madre, cuando se marchó a la mili°. Y nunca llegó a casarse, entre otras cosas porque la novia que se echó° —"aunque estaba loca por mí"— había besado ya a otro hombre. "Yo la apreciaba mucho —dice Manuel— porque eso de dejar al novio que tenía por venirse conmigo era muy importante. Sin

abrupt

se... one learns

carcajada... de campeonato... big laugh, worth a championship

military service
se... he got

embargo, yo me repetía que no tenía por qué casarme con una mujer que había besado a otro. Se me hacía muy duro."

Manuel Atance pasó, quizá por esta razón, toda su vida soltero.

Ignacio Antonio Rodríguez, 75 años, asegura que él tiene más experienca, ya que se ha casado dos veces. Confirma la opiníon de Manuel sobre la importancia del beso: "El beso es un compromiso muy grande. Si uno besaba a una mujer —recuerda Ignacio sus años mozos°— y no se casaba con ella, podía tener muy serios conflictos con los padres de ella. Porque es verdad lo que dice mi amigo Manuel: si una mujer besaba a un hombre y no se casaba con él, perdía todo su valor." *youthful, unmarried*

Por ello, para que nadie se enterara, para que el "pecado" sólo fuera conocido por los protagonistas y el confesor, todos se escondían: "A las claras nadie se besaba, pero en la oscuridad...", añora° Ignacio. *recalls with nostalgia*

Todo este falso andamiaje° montado en torno al beso y, lo que aun es peor, en torno al sexo en general, comienza a ser derribado por las nuevas generaciones de españoles. En ese sentido, fue reveladora la entrevista con María N. y su hija Laura. *scaffolding*

Dos mundos distintos, dos formas de ver las cosas, dos experiencias bien distintas se fundían intermitentemente en la conversación.

La madre había pasado los años más felices de su infancia y su adolescencia e incluso sus primeros pasos juveniles internada en un colegio de monjas. La hija había vivido varios años en Francia y los Estados Unidos, debido a la profesión de su padre, y actualmente estudia en un colegio extranjero.

María nunca escuchó hablar del amor, del beso, de las relaciones sexuales en su colegio. Ni a sus padres. "No sólo no había educación sexual, es que se hacían verdaderos milagros para que nunca se hablara de esos temas."

La hija, a los 13 años, había escuchado de labios de una profesora de francés todo lo relacionado con el sexo. Incluso antes, sus padres la habían informado con tacto y detalle de todo lo que una mujer debe saber.

Por eso, la confesión de la madre de que "todo lo que pasara de un beso era feo y sucio" sonaba a chino° a una hija que ha descubierto lo que es el amor y habla de él con toda naturalidad. *sonaba... sounded naïve*

A lo largo de la conversación, sólo en una cosa coincidieron madre e hija: su primer beso (la madre, a los 14 años: la hija, a los 13) fue decepcionante. Ambas esperaban más, "que fuera más romántico", o algo así. La hija sintió también un poquito de asco en su primer beso. "Pero los siguientes besos sí me gustaron y desapareció esa sensación de asco", apunta la joven Laura.

Cuando María recuerda sus años mozos, allá por los cincuenta, y cómo tras cada pequeño achuchón° con el novio, "besito a besito", se confesaba por haber pecado contra el sexto Mandamiento, mira con cierta envidia a su hija y exclama: "¡Nací demasiado pronto!"

squeeze, petting

Para la hija de María, lo peor de todo debió ser esa especie de lavado de cerebro que tuvo que aguantar su madre y todas las mujeres españolas, forzándolas a pensar que por un simple beso se perdía todo: la vida eterna, la decencia, y docenas de cosas más.

"Entre mis amigas del colegio —contrapone Laura— hay algunas que sienten algún pequeño complejo las primeras veces que hacen el amor, completo, ¿eh?, pero más que nada porque creen que lo han hecho antes de tiempo."

Pero, en general, los jóvenes de hoy hablan y practican los pequeños o grandes juegos eróticos con toda naturalidad.

"Entre mis amigos tampoco existe —afirma Laura— el complejo de que por dar un beso a un amigo le estás poniendo los cuernos[1] a tu novio, si lo tienes. Lo que los mayores entienden por "poner los cuernos" es para nosotros sólo hacer el amor hasta el final. Lo demás, besos, abrazos, o incluso un filete o una paliza° con un amigo en una discoteca, es normal."

filete... petting or necking

La madre compara con sus años de juventud y se le escapa un "¡Pues en mis tiempos, *poner los cuernos* era simplemente que salieras de paseo con otro chico!"

Nota

1 *poner los cuernos:* Expresión típicamente española, todavía considerada bastante ruda y que alude a los "cuernos" del macho cabrío, que debe ver cómo las hembras tienen relaciones con otros machos. Al hombre cuya mujer, amiga, o novia tiene relaciones (sexuales, generalmente) con otros hombres, se dice que "le ponen cuernos".

Cuestionario

1 ¿Cuántas generaciones de españoles están representadas en este artículo? ¿Quién representa a la nueva generación?
2 ¿Cuál fue la reacción de la hija de María N. al oír la historia de la primera experiencia amorosa de su madre?
3 ¿Por qué Manuel Atance e Ignacio Antonio consideran que cuando eran jóvenes el beso era una cuestión muy seria?
4 ¿Cree usted que el beso es pecado? ¿Por qué?
5 Compare las experiencias de los personajes entrevistados en este artículo con otras personas que conozca en su ciudad de origen. ¿Cree usted que estas relaciones son similares en los Estados Unidos?
6 ¿Qué clase de educación sexual preferiría que recibieran los hijos de usted? ¿Como María N.? ¿Como Laura? ¿Por qué?

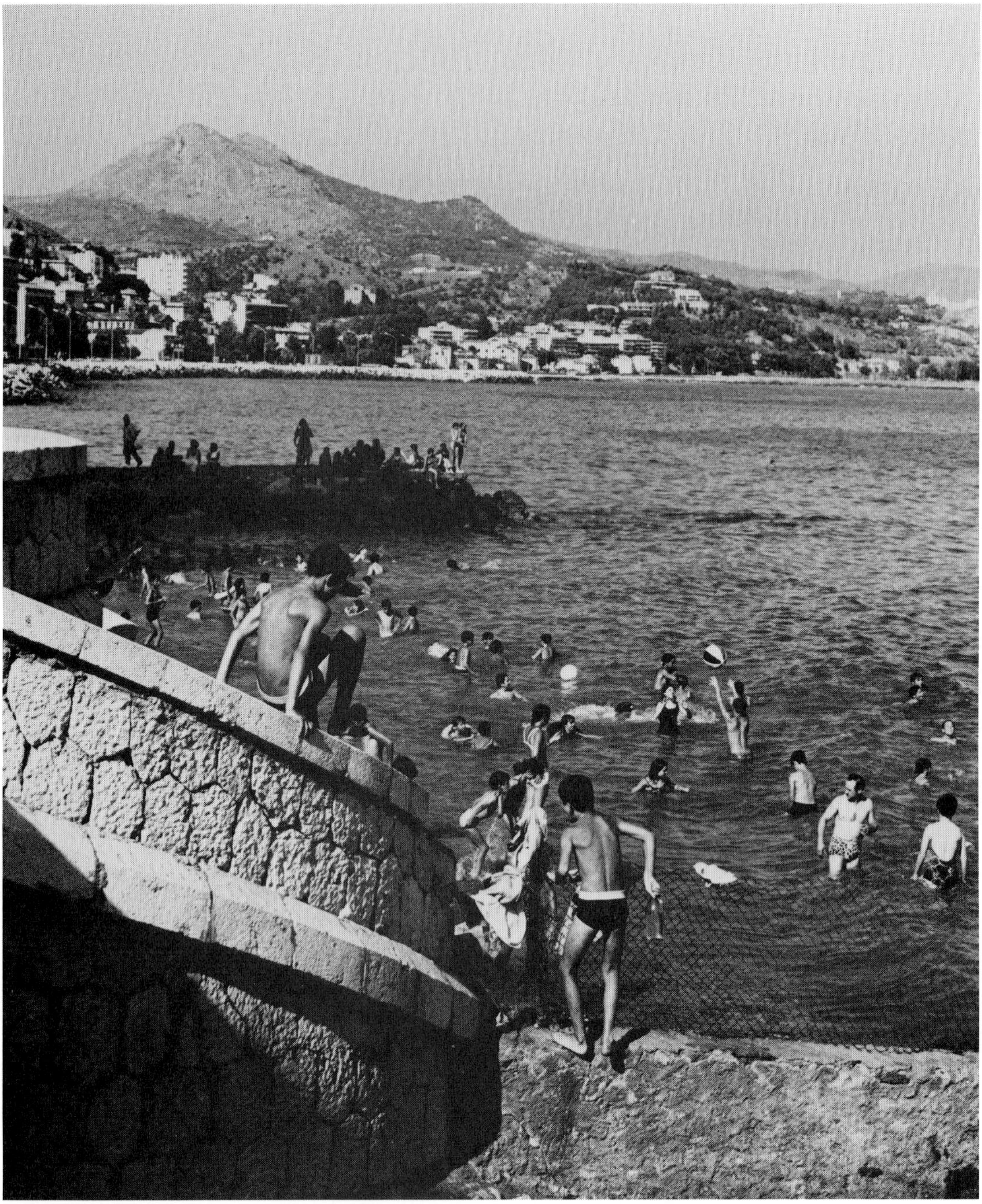

CAPÍTULO 5
El ocio, la diversión, y el deporte

¿Cómo pasan el tiempo libre los hispanoamericanos y españoles? Los artículos de *Cambio 16* titulados "El tiempo libre" y "Las vacaciones de los españoles" nos ofrecen algunas ideas. En general, puede decirse que la mayoría de la gente trata de pasar sus vacaciones de la misma forma que en el resto del mundo occidental. Todo es cuestión de disponer de los suficientes ingresos. Algunos creen, por ejemplo, que la diversión favorita de los españoles y latinoamericanos es pasear por la plaza o la calle principal de un pueblo. Si bien es cierto que existen muchos lugares en España y en América Latina donde chicos y chicas, hombres y mujeres y gentes de toda clase pasan horas enteras paseando de esta forma, también es cierto que cuando los mismos jóvenes u hombres consiguen tener un coche, disponer de unas pocas pesetas o pesos, se dedican a correr a gran velocidad por las carreteras o a hacer las vacaciones soñadas. Los jóvenes, en fin, diariamente, en cuanto pueden, comienzan a relacionarse con sus semejantes del opuesto sexo, van a bailar, al cine, e inician la universal ceremonia sentimental. La diferencia está en los medios.

Como en el resto de los países del mundo, hay una serie de diversiones que destacan más que otras. El cine clásico y los bailes tradicionales han sido totalmente sustituidos por la televisión y por el dinámico rock, con el resultado de que una visita a Madrid o Buenos Aires puede dar la impresión de que los jóvenes hacen lo mismo que en Nueva York, ven los mismos telefilms (filmados en Hollywood y doblados° al español), y escuchan las mismas canciones de las estrellas de la "discomanía". Antes fueron los Beatles, luego Travolta, mañana... ¿quién sabe? De momento, el artículo de Luis Antonio Córdova titulado "El rock iberoamericano" nos da una idea general del impacto de este tipo de música en el mundo hispano.   dubbed

Algunas diversiones tradicionales sobreviven, como los toros. Aunque los jóvenes no se interesan por "la fiesta nacional" española (y muy importante en México, Colombia, Venezuela, Ecuador, y Perú), son cada día más las personas que consideran que es un espectáculo brutal. De origen antiquísimo, los toros han conseguido permanecer todavía entre las principales diversiones y espectáculos. Sin embargo, con la excepción de algunos países del Caribe (Cuba, República Dominicana), el fútbol (*soccer*) es el deporte que se ha convertido en el espectáculo de los domingos. Hace ya años que los futbolistas cobran más que los toreros y son constantes los artículos de la prensa que presentan estos aspectos, como el de *Carta de España*, titulado "Millones a patadas".

Para los que tienen gustos más simples, quizá la solución es pasar el fin de semana sobre un monopatín°, o bien salir de las   skateboard
ciudades contaminadas y hacer "camping". Antes reservado a los países nórdicos o anglosajones, el "camping" es ahora un importante esparcimiento° para los habitantes de Bogotá, la   relaxation
ciudad de México, Madrid, o Barcelona, y los precios que pueden parecer elevados son pagados con gusto con tal de escapar por unas horas del ruido, la contaminación, y la prisa de las grandes ciudades. "Con motor, o con los pies" de *El País* contiene algunos de los frecuentes consejos que la prensa da para pasar el tiempo libre.

El tiempo libre
CAMBIO 16

Madrid, 1 de enero de 1978

Desde que el español se ha motorizado —la aventura del coche comenzó con la década de los sesenta— el empleo de su tiempo libre ha variado notablemente. El ocio de los españoles ha pasado del chateo° en la taberna y la partida de cartas° o las reuniones sociales a las huidas° de la ciudad el fin de semana. Junto al descanso y al entretenimiento de los días festivos, el español dedica horas extras a conducir en largas caravanas° para evadirse° de su medio° habitual. El cambio profundo en el empleo de sus horas libres ha sido muy simple: primero se compró el coche a base de hacer horas extras en el trabajo. Cuando lo tuvo, necesitó adquirir un chalet en la sierra° para amortizar° el coche, con nuevas horas extras o pluriempleo°. Cuando tuvo el chalet se inventaron los puentes° y exigió la semana de cinco días. Ahora tiene en teoría más tiempo libre, pero descansa mucho menos.

De entrada°, el español descansa poco porque duerme poco. Un 5 por 100 duerme menos de seis horas, un 13 por 100 menos de siete y un 29 por 100 hasta ocho horas. Es decir, que el 48 por 100 de los españoles duermen menos de ocho horas habitualmente. Los afortunados que duermen nueve horas llegan al 27 por 100, y algo más del 25 por 100 superan ese tiempo.

Fuera de dormir y trabajar, la actividad a la que los españoles se dedican con más asiduidad es a ver la televisión. La televisión es casi el líder del ocio y solo el 9 por 100 de los españoles no la ve nunca. Más o menos tiempo, un 75 por 100 de los españoles la ven todos los días. Aquí alcanzamos cuotas europeas, ya que

wine drinking / *partida...* card game / escapes

bumper-to-bumper traffic / escape / environment

house in the mountains / pay off (justify) / second jobs / long weekends

De... In the first place

los países desarrollados dedican bastante tiempo libre a la pequeña pantalla°. — screen

En Europa el tiempo de ocio tiene tres grandes capítulos: cultura de masas (ahí estaría la televisión, lectura de la prensa, etcétera), deporte, y bricolage°. — puttering around (the house)

El español se queda un poco corto en todo excepto en la televisión. El deporte goza ahí de gran éxito, pero más para verlo que para practicarlo, a pesar de que en los últimos años hacer deporte viste° (jugar al tenis, por ejemplo) y nuestros ejecutivos o aspirantes° procuran darle de vez en cuando a la raqueta para estar acorde con° los tiempos. — has been fashionable / junior executives / *acorde...* in tune with

En cuanto al bricolage, también ha llegado ya, y una importante editorial° promociona incluso la venta de una enciclopedia por fascículos[1] para enseñar al español de hoy a desatascar el fregadero°, aunque, al final, se recurre al fontanero°. — publishing house / *desatascar...* unplug the sink / plumber

La lectura no lleva mucho tiempo al español desocupado°. Sólo un 4,7 por 100 de los españoles lee libros en días laborables°, y la proporción baja al 4,5 los sábados y al 3,5 los domingos. Periódicos y revistas tienen más clientela, pero sin exceso. Una de cada cuatro personas no lee nunca el periódico y sólo el 9,8 dedican un tiempo apreciable diariamente a la lectura de éste aunque declaran hojearlo el 39 por 100°. — *lleva...* take much of the Spaniard's free time / *en...* on working days / *declaran...* 39% say they look through it

En cuanto a otras actividades recreativas, pocos españoles les dedican una parte de su tiempo en días laborables. A bailar o asistir a espectáculos° sólo un 4,5 por 100 de españoles lo hacen diariamente (durante el veraneo ese porcentaje se eleva). Los sábados de cualquier época del año llega al 10,3 por 100 y los domingos casi al 20 por 100 de los españoles se van a bailar, al cine, o al teatro. De los toros, la antaño° "fiesta nacional", pocos se acuerdan a la hora de pasar el rato°. — shows / traditional / *a...* when they have some time to waste

Nota

1 *fascículos:* En España y América Latina se venden enciclopedias, capítulo a capítulo, en los mismos quioscos donde se hallan los diarios y revistas. Al cabo de varias semanas, los fascículos (tomos o capítulos) completan la enciclopedia. De esa forma, el lector que consideraba caro el precio de toda la serie encuadernada° en un volumen puede ser propietario de la misma obra al haberla pagado poco a poco. — bound

Cuestionario

1. ¿Qué contribución ha hecho el motor al mundo español?
2. ¿Qué quiere decir el pluriempleo? ¿Qué función tiene para el español?
3. ¿Cuál es la actividad más asidua del español, según el autor?
4. ¿Cuáles son la diferentes formas de pasar el tiempo de ocio?
5. Enumere una serie de razones por las cuales la televisión ha tenido una influencia enorme en el mundo.
6. Comente: Si uno quiere tenerlo todo, tiene que hacer un esfuerzo mayor en su trabajo para ganar más plata (dinero).
7. ¿Cree usted que los países desarrollados dedican demasiado tiempo a la pequeña pantalla que es la televisión? ¿Cree usted que la disminución de la lectura tiene un impacto tremendo en el alfabetismo?

Las vacaciones de los españoles
CAMBIO 16

Madrid, 6 de junio de 1979

¿Qué busca el ciudadano del mundo en sus vacaciones? Las diversas motivaciones del fenómeno son, en muchos puntos, coincidentes. Fundamentalmente, eliminar las toxinas del espíritu, acumuladas a lo largo, de un año de trabajo, tedio, y tensiones. ¿Cómo hacerlo? Los europeos, de momento, esgrimen° las cuatro "s" mágicas, iniciales de otros tantos conceptos: "sun, sea, sand, sex", o sea, sol, mar, arena, y sexo. Los cuatro bálsamos milagrosos que permiten, según esta versión, cargar las baterías hasta el año próximo. Los franceses, por su parte, reducen las iniciales y no se olvidan del deporte nacional de la buena mesa. A las cuatro "eses" europeas, los franceses añaden sus tres "bes", equivalentes al "broncer, bouffer, baiser", es decir, broncearse°, comer y, cómo no, el sexo.

¿Y los españoles? Bien, gracias. De ser sujeto paciente, el español ha pasado, casi sin darse cuenta, a sujeto agente. El indígena que en los años cincuenta recibía los primeros "franchutes",[1] en lugar de vacaciones utilizaba el término más entrañable, sesteante, y dilatado° de "veraneo", tomaba la fresca° por las noches y agua de cebada° por las tardes. Y las "bes" y las "eses" de los europeos las reemplazaba por la disyuntiva° mar o montaña.

Pero llegó el desarrollo, el turismo, y los 3.000 dólares de renta° per cápita, y las vacaciones entraron a formar parte del "Spanish way of life", cada vez más similar a las conductas europeas.

En tren, autocar°, avión, barco, coche, o auto-stop°, el español ya viaja. En verano, en los meses de julio y agosto principalmente,

° put forward

° to get a tan

° *entrañable...* rich in associations, sleepy, and long / fresh air / *agua...* barley water / choice

° income

° bus / hitchhiking

EL OCIO, LA DIVERSIÓN, Y EL DEPORTE   171

las ciudades españoles del interior se vacían en el éxodo veraniego hacia litorales y montes. Y, en 1977, casi diez millones de españoles salieron fuera de nuestras fronteras, la inmensa mayoría en períodos vacacionales, en los que se gastaron la nada despreciable suma de 533 millones de dólares, casi 43.000 millones de pesetas.

    Y luego está el coche. Si un país tan "ecológico" y "environmentalista" como Suiza acaba de pronunciarse en referéndum contra la medida del gobierno de suprimir la circulación rodada° durante un domingo cada mes, cabe suponer la respuesta que la consulta hubiera tenido en España, donde el síndrome del automóvil ha prendido°, incluso, con más fuerza que en el país del automóvil por antonomasia°: Estados Unidos.

    Los casi seis millones de turismos° con que cuenta nuestro parque° corresponden a otros tantos ciudadanos que consideran el coche "la alfombra mágica del ciudadano, con la que obtiene la libertad y autonomía", según denominación del psicólogo y sociólogo Antonio Sanchidrián.

    Y ¿dónde veranea el español? Cuatro mil kilómetros de litoral y climas regionales para todos los gustos —que van desde la España oceánica que refresca en Galicia, a las 3.500 horas de sol de la costa malagueña, pasando por los climas de alta montaña de Sierra Nevada o la Cordillera Central—, además de consideraciones de otro tipo, convierten el país en potencia turística de primera fila°. Hasta hace pocos años, el español no aprovechaba demasiado las gracias turísticas con que la naturaleza dotó a su país; pero la cosa ha cambiado. Según estimaciones, en 1978 cerca de 25 millones de españoles se trasladarán de su lugar habitual de residencia por motivos vacacionales.

    Primero fue la Costa del Sol. A alguien se le ocurrió subrayar en el "slogan" la principal característica climática de esa porción de litoral que corresponde a Málaga y parte de Granada. A partir de entonces, una lluvia de costas con nombres sonoros inundaron con carteles todos los centros de demanda turística.

    La Costa de la Luz (Cádiz y Huelva), Costa de Almería, La Manga del Mar Menor, Costa Blanca (Alicante, Benidorm), Costa del Azahar (Valencia, Benicasim, Gandía), Costa Dorado (Sitges, Salou, Segur, en Tarragona), Costa Brava (Rosas, Tosa, Lloret, en Gerona), Costa Verde (Asturias), Costa Vasca, Costa Santanderina... además de los archipiélagos canario y balear. Con todas ellas, los "tour operators" elaboran infinitas conbinaciones cuyo resultado varía en función de que el transporte sea por tren,

la... the vehicular traffic

taken hold
por... quintessential
private cars
(national) fleet

primera... first rank

barco, avión, o carretera, en autocar o coche propio, hoteles de primera o de segunda, pensión completa o media pensión.[2]

Notas

1 *franchutes:* franceses (*frogs*). En 1957, más de seis millones de turistas franceses vinieron a España.
2 *pensión completa:* Comprende todas las comidas (desayuno, almuerzo o comida, y cena). *Media pensión:* comprende solamente el desayuno y en algunos casos también la cena.

Cuestionario

1 ¿Qué buscan los ingleses en sus vacaciones? ¿Qué buscan los franceses? ¿Qué busca usted?
2 Cómo eran antes las vacaciones de los españoles? ¿Cómo son ahora?
3 ¿Qué papel tiene el automóvil en las vacaciones de los españoles?
4 Localice en un mapa las zonas turísticas de España.

Vacaciones en casas de campo
CAMBIO 16

Madrid, 6 de junio de 1979

Ángel Esteban, 23 años, estudiante de Derecho, en junio del pasado año terminó el servicio militar y decidió que bien merecía un descanso. Un pueblecito de Ávila, Burgohondo, a 35 kilómetros de la capital, fue el lugar elegido. Durante tres semanas. Ángel recorrió las comarcas° de la zona, con los libros de Derecho bajo el brazo. Pinares°, comida sana y abundante, y buen vino de Cebreros. Por la noche, alguna partida de cartas en cualquier bar del pueblo con Antonio, un viejo del lugar con el que hizo amistad y al que acompañaba alguna mañana a pescar trucha o barbo° en el río Alberche.

  Los 20 días de descanso de Ángel fueron gratificantes para el cuerpo y el espíritu y, además, se ahorró dinero: su alojamiento en una de las viviendas rurales del pueblo le costó escasamente 20 duros° diarios, y la comida, un precio similar. El ejemplo de Ángel es seguido por muchos cada año: pasar sus vacaciones en casas de labranza°. El antiguo Ministerio de Información y Turismo, en colaboración con el Servicio de Extensión Agraria del Ministerio de Agricultura, establecieron este programa de vacaciones en casas rurales y editaron una guía con el propósito, según reza° la presentación, de "facilitar la relación directa entre agricultores que ofertan sus casas y las personas que desean pasar en ellas sus vacaciones". El experimento se realiza sin intermediarios de ningún tipo y es un caso típico de simbiosis social en el que ambas partes salen beneficiadas. Por una parte, la gente de la ciudad obtiene el descanso que la proporciona el medio rural, tranquilidad, alimentos sanos, y aire puro a un

° territory
° pine forests

° *trucha...* trout or barbel (a fresh-water fish)

° five-peseta coin

° *casas...* farm houses

° reads

precio razonable. Los agricultores, por su parte, consiguen así unos ingresos complementarios que nunca vienen mal.

Cuestionario

1. Resuma las actividades de Ángel durante estas vacaciones.
2. ¿Por qué es especial su manera de hacer vacaciones?
3. ¿Cuáles son las ventajas para los que hacen las vacaciones en casas de labranza?
4. ¿Cuáles son los beneficios para los agricultores?

Millones a patadas
CARTA DE ESPAÑA

Madrid, febrero de 1979

Pirri, Juanito, Miguel Ángel:[1] más de dos millones. Los 22 jugadores españoles que estuvieron con la selección española en el Mundial de Argentina han obtenido unos beneficios que oscilan entre el millón y medio de pesetas y los dos millones. Pirri y Juanito son los que se han sacado mayor tajada°, con 2.218.183 pesetas cada uno, mientras que hombres como Leal, Rubén Cano, Miguel Ángel, Asensi, y Migueli han totalizado 2.068.183 pesetas per cápita.

se... have benefited most

Estas asombrosas cifras son la suma de dos cantidades importantes. Por un lado está el total de primas° conseguidas por cada uno en la fase clasificatoria. Pirri y Juanito lograron, por este concepto, 1.150.000 pesetas, mientras Leal, Rubén Cano, Miguel Ángel, Asensi, o Migueli, por seguir con los mismos ejemplos, obtuvieron un millón de pesetas. A estas cifras hay que añadir ahora la parte proporcional que la Real Federación Española de Fútbol les ha dado por su participación en el Mundial '78.

bonuses

La FIFA[2] ha dado, como retribución por su participación en la Copa del Mundo de Fútbol, 47 millones a la Federación Española.

EL OCIO, LA DIVERSIÓN, Y EL DEPORTE 176

Notas

1 *Pirri, Juanito, Miguel Ángel:* Nombres de los jugadores de fútbol españoles que integraron la selección nacional que participó en los Campeonatos Mundiales de Fútbol de 1978.
2 *FIFA:* Federación Internacional de Fútbol Asociación, nombre oficial de la organización que controla el fútbol en todo el mundo.

Cuestionario

1 ¿Cuántos jugadores españoles participaron en el Mundial de Fútbol?
2 ¿Qué jugadores han cobrado más?
3 ¿Cuál es la contribución de la Real Federación Española de Fútbol a la renta de los jugadores?
4 Resuma esta información en cien palabras.
5 Hágale una entrevista a Pirri. Pregúntele cuánto ha cobrado.
6 Justifique las altas rentas de los jugadores. ¿Cree que es justo que los jugadores de fútbol cobren estas cantidades? ¿Por qué?

La fiebre del monopatín
EL CORREO CATALÁN

Barcelona, 8 de junio de 1979

Más de 25.000 monopatines° se vendieron en Santa Coloma[1] durante el pasado mes de mayo, según han manifestado los comerciantes del sector a la revista local *Grama*. El monopatín parece que va en camino de° convertirse en el deporte rey, e incluso el Ayuntamiento está estudiando la posibilidad de acondicionar una rampa, detrás de los módulos del motocros, para que los muchachos practiquen el "skateboard" con tranquilidad. Ahora es habitual ver en nuestras calles a cientos de muchachos correr con su "bólido°" sorteando° los coches.

En realidad el invento de "skateboard" no es nuevo. Nació en las playas de California (Estados Unidos) hace más de 20 años, cuando los practicantes del "surf" decidieron aplicar a una tabla, más pequeña que la marinera°, cuatro ruedas que les permitiesen viajar por la ciudad. Y en la actualidad, son miles los norteamericanos que se desplazan por la calle en monopatín, transporte que incluso utiliza la policía neoyorquina.°

skateboards

que... to be on the way to

meteor, anything going very fast / dodging

surfboard

in New York

Nota

1 *Santa Coloma de Gramanet:* Ciudad de más de un millón de habitantes situada al este de Barcelona.

EL OCIO, LA DIVERSIÓN, Y EL DEPORTE

Cuestionario

1. ¿Dónde nació el invento del monopatín?
2. ¿Es una forma de transporte el monopatín?
3. ¿Cree usted que los adultos pueden practicar con el monopatín?
4. Describa el monopatín más lujoso que usted haya visto.
5. Comente sobre los riesgos que corren los muchachos en el monopatín. Comente sobre la necesidad de limitar el uso del monopatín en las calles de un centro comercial.
6. Piense sobre la conveniencia de ir a trabajar en monopatín. ¿No cree usted que se ahorra gasolina?

Con motor, o con los pies
Gabriela Cañas
EL PAÍS

Madrid, 15 de julio de 1978

Viajar es una tentación importante. Casi tanto como el dinero que hay que invertir° en el viaje. Pero hay muchas formas de hacerlo. La más barata y la que, generalmente, permite mayor contacto con la naturaleza es el plan autónomo. Una furgoneta°, una caravana°, o una tienda de campaña° pueden convertir nuestras vacaciones en una aventura barata y, sobre todo, muy agradable. En realidad, hacer camping tiene, a veces, las mismas comodidades que una plaza hotelera en la costa. La playa al lado y servicios de todo tipo. Si no se pretende repetir la experiencia otras veces, se puede alquilar una tienda, un saco°, o una colchoneta°; en realidad, no se necesita casi nada más. En El Camping (Francisco Campos, 25, Madrid) cuesta 160 pesetas diarias una tienda para dos con doble techo°. Si se quiere una para cuatro, 280 pesetas; y para seis, 360 pesetas. La fianza° para alquilar estas tiendas oscila entre las 350 y las 1.800 pesetas. También hay descuentos, mayores cuanto más tiempo se use la tienda. Para 25 días, el precio baja en un 15%. Una tienda cuesta entre 350 pesetas (más de 25 días) y 500 pesetas (10 días) al día. Un saco tipo momia°, de fibra, sale por 40 pesetas al día. Y un colchón, 50 pesetas. También alquilan hornillos° (30 pesetas), faroles° (50 pesetas), mochilas° normales (40 pesetas), y mochilas Porter (60 pesetas). Los precios, situación, y condiciones de los campings españoles se pueden conocer a través de las guías de hoteles y campings que se venden por 150 pesetas.

invest
van
camping van / tent
sleeping bag
pad
con... with a double roof covering / security deposit
saco... "mummy" sleeping bag / camping stoves / lanterns / backpacks

EL OCIO, LA DIVERSIÓN, Y EL DEPORTE

Las caravanas y furgones° son más caras que las tiendas de campaña, pero más cómodas también. Es difícil encontrarlas de alquilar, pero en venta hay auténticas maravillas, como esa furgoneta que distribuye en España la Compañía Ibérica de Caravanas (Juan Ramón Jiménez, 47, Madrid). Lleva el modelo Jambore Tioga aire acondicionado, calefacción°, agua caliente, nevera°, gas butano, cocina, extractor de humos°, baño completo con ducha, lavabo y WC° químico, radio-cassette stéreo, electricidad propia, moqueta°, chapa insonorizada°. De cuatro a siete plazas. Es, por tanto, un vehículo totalmente autónomo. Gasto: 20 litros de gasolina de 90 octanos cada 100 kilómetros. Precio: alrededor de 3 millones de pesetas, pagaderos hasta en tres años°. La longitud es de siete metros.

Pegaso tiene una furgoneta mucho más asequible° y bien equipada. Es el modelo J-4 1.000 Libertad. Mide cuatro metros y tiene unas cuatro o cinco plazas. La empresa constructora vende un modelo que lleva, entre otras cosas, cocina, camas, depósito° de agua para 40 litros, frigorífico°, instalación eléctrica con toma° al exterior, toldo° o avance° exterior, y conjunto de comedor° convertible en cama. Gasta ocho litros de gasoil° cada 100 kilómetros, y cuesta, sin matriculación ni seguro°, poco más del millón de pesetas.

Una de las cosas más interesantes de esa furgoneta es que el cliente puede hacer su propio diseño. La casa Pegaso-Sava la equipa al gusto del consumidor y según el dinero de que se disponga. Por supuesto, hay que tener, en principio, las 667.000 pesetas que cuesta la furgoneta sin equipar.

Habrá quien prefiera lo más parecido a una casa. Para ellos, montones de modelos diferentes de caravanas. Las más usuales, de cuatro plazas o seis, cuestan entre las 200.000 y las 300.000 pesetas. Todas vienen perfectamente equipadas y lo único que necesitan es un buen coche, con suficiente potencia para remolcarla°.

Más atrevido° y menos convencional es perderse en la montaña. Escoger una zona, colgarse° una mochila y... caminar. Si acaso es la primera vez, es conveniente conocer el equipo que hay que llevar. Botas cómodas y ligeras para los calores del verano, tipo cleta° (2.375 pesetas), medias de lana (275), un pantalón bávaro de paño° (975), un chubasquero corto° (975), una gorra° (225), una capa de plástico que cubre también la mochila (525), unas gafas de sol (525), una mochila (1.750), una colchoneta ligera (1.395), un saco de fibra° (2.775), y una tienda (de dos plazas,

180

campers

heating
refrigerator / *extractor* ... exhaust fan / toilet / carpeting / *chapa*... soundproofing

pagaderos... installments payable in three years
accessible

storage space
refrigerator / outlet awning / vestibule / *conjunto*... dining set / diesel fuel / *sin*... without registration or insurance

tow it
daring
put on

with cleats
pantalón... Bavarian cloth shorts / rain jacket, slicker / cap

saco... canvas bag

EL OCIO, LA DIVERSIÓN, Y EL DEPORTE 181

5.125; de cuatro plazas, 11.070 pesetas). Son piezas fundamentales y las más baratas que hemos encontrado. Los precios son de El Igloo (Marqués de Lema, 7, Madrid).

¿Qué llevar en la mochila? En principio, ropa, jerseys, unas zapatillas de deporte°, útiles de limpieza, una toalla...   sneakers

No hay que olvidar una serie de cosas: tartera° (395 pesetas),   griddle
cubierto (195), cantimplora° (395), plato (135), un juego de   canteen

EL OCIO, LA DIVERSIÓN, Y EL DEPORTE 182

cazosvasos° (245), una linterna frontal de petaca°, (765) y un camping-gas.   *juego...* cookset / a covered lantern

Antonio Guerrero, diez años de montañismo°, nos ha facilitado unos cuantos consejos para los principiantes. En principio, prudencia. No escalar o alejarse demasiado de los centros urbanos, a no ser que en el grupo haya un experto de la montaña. Llevar un buen mapa de la zona que se va a recorrer. El Instituto Geográfico Nacional (en Madrid está en la calle del General Ibañez Ibero, 3) vende planos a escala 1:50.000, extremadamente detallados. Son los que utiliza el Ejército, y cado plano cuesta sólo 50 pesetas.   mountain climbing

La tienda hay que montarla en el lugar más pelado posible°, donde no haya ni hormigueros ni hierbas altas° ni piedras. En el botiquín°, con los útiles de primeros auxilios, es conveniente añadir una pomada para las picaduras°.   *más...* clearest / ant hills nor tall weeds / first-aid kit / *pomada...* salve for insect bites

La marcha hay que comenzarla incluso antes de que salga el sol°. No forzar mucho el paso y no beber mucho. Lo mejor, para beber, es agua o agua con glucosa, por aquello de las agujetas°. En los descansos no hay que sentarse nunca. Por si hay hambre, llevar a mano en la mochila frutos secos, pan integral°, o algo que tenga muchas calorías. A eso de las doce o la una de la tarde hay que dar por finalizada la marcha y no volver a andar hasta que empiece a oscurecer. En caso de tormenta, la capa de plástico o el chubasquero. Si no se lleva ninguna de estas dos cosas, lo mejor es quitarse toda la ropa posible, envolverla° en un plástico, y vestirse sólo cuando haya cesado la lluvia.   *antes...* before sunrise / muscle cramps / *pan...* whole wheat bread / wrap it

La comida ha de ser rica en calorías y muy ligera para que la mochila no pese demasiado.

Cuestionario

1. Para hacer el camping, ¿es necesario comprar o alquilar una tienda de campaña?
2. Enumere los consejos para los principiantes.
3. Invente una descripción de un fin de semana haciendo el camping.
4. ¿Qué aspecto del camping es el más agradable? ¿Los mosquitos? ¿El frío? ¿El calor? ¿La lluvia?
5. Imagínese que se ha perdido durante tres días en las montañas. ¿Qué haría para salvarse y regresar a la tienda de campaña?

El camping en España
CAMBIO 16

Madrid, 6 de junio de 1979

Junto a las vacaciones en casas de labranza, sistema escasamente conocido y muy poco usado hasta ahora, existe otro con la misma característica de económico aunque las coordenadas del fenómeno son universales y masivas, utilizado desde hace siglos, entre otros, por la nación sioux: el camping. El sistema, típico de las sociedades desarrolladas, está tomando creciente auge en nuestro país, principalmente en la juventud, por su condición de actividad sana y al aire libre en contacto con la naturaleza, y su notable economía con relación a otros sistemas de vacación. Por unas 3.000 pesetas se puede adquirir una tienda con capacidad para cuatro o seis personas. Por 10.000 pesetas por persona más se puede adquirir todo el equipo necesario —colchoneta, saco de dormir, cocina, mesa y sillas, etcétera —; el precio del camping es muy reducido —40 pesetas por persona y día—, con lo que por 10.000 pesetas se paga la estancia° de cuatro personas y un automóvil durante un mes en un camping° de primera categoría. En España, existen cerca de 800 campings, distribuidos por toda la geografía peninsular, con predominio en las zonas costeras y de montaña. La categorías —primera, segunda, y tercera— van en función de los servicios que ofrecen. Uno de primera categoría cuenta con cafetería, restaurante, sala de fiestas, luz en cada tienda, agua caliente, teléfono, médico, supermercado, etcétera, incluso, algunos de ellos tienen guardería infantil.

stay
camp site

Cuestionario

1. ¿Qué equipo se necesita para ir de camping?
2. ¿Por qué resulta económico ir de camping?
3. ¿Cuáles son algunos de los servicios que tienen los campings de España?

Las novelas de la televisión latinoamericana
Sergio Rivolta*
OPINIONES LATINOAMERICANAS

Miami, abril/mayo de 1980

Todas las noches Venezuela sufre. Aproximadamente a la hora de cenar; quizá un poco antes; tal vez un poco más tarde. O, para ser más exactos... la mujer venezolana sufre. Jovencita, joven, o ya entrada en años, la mujer venezolana todas las noches tiene cita impostergable° e ineludible° con el sufrimiento, el tormento, la emoción que humedece los ojos. A veces sufre también en la tarde, a la hora del almuerzo, pero en menor medida. Digamos que a la cita con el sufrimiento de la tarde acuden° sólo determinadas mujeres: las que a esa hora acostumbran quedarse en la casa; o sea, las que no tienen que ocupar un sitio detrás de un escritorio en una oficina, o no deben estar de pie detrás de un mostrador° en una tienda, o pendientes de° una máquina en una fábrica. Pero por la noche, generalmente oficinas, tiendas, y fábricas están cerradas, así que la mayoría de las mujeres se encuentran en el hogar. Habrá una mesa lista, una comida servida, esposo e hijos evitarán en lo posible de molestar, y el encuentro con el momento tan esperado podrá realizarse sin mayores inconvenientes.

La cita es con el televisor. Tanto la cita de la tarde como la de la noche. Y el televisor, una vez encendido, con su imagen blanca y negra en la mayoría de los casos, o en colores, para unos pocos

unpostponable / inescapable

show up

counter / *pendientes...* waiting on

---

* *Sergio Rivolta* es un joven periodista venezolano, que escribe para diversas publicaciones de su país.

privilegiados, traerá al hogar venezolano la conmovedora° historia de alguna mujer golpeada por la vida, las circunstancias y la maldad de los hombres. Es el ritual de la "novela". Los canales privados de la televisión venezolana aprovechan las horas que el reglamento impuesto por las autoridades les permiten dedicar a la transmisión de esas historias que, aparte de "novelas", los críticos acostumbran llamar "culebrones°", para competir ferozmente en inventar situaciones dramáticas en las que siempre habrá una protagonista que sufre injustamente y un joven más o menos apuesto° que luchará contra todo tipo de adversidades para poder unir su destino al de ella.

    Por supuesto la historia siempre será conmovedora, la justicia tardará en triunfar, y el bien se impondrá sobre el mal sólo después de una larga lucha en que lágrimas, muerte, calumnias, y estallidos de desesperación —todo acompañado por continuas referencias que subrayan la nobleza de ánimo de la clase marginada y la corrupción de la burguesía—, habrán sido distribuidas generosamente con el fin de dar en el blanco prefijado°, o sea de sacudir emocionalmente a la mujer sentada ante el televisor con lágrimas en los ojos y la indignación en el alma, que asegurarán su presencia el día siguiente o la noche que vendrá, ante el mismo televisor para no perderse el desenlace° de la conmovedora historia.

    Ése es el ritual de la "novela", relato televisivo por partes que se arrastra° día tras día o noche tras noche, por semanas y meses, hasta extinguirse en el cansancio o en la consternación general, según haya sabido o no mantener vivo en el televidente° el interés por las vicisitudes de los protagonistas.

    Hablamos de la mujer venezolana, pero sabemos perfectamente que más apropiado habría sido usar el término "mujer latinoamericana", porque la novela, como realización televisiva, no es por cierto una característica de un solo país sino que la encontramos en toda Latinoamérica y hasta en algunos canales° de Estados Unidos con programación en idioma español para el público de origen latino.

    Típico producto de un subdesarrollo cultural, obra insulsa° de calidad prácticamente nula, generalmente mal interpretada° y peor dirigida, realizada en base a un libreto que casi siempre parece indicar en su autor la presencia de complejos y conflictos que habrían dejado perplejo al mismo Freud, la "novela" puede considerarse una auténtica calamidad para la televisión latinoamericana. Destinada al parecer a un público culturalmente subdesarrollado, se extiende a todos los estratos sociales, se impone en todos los hogares donde por descuido o indiferencia no se apaga el televisor cuando va al aire°, y lleva su mensaje venenoso que instiga a la lucha de clases y fomenta el odio de razas a todos los desprevenidos° que se identificarán con esos protagonistas que acusan° sus mismas frustraciones y decepciones.

va... it comes on the air
innocents
acknowledge (having)

La exaltación de valores, principios, y conceptos que ya no tienen cabida en nuestro tiempo; una visión distorsionada de la realidad; un mensaje ambiguo que refleja un alto grado de atraso cultural y espiritual; una carga explosiva de odios y rencores que ni siquiera se intentan disimular, representan los ingredientes más comunes de la "novela" que llevan su potencial de disgregación° social a todas las mentes débiles, que en lugar de recibir sano entretenimiento son objeto de un lavado cerebral efectuado por libretistas, productores, y directores con el fin, aparente o real, de impedir la integración de la mujer latinoamericana al mundo del presente, el que refleja realmente nuestra época y las costumbres y exigencias de nuestro tiempo.

disintegration

Luego, a veces, se critica la importación de programas televisivos realizados en Estados Unidos o en Europa, argumentando que los mismos representan un medio de colonización cultural. La verdad es que la única y la peor forma de colonización cultural, la que distorsiona la realidad y ata a la mujer y el hombre latinoamericanos a costumbres ya superadas por los tiempos, es la que los países latinoamericanos se dan a sí mismos diariamente por medio de su misma programación televisiva nacional que distribuye generosamente elevados concentrados de inadaptación° al momento histórico que vivimos.

° maladjustment

Cuestionario

1. Desde el comienzo del artículo hasta "que humedece los ojos", el autor usa un tono claramente sarcástico. ¿Por qué?
2. Según el artículo, unas mujeres determinadas ven estos programas por la tarde. ¿Quiénes son? ¿No trabajan? ¿Qué relación existe con el nombre en inglés de estos programas?
3. ¿Por qué se les llama "culebrones" a estos programas de televisión?
4. El autor menciona en su artículo que algunos canales de televisión en español de los Estados Unidos presentan esta clase de programas, pero parece que él no sabe que también los canales en inglés presentan numerosas *soap operas*. ¿Está usted de acuerdo con las opiniones negativas de Rivolta con respecto a estos programas? ¿Por qué?
5. ¿Por qué dice el autor que estos programas son producto del subdesarrollo cultural?

El rock iberoamericano
Luis Antonio Córdova*
REVISTA K/CORREO

Lima, julio de 1980

Tratar de decir en qué país de Hispanoamérica comenzó a tocarse el rock es muy difícil. A mediados de los sesenta el Continente estaba plagado de conjuntos como los venezolanos Darts, que se la pasaban cantando las canciones de los Beatles. Pero, con certeza, se puede decir que el primer país donde se compuso música rock latinoamericana fue Argentina.

En 1968, surgen los primeros grupos entre los cuales destacan los Gatos y Almendra. En el setenta comienza la gran fiebre y surgen definitivamente los primeros héroes, Litto Nebbia y Luis Alberto Spineta.

En el 69 se realiza un primer festival, el Pinap, durante tres fines de semana. En el 70, más de 30.000 personas asisten al Buenos Aires Rock I.

A comienzos del 71, Vox Dei edita el disco *La Biblia*, primer gran éxito del rock. Tambien se realiza el Buenos Aires Rock II. Los conjuntos se multiplican por todas partes, y en el año 1972 aparece el primer LP de un grupo que ha dado mucho que hablar°, Sui Generis.

dado... caused much talk

> Poco a poco fui creciendo
> y mis fábulas de amor
> se fueron desvaneciendo
> como pompas de jabón°.

pompas... soap bubbles

* *Luis Antonio Córdova;* 18 años, chileno, estudia periodismo en la Universidad de Columbia, Missouri.

EL OCIO, LA DIVERSIÓN, Y EL DEPORTE

El rock que más se oye está compuesto por suaves canciones en estilo folk-progresivo. En noviembre, bajo la influencia de hermosas letras°, se realiza el festival Buenos Aires Rock III, "Hasta que se ponga el sol". Surgen toda clase de grupos: baladas folk, rescate° del folclore argentino, jazz, y rock puro. Todo abunda.

bajo... using pretty lyrics
revival, rebirth

Hay mística entre los jóvenes argentinos. Pastoral canta: "y que el perro sea perro y nada más, y que el gato sea gato y nada más". El acontecimiento cumbre° del rock se da cuando más de 36.000 personas invaden el teatro Luna Park[1] para presenciar el último concierto del Sui Generis.

acontecimiento... culminating event

Hoy en día el rock argentino ha alcanzado magnitudes insospechadas, van a Europa y a Estados Unidos. Ellos demostraron que una canción bonita no tiene que ser necesariamente en inglés para sonar bien.

    Nunca tendremos raíz
    nunca tendremos hogar
    y sin embargo, ya ves,
    somos de acá...

En segundo lugar en desarrollo rockero se halla España, en donde también hay gran cantidad de músicos. Los grupos son más inclinados al jazz-rock y al rock y son buenísimos. La compañia Eléctrica Dharma es un grupo capaz de llenar cualquier coliseo.

En Latinoamérica, Brasil es muy bueno en la investigación de la música llamada Nordestina°, que tiene ciertos aires progresivos. Desde luego también hay conjuntos de puro rock.

from northeast Brazil

En México hay buenos conjuntos, como los progresivísimos Decibel. En Chile, o más bien fuera de él, resaltan los Jaivas, que actualmente tienen un éxito tremendo en Europa, adaptando su rock folclórico con instrumentos tipicos, para ser tocado con orquestas sinfónicas.

En Venezuela el rock está naciendo, y todavia no hay buen material, excluyendo de la lista al excelente Vytas Brenner, que está considerado, junto con los argentinos Charly García y Luis Alberto Spineta, de los mejores de Latinoamérica...

Nota

1 *Luna Park:* Lugar del centro de Buenos Aires, cerrado al estilo del Madison Square Garden, donde se celebran conciertos de música, convenciones, y acontecimientos deportivos.

Cuestionario

1 ¿En qué país latinoamericano se compuso por primera vez la música rock?
2 ¿Cómo interpreta usted los versos de la canción que hablan de "fábulas de amor" y "pompas de jabón"? ¿Por qué son fábulas?
3 ¿Tiene que ser en inglés una canción para sonar bien, según el autor de este artículo? ¿Por qué? ¿Qué piensa usted de la música moderna en español?
4 ¿Cuál es el segundo país hispano con mayor desarrollo de rock? ¿Qué grupos destacan?

Buena corrida de toros en Barcelona
Lucas Cabrerizo*
LA VANGUARDIA

Barcelona, 7 de junio de 1980

En la plaza de la Monumental se celebró una excelente corrida de toros° con la participación de Manuel Benítez, "El Cordobés", Paco Camino, y Palomo Linares. Viente mil espectadores llenaban las gradas°.

 En el primer toro, Paco Camino estuvo bien con una faena° adecuada y un par de intentos seguidos por una estocada° certera. Recibió aplausos.

 El Cordobés esperó a su primer toro de rodillas° y se ganó la simpatía del público y el premio de la música.[1] Comenzó bien su faena con una serie de pases naturales,[2] pero luego no tuvo suerte con el estoque°. El público permaneció en silencio.

 Palomo Linares comenzó a mejorar la corrida con tres pares de banderillas° que hicieron laventar al público de sus asientos. Luego efectuó una serie de pases de pecho[3] con la izquierda, algunos naturales, y resolvió terminar con una estocada que aguantó al toro en su embestida°. Muerto el animal casi de repente, el público pidió las dos orejas,[4] que le fueron concedidas, y con ellas dio una vuelta triunfal al ruedo.[5]

 Camino pareció comprender el mensaje: en su segundo toro debía mejorar la actuación. Con una serie de pases mirando al tendido° y luego efectuando unos naturales con la izquierda, preparó al toro en el centro de la plaza y con una estocada certera mereció las dos orejas que los pañuelos del público pedían.

corrida...	bullfight
	grandstands
	play with the cape
	stab, death blow
de...	kneeling
	sword
	barbed darts
	charge, rush
	grandstand

 * *Lucas Cabrerizo;* periodista español especializado en los toros.

EL OCIO, LA DIVERSIÓN, Y EL DEPORTE

   El Cordobés pareció entonces dispuesto a superar a sus compañeros, y aprovechando que el animal que le había tocado en suerte° era ideal para el lucimiento°, usó todo el arsenal espectacular de su arte, desde las verónicas[6] personalísimas hasta el salto de la rana[7] con la muleta,[8] y después de acompañar al animal hasta la barrera°, lo remató con una estocada. Recibió las dos orejas y el rabo°.

le...   he had been given by chance / brilliance, show

bullring fence

tail

Palomo Linares no tuvo suerte con su segundo toro y luego de una faena correcta lo mató al segundo intento.

Al terminar la corrida, los tres matadores saludaron al público antes de retirarse.

Notas

1 *música:* Cuando al público le gusta la actuación del matador, pide a la banda de música que comience a tocar.
2 *pase natural:* Pase hecho frente al toro, que pasa haciendo un círculo delante del matador.
3 *pase de pecho:* Pase hecho de espaldas al toro, que luego cruza muy cerca del pecho del matador.
4 *dos orejas:* Cuando la faena gusta al público, se pide como recompensa una oreja, dos, o incluso también el rabo, que le son cortadas al toro después de muerto y se le entregan al torero.
5 *vuelta al ruedo:* Parte del premio por una buena actuación es dar una vuelta de honor alrededor del círculo (ruedo) de la plaza.
6 *verónica:* El nombre de este pase efectuado con la capa viene de su semejanza al gesto que hizo la dama llamada así al atender a Jesús en camino del Calvario, tendiéndole un lienzo para limpiarle la sangre y el sudor de su rostro.
7 *salto de la rana:* Pase que se da saltando sobre las rodillas y dando media vuelta en el aire.
8 *muleta:* La capa que usa el torero para hacer su faena antes de matar al toro. Es de color rojo y está sostenida por un palo.

Cuestionario

1 ¿Qué matador fue el mejor de la corrida? ¿Por qué?
2 ¿Le gustan a usted las corridas de toros? ¿Por qué?
3 ¿Cree usted que las corridas de toros tendrían éxito en los Estados Unidos? ¿Por qué?

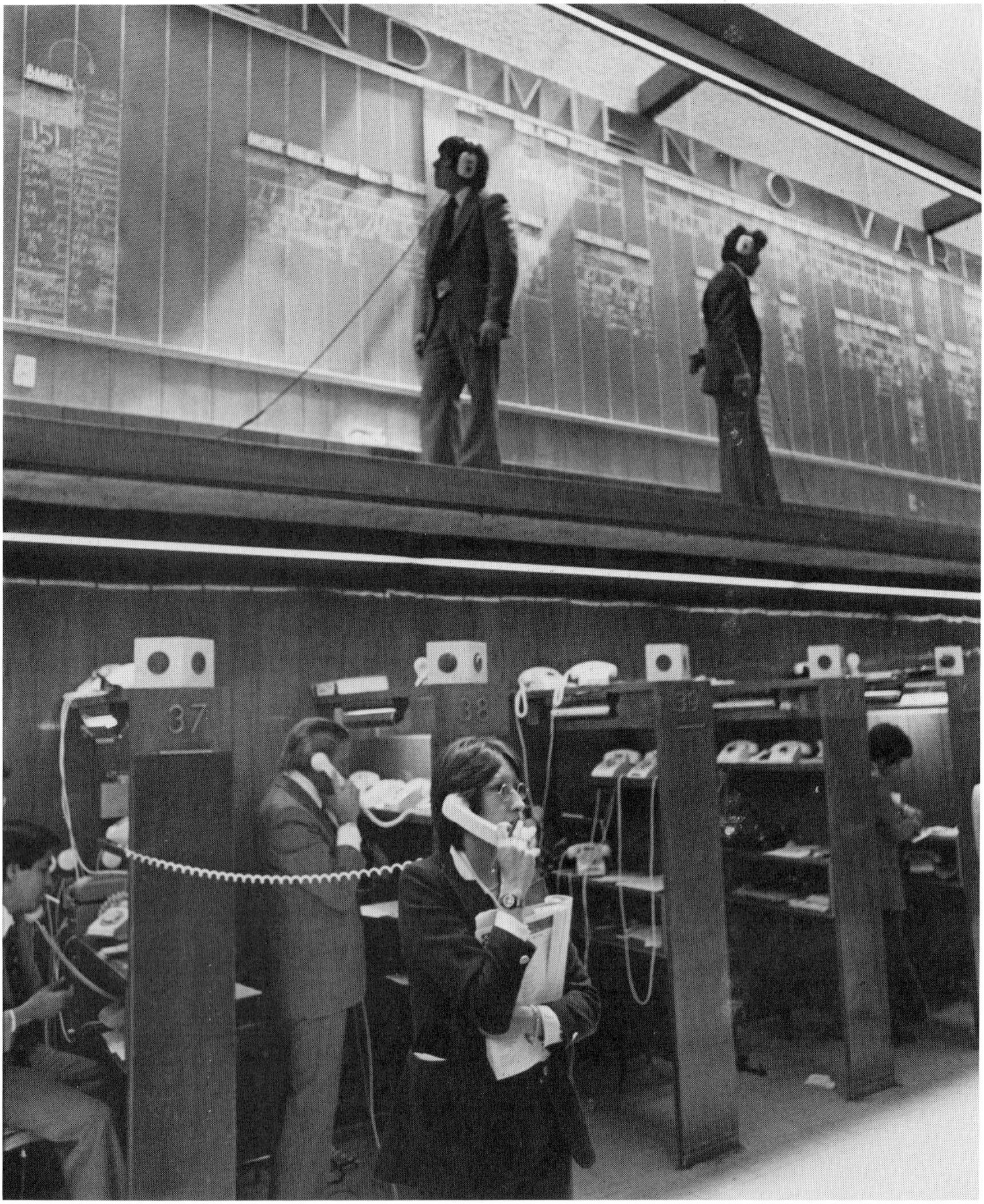
NDIMENTO VAR
37
38
39

CAPÍTULO 6
La economía: el hombre y su dinero

Desde que Eva le ofreció la manzana a Adán, el castigo del trabajo ha obligado al hombre al intercambio de productos y servicios. De un paraíso en el que nada faltaba, el hombre ha tenido que vivir durante siglos en un mundo de países y regiones interdependientes. En la actualidad° todo parece estar dominado por la inflación; todo cuesta más y los países y clases más desarrolladas parecen alejarse cada vez más de° los pobres y subdesarrollados. Gobiernos, prensa, sindicatos°, y empresarios° están constantemente buscando los caminos para analizar la situación y hallar soluciones.

    España pasó de ser un país esencialmente agrario antes de la Guerra Civil de 1936–39, a convertirse en los años sesenta en la décima potencia industrial del mundo, gracias a unos planes de desarrollo y a la inversión de fondos del estado. Pero España no es un país rico en recursos naturales imprescindibles en las últimas décadas del siglo XX, como el petróleo. La subida de los precios fijados por la Organización de Países Exportadores de Petróleo produce una inflación constante en lo que tienen que pagar los españoles por todos los productos. El agricultor debe pagar más por la gasolina que necesita para su tractor. El comerciante debe pagar precios más altos para hacer funcionar su camión en el que transportará los productos del campo a la ciudad. El consumador verá entonces que lo que el año anterior costaba en el mercado 100 pesetas,

En... At present

alejarse... to be drawing further and further away from / unions / businessmen

LA ECONOMÍA: EL HOMBRE Y SU DINERO   196

por ejemplo, ahora cuesta 120, cuando sus sueldos° solamente   salaries
han aumentado en un 10 por ciento. Esta diferencia entre el
aumento de los ingresos y el alza de los precios contribuye a la
disminución del poder adquisitivo del dinero.
   En España, los hombres de negocios que formaron la
Confederación Española de Organizaciones Empresariales creen
que tienen la obligación de recordar al gobierno y a los
consumidores que todos seremos más pobres cada año. Ese es
el tema del artículo de *La Vanguardia* de Barcelona titulado
"Empobrecimiento general de todos los españoles". Todos
estamos acostumbrados a ver que la economía crece, sin que
los gobiernos se atrevan a decir que todos seremos más pobres.
¿Cuál es la solución?
   En la prensa latinoamericana, los temas de economía casi
han desplazado a los de la política. Los periodistas consideran
que mientras no se encuentren los remedios adecuados para
mejorar las condiciones económicas de América Latina, no
mejorará tampoco la situación política. Para ello, algunos
diarios estudian las causas y los orígenes del estado actual y
hacen que el lector recuerde que América Latina es parte
integral del mundo occidental. Así, por ejemplo, las medidas
económicas llevadas a cabo° en los años anteriores a la II   *llevadas...* carried out
Guerra Mundial tuvieron un impacto en Latinoamérica. La
crisis de 1929, la puesta en práctica de las teorías de Keynes y
los remedios de F. D. Roosevelt son analizados en el artículo
titulado "La era de la inflación" publicado en *El Tiempo* de
Bogotá. Ted Cordova Claure, periodista boliviano de larga
experiencia en Buenos Aires y Caracas, analiza la situación
económica en cada uno de los países en su artículo "América
Latina y la recesión". Particularmente, hay que tener en cuenta
que mientras la mayoría de los países sufre el impacto de la
subida de los precios del petróleo y la recesión en el mundo
industrializado, otros como México y Venezuela, al tener
recursos petrolíferos, parecen tener un futuro mejor. Vivian
Trías comenta en su artículo "Iberoamérica: los desafíos° de los   challenges
ochenta" cada uno de los sectores económicos, las
recomendaciones de la CEPAL (la Comisión Económica para
América Latina, de las Naciones Unidas), y propone su
predicción para el futuro. En su análisis, el desarrollo político
va unido al económico.
   Finalmente, en el artículo de *El Tiempo* de Bogotá titulado
"Se acaba el agua" se señala la importancia que tiene el cultivo

de la yerba° en la economía nacional, además del efecto que esto marijuana
tiene en la disponibilidad de agua en las tierras. La
consecuencia es que todos los sectores y niveles de la economía
están íntimamente unidos, y todos los países de América Latina
tienen sus economías ligadas al resto del mundo. Colombia, por
ejemplo, exporta marihuana (que es ilegal) de la misma forma
que exporta café. Estados Unidos importa marihuana porque el
mercado interno tiene una fuerte demanda de la droga. A
mayor demanda hay mayor presión en la producción de la
droga en Colombia. Si aumentan las tierras donde se cultiva la
marihuana, disminuye la cantidad de agua necesaria para
cultivar otros alimentos. ¿Se legalizará el consumo de la
marihuana en los Estados Unidos? ¿Qué impacto tendría en la
economía de Colombia? De momento, estas preguntas no
tienen fácil contestación.

Empobrecimiento general de todos los españoles
LA VANGUARDIA

Barcelona, 6 de julio de 1979

Es preciso que el país en su conjunto° tome conciencia del grave impacto que va a producir en la economía española la última subida de los crudos°, acordada por los países miembros de la OPEP° en Ginebra, según un comunicado dirigido a la opinión pública por la Confederación Española de Organizaciones Empresariales.[1]

En este sentido, la junta directiva de esta patronal[2] ha analizado la posición de la CEOE ante la subida de los precios del petróleo y estima que "la brutal subida de los precios del petróleo —según el comunicado— y las previsiones poco halagüeñas° que presenta el mercado de dicha fuente de energía, van a producir un impacto extremadamente grave en la economía española y es preciso que el país en su conjunto tome conciencia de esta situación, que va a provocar un empobrecimiento general de todos los españoles, y que hay que saber aceptar".

Según la CEOE, la subida de los precios del petróleo se va a manifestar especialmente en los siguientes campos:

—En la balanza de pagos,[3] ya que no sólo tendremos que pagar más por el petróleo importado sino también por el conjunto de las demás importaciones, al tiempo que el empobrecimiento, que afectará también a los demás países con los que nos relacionamos, incidirá desfavorablemente° en neutras exportaciones.

en... as a whole

la... the latest increase in the price of crude oil / OPEC

attractive

incidirá... will have a negative effect

—Los aumentos del precio del petróleo incrementarán también los costes de producción y los precios de consumo.

Nuestras posibilidades de crecimiento se reducirán porque la transferencia de recursos en favor de los países productores de petróleo disminuirá necesariamente nuestras capacidades de inversión y de consumo.

Ante esta situación, la CEOE propone las siguientes acciones:

1. Tomar medidas eficaces para ahorrar energía procedente del petróleo, lo que implicará apoyos fiscales y crediticios al ahorro y reconversión de° energía.

2. Impulsar con urgencia fuentes alternativas de energía.[4] En este aspecto es necesario autorizar con carácter inmediato las centrales nucleares con autorización provisional, ya que la ejecución de estas obras permitirá también una reactivación del sector de la construcción y del de bienes de equipo°.

3. Es, así mismo, imprescindible llevar a cabo acciones encaminadas a° estimular y fomentar la producción nacional del carbón°.

4. También es necesaria una política realista de precios de la energía. La CEOE considera que las últimas decisiones del Gobierno sobre los nuevos precios son adecuadas, por inevitables, y han sido adoptadas con la debida celeridad°.

5. El empobrecimiento que va a sufrir España a consecuencia de la última subida del petróleo exigirá una política de austeridad en el gasto público y en el consumo en general.

6. La lucha contra el empobrecimiento y contra el desempleo exige°, así mismo, políticas de reactivación industrial para lo que es fundamental, una contención de los costes de producción°, y evitar que el incremento del coste del petróleo aumente aún más el volumen de desempleo, ya muy elevado.

7. Las fuerzas sociales del país,[5] agrega el comunicado, deben admitir que la pérdida de valor adquisitivo de los españoles, debido a un factor externo a nuestra economía, no puede venir compensado por elevaciones salariales en función de la elevación del costo de la vida. El empobrecimiento de la población, señala, ha de transformarse inexorablemente en una péridida de bienestar para todos y cada uno de los españoles.

8. Todos estos objetivos deberán venir acompañados de políticas positivas de ajuste que eliminen los factores de rigidez de los precios, artificialmente contraidos por medidas administrativas, y cuya consecuencia es la descapitalización de las empresas°.

apoyos... tax and credit support for saving and converting

bienes... heavy machinery
encaminadas... leading to
coal

con... with due speed

requires
contención... containment of production costs

descapitalización... undercapitalization of businesses

Notas

1 *Confederación Española de Organizaciones Empresariales:* CEOE, la asociación de los empresarios que se fundó en 1977 con el fin de representar sus intereses ante el Gobierno y los sindicatos obreros. Su presidente desde entonces ha sido el banquero y químico Carlos Ferrer Salat.
2 *esta patronal:* La CEOE. *Patrono* equivale a empresario, el dueño de una empresa.
3 *balanza de pagos:* "Balance of Payments" en inglés, la diferencia entre lo que un país tiene que pagar por las importaciones y el dinero que recibe por las exportaciones.
4 *fuentes alternativas de energía:* Se refiere principalmente a la energía nuclear y a la solar.
5 *las fuerzas sociales del país:* La expresión es vaga en su significado, pero principalmente se refiere a las organizaciones que representan a la sociedad en su funcionamiento político, o sea los partidos y los sindicatos. Concretamente, el comunicado de la CEOE está hablando de los partidos de izquierda,

el Partido Socialista Obrero Español (PSOE) y el Partido Comunista de España (PCE), los sindicatos socialistas (UGT) y las Comisiones Obreras comunistas.

Cuestionario

1 ¿Por qué va a provocar un empobrecimiento general la subida de los precios del petróleo?
2 ¿Cómo van a aumentar los costes de producción y los precios de consumo?
3 ¿Qué efecto en el desempleo va a producir el aumento de los costes del petróleo?
4 Resuma esta información e imagine una conversación entre el Presidente de los empresarios españoles y el periodista. Haga cinco preguntas y cinco respuestas con la información del artículo.
5 Considere qué pasará en el mundo si los precios del petróleo continúan aumentando. ¿Qué medidas toma usted para usar menos energía?
6 Comente: Todo país que no produzca petróleo tiene que independentizarse en la producción de recursos de energía.

La era de la inflación
Hernán Echavarría Olózaga*
EL TIEMPO

Bogotá, 7 de noviembre de 1979

La que seguramente llegará a ser descrita en los textos de historia como la Era de la Inflación, principió en Estados Unidos durante la presidencia de John F. Kennedy, cuando la escalada° de la guerra de Vietnam, y de allí se extendió al resto del mundo occidental. Sus bases doctrinarias se habían echado sin embargo en la gran crisis que se inició en 1929 con el "crash" de la bolsa neoyorkina, época en la cual el mundo occidental tuvo que abandonar las teorías monetarias "sanas"°. De 1929 en adelante las economías capitalistas se fueron paralizando hasta llegar a su virtual estancamiento° en los años 1931 y 1932. Entonces, como ahora, ni los hombres de estado ni los técnicos de la economía sabían como salir de la encrucijada°. El desconcierto era general, como lo es en la actualidad, y cuando el Congreso de los Estados Unidos pedía al gobierno hacer algo, a éste sólo se le ocurría restringir gastos y equilibrar el presupuesto°.

  Al presidente Hoover le tocó capear° la situación de la tormenta de la gran crisis en los años 1930 y 1931. Siguiendo las teorías "sanas" de entonces, la afrontó elevando impuestos° y equilibrando el presupuesto para acabar con el déficit fiscal. Pero la crisis empeoró° y hoy sabemos que el remedio era contraindicado°.

escalation

teorías... sound monetary theories

stagnation

salir... find a way out of the dilemma

equilibrar... balance the budget / face

elevando... increasing taxes

worsened / counter productive

 * *Hernán Echavarría Olózaga:* Periodista colombiano especializado en temas económicos.

LA ECONOMÍA: EL HOMBRE Y SU DINERO

Hoover y sus contemporáneos no lo sabían, ellos sangraban al paciente porque tenía fiebre°, como lo hacían en la Edad Media, y el remedio lo empeoraba°. Hoy todos hemos oído hablar de Keynes[1] y sabemos por qué el remedio de los economistas de entonces era contraproducente, lo que se necesitaba era todo lo contrario, reducir los impuestos y producir un déficit fiscal, para aumentar la demanda y poner la economía en marcha.

A Hoover lo siguió Roosevelt quien llegó a la presidencia con el mismo programa de su antecesor, no con las teorías de Keynes. En realidad estas últimas no llegaron a la concencia pública sino hasta 1936, aproximadamente. Pero Roosevelt era un realista y sin teorizar inició en 1933 una serie de proyectos sociales que produjeron la reflexión° y aliviaron la situación. Gran Bretaña había devaluado en el año 1932. Hitler principió el rearmamento de Alemania un año después, lo cual restableció la economía de ese país. Obsérvese que ninguna de estas medidas se tomaron en desarrollo de las teorías keynesianas; todas ellas fueron decisiones políticas, no económicas. En realidad la crisis sólo vino a desaparecer con el rearmamento de la Segunda Guerra, y lo que llamamos la era de Keynes verdaderamente se inició después de la segunda contienda mundial°. Fue en realidad la gran crisis la que impuso el cambio de política económica, y seguramente la crisis actual, a la que habremos de sufrir, introducirá cambios en el manejo° económico que nadie puede aún alcanzar a vislumbrar°.

Después de la Segunda Guerra las teorías de Keynes llevaron a los países occidentales a despreciar° las políticas "sanas", y a perderle el miedo a la expansión monetaria. Primero lo hicieron los países del Tercer Mundo por ser menos experimentados°, y en éstos hemos conocido la inflación desde la terminación de la guerra. En los países industrializados el proceso inflacionista sólo se inició al final de la década de los años sesenta, en Estados Unidos con el presidente Johnson, sucesor de Kennedy, con su política de cañones y mantequilla,[2] significando que el país podía hacer la guerra y seguir comiendo mantequilla, emitiendo°, naturalmente. En todos los países industrializados sucedió lo mismo, menos en Alemania.

La lección parece ser que las tesis keynesianas del manejo de la demanda efectiva pueden aplicarse mientras el público no pierda confianza en la moneda, porque cuando ésta se pierde todo el mundo juega al alza de precios° y los controles monetarios ya no operan. Bueno es cilantro pero no tanto°.

ellos... they bled the patient because he had a fever / *remedio...* remedy made him worse

change of direction

segunda... Second World War

management / guess, surmise

reject

experienced

contaminating

juega... plays the price-increase game
Bueno... Too much of a good thing can be dangerous.

Notas

1 *Keynes:* Lord John Maynard Keynes (1883–1946), economista inglés que tuvo influencia durante las dos guerras mundiales, sobre todo en la de 1939–45. Entre sus obras destaca *The End of the Laisser-Faire* (1926). Entre sus teorías sobresale el concepto de que la demanda es producida por los gastos generales de una nación y que para lograr pleno empleo se debe mantener un alto nivel de gastos e inversión, incluso en época de recesión.
2 *cañones y mantequilla:* Johnson no fue el creador de esta expresión, sino el líder nazi Herman Göring, en 1938. Durante parte de la Segunda Guerra Mundial, la economía alemana parecía capaz de producir bienes de consumo al mismo tiempo que suministros militares, pero más tarde se produjo la inflación. Algunos expertos consideran que algo similar ocurrió como consecuencia de la política de Johnson.

Cuestionario

1 Según el artículo, ¿cómo se inició la era de inflación en los Estados Unidos?
2 ¿Cómo trató de resolver Roosevelt el problema de la situación del desempleo?
3 ¿Qué pasa cuando el público pierde confianza en la moneda?
4 Resuma esta información en un párrafo.
5 Comente en forma libre sobre el estado de la economía en el mundo occidental. ¿Qué piensa usted acerca del efecto de la ley de la oferta y la demanda en un país con gran inflación?

Iberoamérica: Los desafíos de los 80
Vivian Trías*
OPINIONES LATINOAMERICANAS

Miami, julio de 1979

El VIII Período de Sesiones de la Comisión Económica para América Latina,[1] realizado en La Paz, ha resultado de una trascendencia° insospechada. Tal vez marque un hito° en estos tiempos de incertidumbres y perplejidades°, de descontentos y tensiones, de represiones crueles para los que se atreven a disentir con el statu quo°, de crisis y miedos. ¿Por qué? Porque ha sido un cónclave caracterizado por la sinceridad y el realismo y porque, lo que es más relevante, se ha demostrado que nuestro continente posee los potenciales necesarios para un porvenir venturoso°, para emprender la tarea excepcional de rescatar al "hombre iberoamericano" de sus miserias, temores, y desdichas. La base del evento fue el notable discurso del Secretario Ejecutivo de CEPAL, el uruguayo Enrique Iglesias.

Se puede decir que el Dr. Iglesias formuló un planteo° fundado en el cotejo° de lo que Iberoamérica es y de lo que puede llegar a ser, o mejor debe llegar a ser. Es decir, el contraste entre la Iberoamérica real y la Iberoamérica potencial y posible. ¿Cuáles son los rasgos de la Iberoamérica real? Iglesias parte del análisis del continente en los 70, tomando como punto de referencia a la

consequence / landmark / *incertidumbres*... uncertainties and complications / *disentir*... dissent with the status quo

porvenir... happy future

proposals
comparison

---

* *Vivian Trías:* Profesor y periodista uruguayo fallecido en 1980, especializado en temas económicos.

crisis económica mundial que, luego de cierto período de gestación, estallara° en los años 1974–75.

¿Cuál es su imagen, cuáles los problemas iberoamericanos en los 70?

1. Ha sido la víctima más castigada por la crisis del capitalismo internacional. ¿Por qué? Porque es la "clase media" del Tercer Mundo, sus principales naciones, las que abarcan° el 90% de su P.B.I.[2] global, son las sociedades en que el capitalismo periférico° ha tenido un mayor desarrollo relativo con respecto al resto, salvo muy pocas excepciones.

El mayor desarrollo relativo del capitalismo periférico implica una inserción° muy profunda y sistemática con la economía mundial "internacionalizada" y, por ende°, padece el nuevo tipo de dependencia mucho más sistemático y expoliador° que nunca. La mayoría de nuestras naciones han asumido políticas o modelos económicos neo-liberales o "aperturistas°", inspirados en la "escuela de Chicago" que encabeza° el economista norteamericano Milton Friedman, lo que ha contribuido, decisivamente, para ahondar° y ajustar mejor la articulación de nuestras economías a los circuitos de las transnacionales y a desempeñar cabalmente° su rol en la "nueva división internacional del trabajo" impuesto por aquellas. Han adoptado una "industrialización sustitutiva de exportaciones"[3] ("no tradicionales", es otro modo de designarlas) que ha acrecido mucho su vulnerabilidad a la crisis.

2. Por su grado sistemático de integración en la economía mundial "internacionalizada" no puede escapar al ciclo económico de ésta. De modo que la crisis mundial de los 70 ha producido en Iberoamérica un impacto brutal. Lo que se agrava° porque las potencias industriales han hecho lo posible por descargar sobre las espaldas del Tercer Mundo y, muy especialmente, sobre el área de aquel mejor asimilada a sus pautas°, lo peor de la crisis. La "Cuarta Reunión del Comité de Expertos Gubernamentales de Alto Nivel", lo reconoce sin tapujos°: "creciente vulnerabilidad al ciclo económico mundial, que afectaba no sólo los precios de las materias primas sino también la demanda de la nueva producción latinoamericana (manufacturas); una creciente exclusión de América Latina de los mecanismos conocidos de cooperación, al calificársela de región de economía intermedia,[4] y un creciente y nocivo proteccionismo, que está amenazando la estrategia de desarrollo adoptada por la región y frustrando sus expectativas de expansión".

broke out, erupted

cover
of the outskirts (i.e., not the central powers)

interconnection
por... therefore
plundering

supporters of rapprochement / heads

deepen
desempeñar... completely fulfill

Lo... The situation grows worse

a... to its standards

sin... openly

Las dos caras de Iberoamérica

No sólo los sectores sociales de nuestras sociedades sufren la crisis del mismo modo. Hay un pequeño sector que ni siquiera la sufre, sino que especula con ella para lograr suculentos beneficios. Ese sector, asociado íntimamente a las transnacionales y que acapara°, junto con ellas, porcentajes abrumadoramente° elevados de la tierra, la industria, el comercio, y la banca°, es designada por el sociólogo argentino Jorge Graciarena, la "elite oligárquica". No sólo posee la riqueza, no solamente detenta° el poder, sino que, en rigor, está divorciada de los intereses y necesidades de las masas, es parte de la "sociedad de consumo" de las naciones desarrolladas, y vive lujosamente, ostentando° su capacidad para derrochar°, sus hábitos, sus placeres, sus pautas ideológicas.

monopolize / overwhelmingly / banking

does it retain

showing
be wasteful

Ésa es la cara brillante y opulenta, reluciente y gozosa del Continente. Para que ella exista, debe también existir la otra cara, la que constituyen los 110 millones de latinoamericanos que viven en la miseria, en la ignorancia, acosados° por la enfermedad y la desnutrición. En 1970 el 10% más rico absorbe el 44,2% del ingreso total y el 20% que le sigue —alta clase media también incorporada a la "sociedad de consumo"— el 28%. Entre ambas, la capa° privilegiada y asociada a la transnacionalidad, acapara el 72,2% de aquél. Mientras el 70% más pobre, 196 millones de seres°, sólo reciben el 27,8%. Y el 50%, 140 millones, percibe, apenas, el 13,9%, de los cuales, 110 millones lindan con la miseria° y 54 millones son, sencillamente, indigentes°.

hounded

layer

human beings

lindan... border on poverty / indigent poor

Estudios citados por el Dr. Iglesias demuestran que para que esos 110 millones de miserables alcancen un presupuesto familiar básico de consumo, basta el 6% del ingreso del total de las familias latinoamericanas y lo que es más importante, se lograría con sólo un 12% del ingreso del 10% más rico, de la "crema" de la "élite oligárquica". O sea, no es alto el sacrificio que se le pueda exigir al privilegio para que 110 millones de latinoamericanos vivan humanamente. Lo peor es que las perspectivas, de seguir como hasta ahora, son trágicas.

La tasa de desempleo y de "desempleo disfrazado"° de todas las naciones australes° —con diferencias entre unas y otras, por supuesto— es muy alta. Varios millones de seres, en edad de trabajar, no encuentran trabajo. Si hoy, con una fuerza de trabajo de 170 millones, ése es el panorama, ¿qué pasará a fin de siglo, cuando sea de 345 millones? Las tendencias actuales anuncian

La... The rate of unemployment and "hidden unemployment" / southern

una incendiaria explosión socio-política en Iberoamérica, si no se corrigen tan abismales, como indignantes desigualdades.

El potencial económico iberoamericano

¿Existen recursos en nuestras tierras para resolver estos gigantescos problemas sociales y humanos? La respuesta del Dr. Iglesias es rotundamente afirmativa. el continente meridional posee 575 millones de hectáreas cultivables, de las que sólo se explotan 170. Es la realidad agobiante° del latifundio°, de las inmensas extensiones de tierras en pocas manos que permanecen improductivas porque así conviene a los terratenientes°.

Los recursos minerales explotables no han sido integralmente relevados°, ni mucho menos. Pese a lo cual las reservas de cobre significan un tercio del total mundial, las de bauxita un 25%, las de hierro un 20%, etcétera. Nuestro potencial hidroeléctrico supera en un tercio° al de la URSS, duplica con holgura° a los de Canadá y los Estados Unidos juntos, y cuadruplica los de Europa. Si se confirman, las estimaciones de yacimientos de petróleo realizadas para el subsuelo° del Atlántico Sur y se suman a las reveladas en México, Venezuela, y otros países, en el año 2000 Iberoamérica será la principal productora de crudo del orbe°.

No somos, pues, un continente pobre, sino "empobrecido" por el capital extranjero y la cómplice conducción° política y económica de la "elite oligárquica" asociada a aquél.

oppressive / large landed estate

landowners

released

supera... surpasses by a third / *duplica...* easily doubles

floor

del... of the world

cómplice... collaborationist leadership

Crecimiento económico y desarrollo

Es más, la tasas de crecimiento económico° de nuestras economías son auspiciosas. En 1978 el P.B.I. total de Iberoamérica equivalió al 80% del que surge de la suma de los de Alemania Federal, Francia, e Italia en 1960, sólo ligeramente menor que el de la URSS en ese año y triplicó al de Japón.

Si se alcanzara una tasa de crecimiento del 7,4% anual, ritmo muy poco por encima del vigente entre 1970 y 1974, en 1990 nuestro P.B.I. superaría en un 20% a la suma de los de Alemania, Francia, e Italia en 1970, en 10% al de la URSS, y en un 150% al del Japón en ese mismo año. Constituímos, por cierto, un mercado nada desdeñable. Nuestra capacidad para producir bienes de capital es más que aceptable y se eleva aceleradamente. En 1978

tasas... rates of economic growth

se produjeron 23,5 millones de toneladas de acero (80% más que en 1970), la producción de cemento también aumentó en un 80% entre 1970 y 1978, la industria metalmecánica creció a una tasa del 10% anual entre 1950 y 1970. Pero se aceleró en la actual década y en 1975 era 1.000% mayor que en 1950.

Son cifras que denuncian° un indiscutible crecimiento económico, pero no desarrollo. Nuestras economías crecen en el marco del subdesarrollo y de la dependencia°. Hay desarrollo cuando el crecimiento económico enriquece a la economía propia y sus frutos mejoran la vida de toda su población. En cambio, Iberoamérica es un factor decisivo de lo que Samir Amin[5] llama "acumulación internacional del capital". Gran parte del fruto de su crecimiento se transfiere a las potencias industriales por los circuitos financieros y mercantiles de las transnacionales y a la banca internacional (nuestra deuda externa supera los 100.000 millones de dólares). Otra parte substancial queda retenida en manos de la "elite oligárquica" ligada a aquéllas. Las masas populares deben resignarse apenas con las migajas°.

°reveal

°en... within the framework of underdevelopment and dependence

°crumbs

La Iberoamérica potencial o posible

¿Por qué, poseyendo tantas riquezas naturales, tanta fuerza de trabajo capacitada, centenares de técnicos latinoamericanos emigran a los Estados Unidos y Europa?, ¿por qué creciendo económicamente a ritmos auspiciosos, nuestros pueblos son cada vez más pobres? La respuesta del Dr. Iglesias es que hace falta "voluntad política" para cambiar esta realidad contradictoria y dramática. Esa nueva "voluntad política" ¿cómo debe orientarse, qué estrategia debe asumir, qué objetivos debe perseguir?

La respuesta cepalina° se refiere a tres claves primordiales: 1) Iberoamérica debe integrarse orgánicamente y acrecer° verticalmente su formidable capacidad de negociación, para crear un nuevo orden económico internacional en que no sea la víctima de la expoliación foránea y el "parachoque"° de la crisis mundial. 2) Debe optar por un modelo de desarrollo autónomo, que no dependa tanto de la economía mundial "internacionalizada". Dicho más claramente, debe adoptar una estrategia de desarrollo nacional y anti-imperialista. 3) Para cumplir los dos requisitos anteriores, la intervención del Estado como protagonista medular° del desarrollo es esencial. Sin que, por eso, la empresa privada deje de cumplir un rol eficiente y complementario.

¿Pero cómo crear esa "voluntad política"? En definitiva ¿en qué consiste, cuál es su substancia? Para responder a tan urticantes preguntas° debemos empezar por responder a otra que es, indisputablemente, previa. ¿Qué sectores sociales gobiernan hoy las repúblicas al sur del río Bravo? ¿Quiénes tienen en sus manos la responsabilidad de la conducción económica y política? Es muy simple: la "elite oligárquica", íntimamente asociada a las transnacionales. Es lo que explica que su estrategia económica favorezca exclusivamente sus intereses y los de sus socios° extranjeros más poderosos.

Las masas no participan ni en la elaboración de las decisiones políticas y económicas trascendentes en la mayoría de los países iberoamericanos. Ése es el quid° del problema. Ésa es la llave del futuro. Sólo cuando las masas populares posean los controles del Estado y estén en condiciones de estructurar y aplicar una estrategia de desarrollo económico y justicia social, tendremos conformada esa "voluntad política" a que se refiere el Dr. Iglesias.

En suma: Iberoamérica enfrentará los "desafíos de los 80" triunfalmente, sólo por medio de la democracia pluralista efectiva, en cuyas instituciones las masas populares encuentren los medios para lograr las profundas transformaciones que se requieren, urgentemente, si se desea detener esta carrera loca hacia el abismo. El problema de la democracia política, de la vigencia plena de los derechos elementales del ciudadano, es la clave de bóveda del porvenir. Sólo en el régimen democrático los pueblos podrán constituir partidos políticos genuinos que expresen cabalmente sus necesidades, sólo en el encuadre de las instituciones democráticas podrán constituirse sindicatos obreros libres y poderosos, cooperativas, y todo tipo de organizaciones populares que garanticen la activa participación de las grandes mayorías sumergidas en la vida política.

Por fortuna, el horizonte de la historia presente de nuestro continente da paso al optimismo. La "democratización" de nuestros sistemas políticos avanza gradual, pero firmemente. El proceso institucional del Brasil, las elecciones para Constituyente de Perú, los limpios comicios de Colombia, Venezuela, República Dominicana, y Ecuador, son pasos en el buen rumbo.

Notas

1 *CEPAL:* Comisión Económica para América Latina. Agencia establecida en 1948 por las Naciones Unidas con el fin de fomentar el crecimiento de la economía en los países latinoamericanos. Su director más destacado ha sido Raúl Prebisch.
2 *PBI:* Producto Bruto Interno, la suma de los bienes y servicios producidos por un país en un año.
3 *industrialización sustitutiva de exportaciones no tradicionales:* Los países cuya economía ha dependido tradicionalmente de la exportación de materias primas (carne en la Argentina, lana en el Uruguay) intentan diversificarse mediante la creación de industrias que produzcan otros productos exportables (automóviles, barcos, etcétera), y de esa forma no están sujetos a las variaciones del mercado mundial.
4 *economía intermedia:* Definición de la economía latinoamericana para diferenciarla de otros países del mundo, como en Africa o en Asia donde las condiciones son mucho más primitivas, y también para no confundirla con las estructuras de los Estados Unidos o Europa Occidental que son calificadas de economía plenamente desarrollada.
5 *Samir Amín:* Economista egipcio, nacido en 1931.

LA ECONOMÍA: EL HOMBRE Y SU DINERO

Cuestionario

1 ¿Cómo ha sufrido el mundo iberoamericano por la crisis del capitalismo internacional?
2 ¿Qué quiere decir la integración en la economía mundial?
3 En el futuro, ¿cree usted que va a haber más desempleo?
4 ¿Hay recursos para resolver los problemas tanto sociales como humanos?
5 ¿Conduce el crecimiento económico al desarrollo de un país?
6 Comente sobre las diferencias entre la economía de los Estados Unidos y las de América Latina.

América Latina y la recesión
Ted Córdova-Claure
OPINIONES LATINOAMERICANAS

Miami, abril de 1979

Milton Friedman, el gran gurú de la economía norteamericana, ya ha lanzado una de sus infalibles°: en 1979 se iniciará un proceso de recesión en Estados Unidos y lo peor es que América Latina, la región más dependiente en el área del dólar, está tan desguarnecida° que inevitablemente será arrastrada°, a menos que cada gobierno tome medidas ahora mismo, en medio de un proceso inflacionario evidente.

    Poco después de su pronóstico°, calculado para después del primer trimestre del año en curso, Friedman hizo otras proyecciones en la revista *Newsweek* que dejan a los economistas estatales con la piel de gallina°. En un estudio comparativo entre la administración de Jimmy Carter y las gestiones previas de los presidentes Gerald Ford y Richard Nixon, el economista de Chicago —Premio Nobel de 1977—, señala que el actual gobierno de Washington está cometiendo los mismos errores del pasado reciente en cuanto a control de precios, política del dólar, gastos fiscales, y reservas de oro. Y recuerda una frase del escritor-filósofo George Santayana que de paso puede resultar útil para reflexionar para cualquier gobernante de nuestro continente: "Aquellos que no recuerdan el pasado, están condenados a repetirlo." (Esta frase, curiosamente, fue utilizada por el fanático Jim Jones[1] en los suicidios colectivos de Guyana).

    infallible predictions

    unprotected / dragged along

    prediction

    con... with goose flesh

A los sombríos pronósticos de Friedman hay que añadir forzosamente el anuncio de la Organización de Países Exportadores de Petróleo (OPEP) sobre los aumentos de precio de un promedio anual del 10% en la reunión de fines de diciembre en Abu Dhabi, país petrolero de las Mil y una Noches en el Golfo Pérsico y los aún más recientes aumentos ante la prolongada crisis de Irán.

Fueron los ministros de Petróleo de Venezuela y Arabia Saudita, Valentín Hernández y Jeque Yamani, los que articularon el sistema por el cual cada tres meses, de acuerdo con el índice de inflación° de los países industrializados, el petróleo subiría automáticamente. Es evidentemente un sistema de indexación original, pero que podría tener funestas consecuencias° si el índice de medida es precisamente el de la inflación que pronostica Friedman como consecuencia de la recesión en Estados Unidos, que sería de mucho más que el 10 o 14%.

índice... rate of inflation

funestas... dire consequences

Los voceros° de los países petroleros suelen decir generosamente que buscarán mecanismos para evitar que estas alzas petroleras dañen las economías de los países en desarrollo que carecen de hidrocarburos. Pero esas buenas intenciones están lejos de concretarse por diversas razones políticas, económicas, y regionalistas.

spokesmen

Panorama latinoamericano

Lo cierto es que las predicciones de Friedman y los anuncios de la OPEP deberían ser argumento suficiente como para alarmar a los gobernanates latinoamericanos, particularmente a las dictaduras militares del Cono Sur que siguen empeñadas en un costoso juego fanfarrón° de una guerra que ni siquiera se va a producir (lo que da una medida exacta de la naturaleza de sus gobernantes).

costoso... costly bluff

Hay países, como México y Venezuela, que aparentemente no tienen por qué temerle a la amenazante ecuación de recesión en USA igual a inflación en América Latina. Venezuela porque es un país petrolero con un sistema político democrático establece que a los 10.000 millones de dólares que recolecta anualmente por la venta del "oro negro" —con una política conservacionista que restringe la producción— ahora podrá sumarle 1.000 millones más solamente por el alza de esta Navidad en el precio petrolero.

En cuanto a México, la sucesión de hallazgos° petroleros está

discoveries

LA ECONOMÍA: EL HOMBRE Y SU DINERO

creando una sensación de seguridad tal que, con la visita del Rey de España, los mexicanos han comenzado a coquetear° abiertamente con el mercado consumidor de petróleo de Europa Occidental y, con la reciente visita de Carter, se han enfrentado a su fuente más próxima y casi natural al otro lado del río Grande.

Otras naciones, como Colombia, tienen maneras de solventar° sus economías o aun pasar la tormenta aplicando el negocio ilícito del tráfico de marihuana. Para Colombia, la exportación de marihuana es un factor decisivo en la balanza de pagos.

En Brasil, debido a su enorme importación de petróleo y a una deuda externa de unos 30.000 millones de dólares, la situación es difícil, pero existe un factor de confianza con el tránsito del gobierno de Ernesto Geisel al general João Batista Figueiredo, y es que éste prometió seguir adelante con el proceso de la democratización, un asunto que inspira confianza en el país, abre el optimismo y consolida la inversión extranjera.

Distinto es el caso de Argentina que está haciendo cuantiosos gastos en armamento, mientras su economía sigue sometida a un proceso inflacionario sin fin°. Es cierto que el hábil ministro Martínez de Hoz ha conseguido subir las reservas del país de casi nada —como estaba con Isabel Perón— a más de 6.000 millones de dólares. Pero tal parece que buena parte de esta suma será drenada° en el desenfrenado° armamentismo.

Parecido es el caso de Chile, donde si bien el índice de inflación ha sido reducido, en parte por la política aconsejada por los muchachos de la escuela de Chicago (discípulos de Friedman), la situación económica interna sigue siendo desastrosa y los gastos de armamento son aun mayores, proporcionalmente, que los de Argentina. Chile está comprando armamento de Israel, por ejemplo, a precios más altos que lo normal. Mercaderes de armamentos le suministran a Chile lo que el bloqueo de armas de Estados Unidos le impide obtener, pero a precios más altos. Pero Chile ha gastado en 1978 cerca de 1.500 millones de dólares en armamentos, incluyendo equipo de alta montaña y blindado° para escalar° los Andes.[2]

El caso del Perú es un poco más crónico, aunque ha seguido adquiriendo armamento a pesar de una economía desfasada° que ha sido entregada prácticamente para la cirujía° —siempre dolorosa para los pueblos— del Fondo Monetario Internacional. Una de las últimas adquisiciones de Perú ha sido equipo para transportar tanques. Más de cien camiones con acoplados para llevar

flirt

keep solvent

proceso... endless inflationary spiral

consumed / uncontrolled

armored / scale

out-of-phase
surgery

LA ECONOMÍA: EL HOMBRE Y SU DINERO 216

tanques a mayor velocidad°, por terrenos planos. Los vehículos están dotados con coronas y calentadores° para funcionar por caminos a grandes alturas.

    En Bolivia el caso es diferente, en parte por la clara intención de avanzar hacia la democracia que tiene el gobierno militar.³ Sin embargo, no se produce un ordenamiento de la economía, aunque el general David Padilla acaba de anunciar un plan de estabilización que no contempla la devaluación del peso boliviano (oficialmente a 20 por dólar). Pese a la baja de la producción petrolera° y a la casi total ausencia de una política energética, la venta de gas a Brasil —si se concreta— ofrece buenas perspectivas, y los minerales se mantendrán en su precio en los próximos meses.

con... couplings to pull tanks at high speed / *dotados...* equipped with tops and heaters

baja... decrease in oil production

Notas

1 *Jim Jones:* Dirigente del Templo del Pueblo, una secta religiosa que había establecido una granja (ranch) en Guyana. En noviembre de 1978 el Diputado norteamericano Leo Ryan, preocupado por la suerte de varios californianos que estaban allí, inició una investigación. Cuando llegó a Jonestown, fue asesinado por los colaboradores de Jones, quien tuvo miedo de la intervención de las autoridades y convenció a sus feligreses para que se suicidaran colectivamente. Novecientas personas murieron al tomar pastillas de cianuro disueltas en limonada.

2 *escalar los Andes:* Un ejército latinoamericano puede poseer el equipo más moderno, pero de poco puede servir si no es capaz de vencer los formidables obstáculos naturales que presenta la geografía latinoamericana. La barrera montañosa que separa Chile de la Argentina se llama cordillera de los Andes. Su monte más alto, el Aconcagua, tiene 6.900 metros de altura.

3 *el gobierno militar:* A pesar de los buenos deseos del periodista y de las intenciones de los militares, los acontecimientos posteriores fueron muy diferentes. Desde que en 1969 se derrocó al Presidente constitucional Siles Salinas, ha habido una sucesión de regímenes militares. Ovando Candia de 1969 a 1970, sustituido por el general Torres en 1970, quien a su vez fue derribado por Hugo Bánzer en 1971. En 1978 el general Juan Pereda sustituyó a Bánzer, para que en el período 1978–79 Padilla esperara el regreso a la constitucionalidad. Sin embargo, otra intentona militar evitó al proceso, que se resolvió mediante la designación de la Presidente de la Cámara de Representantes, Guiler, como Presidenta provisional. Cuando Siles Suazo ganó las elecciones de 1980, en julio se produjo el golpe de estado del general García Meza, quien a su vez fue destituido por otra junta militar en 1981.

Cuestionario

1 ¿Por qué la inflación norteamericana repercute en la economía de América Latina?
2 ¿Por qué México y Venezuela son distintos del resto de América Latina?

3 ¿Por qué es difícil la situación del Brasil?
4 Resuma este artículo en un par de cortos párrafos.
5 ¿Cree usted que es justo que la economía de los países latinoamericanos dependa del mundo industrializado y de los países que tienen petróleo? ¿Cómo podría cambiar esta situación? Si usted fuera Presidente de los Estados Unidos, ¿qué recomendaría hacer con respecto a las relaciones entre Norteamérica y los países de América Latina? ¿Recomendaría ayuda económica, o bien preferiría organizar programas de adiestramiento?

Se acaba el agua
Arnulfo Sánchez*
EL TIEMPO

Bogotá, 13 de noviembre de 1979

Atraídos por el cultivo de la marihuana, millares de campesinos han regresado a la cuenca hidrográfica° del río Villanueva, situada en la parte sur de la Guajira,¹ sostiene el grupo ecológico de la Universidad del Tolima.²

El cultivo de marihuana, ilegal para el Estado, salvador° para los campesinos, está acabando con el agua y la vegetación.

Villanueva, en la Guajira, polo de atracción° del cultivo de la yerba, vive sin agua. Cuando llueve el acueducto suspende el servicio porque los tanques y los filtros se llenan de sedimentos. Cuando no llueve el servicio se autosuspende°.

En una investigación realizada por los ingenieros forestales, se estableció que las condiciones antitécnicas° de la preparación de la tierra en esa región, con base en quemas°, ha ocasionado la desaparición de especies vegetales y faunísticas° en gran escala. El cedro°, la caoba°, son especies maderables° en vía de extinción. En cuanto a la fauna, que era muy rica y variada en conejos, venados°, guaguas°, ya está totalmente extinguida por la caza° sin control y la muerte indiscriminada de todas las especies.

"Recientemente —dice el grupo ecológico dirigido por Gonzalo Palomino— ha ocurrido un gran cambio económico al incrementarse el cultivo de la marihuana, con financiación, transporte, y mercado asegurados, con precios de venta que permiten un

cuenca...	river basin
savior	
polo...	center of growth
turns itself off	
unscientific	
con...	by burning
animal	
cedar / mahogany / of timber	
deer / pacas (beaverlike animals) / hunting	

* *Arnulfo Sánchez:* Periodista colombiano.

margen de utilidad° hasta cien veces más que cualquier otra actividad agropecuaria°, y sin los problemas de cultivos de otras especies vegetales. La ilegal marihuana ha logrado el milagro de que estos campesinos vuelvan a la cuenca e intenten sanear económicamente su finca°, con el beneplácito° de la Caja Agraria,[3] que está recuperando gran parte de una cartera° perdida.

"Si antes de la marihuana —agrega el groupo ecológico— los rendimientos agropecuarios eran improductivos, después de la yerba lo son peores especialmente porque los jornales° se elevaron al nivel del cultivo ilegal, en el cual se pagan 800 pesos diarios ($20.00, aproximadamente). El campesino se ve entonces obligado a adoptar su cultivo; otros, tradicionalistas, prefirieron vender sus predios° a los marimberos°. Este proceso sin alternativas está convirtiendo a la cuenca en una gran cultivadora de marihuana, porque además del retorno de los campesinos establecidos con anterioridad, está llegando más gente de otros partes del país atraídas por los altos salarios."

Sostiene el grupo investigador que la "marihuanización" de la cuenca trae serios perjuicios a las zonas agrícolas donde los cultivadores de algodón se están viendo obligados a mecanizar todas las labores de cultivo, hasta la recolección°, porque cada vez es más difícil conseguir mano de obra°.

Lo anterior ha traído como consecuencia el desplazamiento° de otros cultivos como frutas, verduras, hortalizas, y legumbres[4] en los cuales, además, ya se siente la escasez de agua.

Notas

1 *Guajira:* Departamento de Colombia situado en su extremo oriental.
2 *Tolima:* El Tolima es un monte de Colombia, de 5.620 metros de altura, situado cerca de Ibagué, la capital del Departamento colombiano que tiene el mismo nombre.
3 *Caja Agraria:* Institución financiera que se dedica a conceder préstamos a los propietarios y cultivadores.
4 *verduras, hortalizas, y legumbres:* Estos tres términos se usan frecuentemente intercambiados. En sentido estricto, *verduras* son las plantas de color verde; *hortalizas* son las plantas cultivadas en las huertas; y *legumbres* son las plantas que se

crían en vainas (*husks, pods*). Todos los términos equivalen al inglés *vegetables*.

Cuestionario

1 Según el artículo, ¿por qué se está acabando con el agua y la vegetación en la parte sur de la Guajira en Colombia?
2 ¿Cuáles son las especies de árboles que están en vía de extinción?
3 ¿Por qué se ve obligado el campesino a adoptar el cultivo de la marihuana?
4 ¿Qué medidas tomaría usted, como político colombiano, para que esta región no aumentara el cultivo de la marihuana? ¿Cree usted que se puede terminar con el cultivo de esta yerba?
5 ¿Conoce usted algunos beneficios medicinales de la marihuana? Comente sobre este tema.

TELEFONO
FARMACIA
Si quieres
la
democracia
VOTA
La democracia
la hacemos
entre todos
VOTANDO

CAPÍTULO 7
La democracia en España

El 18 de julio de 1936, el general Francisco Franco se rebeló al frente de una parte del Ejército contra la II República española y el resultado fue la Guerra Civil que terminó el 1 de abril de 1939 con la victoria del bando franquista. El 20 de noviembre de 1975, Franco falleció tras una larga enfermedad. Durante todos esos años España fue gobernada con mano dura, y el general tenía prevista la continuidad del sistema con el nombramiento° de Juan Carlos I como su heredero. Pero solamente un año más tarde, en diciembre de 1976, se aprobaba la reforma que hacía posibles las elecciones de junio de 1977 y el triunfo del partido de Adolfo Suárez. El 8 de diciembre de 1978, España aprobaba una nueva constitución y el camino de la democracia se abría definitivamente.

    El 29 de enero de 1981, el régimen democrático español experimentaba el primer cambio importante con la dimisión del presidente Suárez. El 23 de febrero del mismo año se produjo el primer incidente grave de amenaza al proceso constitucional: un grupo de Guardias Civiles mandados por el teniente coronel Antonio Tejedo Molina tomó el edificio del Congreso mientras los diputados estaban aprobando el nombramiento del nuevo Presidente del Gobierno, y anunciaron el establecimiento de un gobierno militar. Horas más tarde se rindieron cuando el Rey Juan Carlos I conservó al apoyo del Ejército y del pueblo español.

          appointment

LA DEMOCRACIA EN ESPAÑA

Las dos notas de *Cambio 16* tituladas "Suárez, candidato" y "Felipe González abandona el marxismo" se refieren a dos decisiones importantísimas en la transición española a la democracia. En la primera se anuncia la decisión del que entonces era Presidente del Gobierno español a presentarse como candidato a las primeras elecciones democráticas celebradas en España desde 1936. La segunda habla del abandono por parte del líder de los socialistas españoles de rechazar los métodos marxistas para su partido, con lo que lo acercaba más hacia las tendencias socialdemócratas de otros partidos socialistas europeos. Las notas con las declaraciones del dirigente socialista ("Cree Felipe González que España tendrá estabilidad democrática") y de Suárez ("El triunfo de UCD") dan una idea acerca de sus ideales y posiciones.

"Juan Carlos llegó en moto" y "El Rey del cambio" tratan de la personalidad sencilla y prestigiosa de Juan Carlos I, quien de ser una figura oscura durante los últimos años del franquismo ha demostrado ser una pieza imprescindible en el desarrollo democrático español. Finalmente, el editorial titulado "El día de la victoria" celebra la llegada de la democracia al tiempo que recuerda el camino recorrido desde la dictadura.

Este capítulo trata de ser un homenaje a la prensa española por haber ayudado a recuperar la democracia y mejorarla. Los artículos que aquí se incluyen son un himno a los valores de las libertades individuales y colectivas existentes en la mayoría de los países del mundo occidental. Pero no siempre la prensa española ha sido tan alegre al tratar estos temas políticos e incluso en la actualidad pasa por una etapa de riesgos y problemas.

Por una parte, los diarios reciben los ataques violentos del terrorismo de izquierda y de derecha por no estar de acuerdo con los puntos de vista expresados en las páginas periodísticas.

Por otra parte, a pesar de que la nueva Constitución de 1978 reconoce la total libertad de expresión, la prensa española tiene constantes problemas con las autoridades administrativas y tribunales. Esto se debe a que las estructuras legales todavía no están a tono° con las nuevas realidades democráticas. Hay que recordar que durante el franquismo, España sufrió una censura implacable, sobre todo hasta 1968 cuando se aprobó la Ley de Prensa. Hasta entonces todos los textos debían ser presentados previamente al gobierno y eran devueltos con

a... in tune

claras indicaciones en tinta roja. Los periodistas sabían de qué temas hablar y qué asuntos era mejor olvidar.

Desde 1968 hasta la muerte de Franco, el sistema varió algo. En lugar de tener que presentar el texto, se declaraba la libertad de expresión, pero se advertía que los periodistas eran responsables de lo que publicaban. Con la llegada de la democracia, algunos de estos problemas subsisten: unos directores de periódicos son multados por supuestos insultos al Ejército, a otros se les pide que revelen les fuentes de información, y los tribunales son inundados de causas por posibles calumnias. El resultado es que el oficio de periodista se ha convertido en uno de los más peligrosos de España y para el que se necesita una vocación fuera de lo común.

Suárez, candidato
CAMBIO 16

Madrid, 8 de mayo de 1977

A 10.000 metros de altura y a bordo de un DC-8, el presidente Suárez[1] confirmó, horas antes de tocar suelo mexicano en la tarde del domingo 24, que se presentaría como candidato a las elecciones de junio. Una encuesta° no oficial hecha pública el jueves 21 reveló que, de presentarse, Suárez, el primer jefe de Gobierno español que visita México y los Estados Unidos oficialmente, sería favorito claro en Madrid.

poll

Nota

1 *Suárez:* Adolfo Suárez González. Nació en Avila en 1931 y fue Presidente del Gobierno español de 1976 a 1981. Secretario General de Unión de Centro Democrático (UCD), partido político que salió vencedor en las elecciones de junio de 1977 y en las de marzo de 1979. Dimitió de su cargo en enero de 1981.

LA DEMOCRACIA EN ESPAÑA

A la derecha, Adolfo Suárez

Cuestionario

1 ¿Quién es Suárez?
2 ¿Qué países visitó?
3 ¿Cómo fue a México?
4 ¿Cree usted que es buena idea que el Primer Ministro de un país viaje tanto? ¿Por qué?
5 ¿Cree usted que el Gobierno de los Estados Unidos debe apoyar al Primer Ministro (Presidente) español? ¿Por qué?

Felipe González abandona el marxismo
CAMBIO 16

Madrid, 7 de enero de 1979

Felipe González,[1] Secretario General del Partido Socialista Obrero Español, tiene decidido presentar una propuesta al Congreso del Partido a celebrar en el mes de marzo, para abandonar el marxismo. Aunque la propuesta será "contestada" en algunos sectores de la base,[2] todo indica que será aprobada.

Notas

1 *Felipe González:* Nació en Sevilla en 1942, es abogado y aspira a ser Presidente del Gobierno español con su partido, el PSOE.
2 *sectores de la base:* Los afiliados del partido.

Cuestionario

1 ¿Quién es Felipe González?
2 ¿Qué es el PSOE?
3 ¿Qué es el marxismo?
4 ¿Cree usted que es buena idea eliminar el marxismo en la actividad del partido socialista? Que usted sepa, ¿cuáles son las diferencias o semejanzas entre el marxismo y el socialismo que representa Felipe González?

Juan Carlos llegó en moto
EL CORREO CATALÁN

Barcelona, 28 de febrero de 1979

El Rey don Juan Carlos[1] estuvo la semana pasada en el Palacio de La Moncloa[2] para visitar al presidente Suárez, quien se hallaba aquejando de una laringitis aguda°. Según recoge *Diario 16*, el Rey se trasladó en motocicleta (deporte al que es gran aficionado) desde el palacio de La Zarzuela[3] hasta la sede de la Presidencia.

Cuando llegó a la puerta de acceso a los jardines se despojó del casco protector° y se identificó ante los servicios de vigilancia que allí monta la Guardia Civil.[4] El sargento escuchó la explicación que le daba el Rey, pero pareció dudar respecto a si le franqueaba° o no la entrada, aunque dijo que, efectivamente, creía que se trataba del Rey en persona.

Las dudas del sargento quedaron despejadas° cuando a los pocos minutos llegaba la escolta de don Juan Carlos en automóvil, que no había podido seguir al Rey a la misma velocidad en el trayecto.

aquejando... suffering from acute laryngitis

se... he removed his protective helmet

permit

quedaron... were removed

Notas

1 *Juan Carlos:* Juan Carlos I de Borbón, Rey de España (1975). Nació en 1938, está casado con la Reina Sofía, y tiene tres hijos.
2 *La Moncloa:* Residencia oficial del Presidente del Gobierno (Primer Ministro) español.

LA DEMOCRACIA EN ESPAÑA

Juan Carlos, aficionado a los deportes

3 *La Zarzuela:* Palacete residencial de los Reyes de España, situado en las afueras de Madrid.
4 *Guardia Civil:* Cuerpo armado de seguridad que se encarga del orden en las zonas rurales y otras misiones en las capitales.

Cuestionario

1 ¿Quién llegó a La Moncloa?
2 ¿Cómo llegó?
3 ¿Quién lo detuvo?
4 Imagine las primeras palabras entre el Rey y el sargento de la guardia. Transcriba la conversación.
5 Supongamos que el sargento no le dejó entrar y el Rey tuvo que volverse a su residencia. Repita el artículo, pero cambiando los hechos.
6 ¿Cree usted que el Rey debe ir en motocicleta? ¿Cree usted que un Rey necesita escolta de protección? ¿Por qué?

Cree Felipe González que España tendrá estabilidad democrática
EFE

Madrid, 16 de mayo de 1978

El secretario general del Partido Socialista Obrero Español (PSOE) Felipe González auguró° aquí que su país va a pasar por una etapa de "estabilidad democrática prolongada".   predicted

    Durante su permanencia en tránsito hacia Caracas en el aeropuerto internacional de Lima, Felipe González se sometió a una intensa conferencia de prensa donde contestó a todas las preguntas sin vacilar y con cordialidad.

    Al ser interrogado sobre las perspectivas de desarrollo político en España, manifestó: "En mi país la excepción a la regla ha sido la democracia, en tanto que normalmente la regla han sido regímenes fuertes y autoritarios."

    El dirigente socialista también señaló que el pueblo tiene una "conciencia democrática profunda" y opinó que actualmente España está en el trance justo° para superar las etapas de "inestabilidad política y dictadura".   *está...* is at the critical stage

    Advirtió que tendía por dicha superación "como un camino a esa sociedad que queremos". Modestamente replicó° también que el ascenso del PSOE al primer plano de la actualidad hispana no se debía a ningún milagro político, como le insinuó un periodista local.   responded

    En este sentido Felipe González dijo que en política los milagros no se dan. Se trata —aclaró— de un trabajo de muchos años,

LA DEMOCRACIA EN ESPAÑA 232

En el centro, Felipe González

muy intenso, de creación de una infraestructura muy sólida de partido°.

    El socialista español indicó que el pueblo identificó al Partido Socialista como lo que siempre fue una alternativa de cambios profundos hacia la igualdad y la justicia.

    En forma categórica rechazó° una insinuación de que su partido era de oposición radical a la coalición de centro gobernante en España.

    Aunque Felipe González reconoció que en muchos casos coincidieron con la unión de centro, dijo: "no somos irracionalmente opositores. Somos radicales si por tal se entiende racionales".

    "Nadie tiene toda la verdad en su mano, y esto hay que entenderlo", comentó.

    Con respecto a la ubicación del PSOE en relación con el socialismo democrático, manifestó que, los límites de su partido, desde el punto de vista ideológico, debían situarse entre la actitud marxista y la actitud social-demócrata consecuente°.

    Aclaró° que, por esta última entendía "no la social democracia que camufla° un planteamiento° liberal, sino la social democracia como una vía más lenta hacia la consecución° de una sociedad socialista".

solid party apparatus

En... He categorically rejected

rational
He stated
camouflages / program
attainment

Igualmente formuló algunas precisiones° sobre las relaciones con el partido comunista, especialmente con los denominados movimientos eurocomunistas.[1]

"Tengo la esperanza —reflexionó Felipe González— que si el comunismo supera sus propias contradicciones internas de centralismo democrático, algún día podríamos colaborar como en los años 20".

Felipe González no se mostró partidario, en cambio, de un frente popular o de izquierdas para el momento político español. Refiriéndose a la posibilidad de formar un frente popular, dijo que "en la situación actual de España (y estimó que también así lo creen los comunistas), un frente de unidad popular podría desestabilizar la democracia".

Tras señalar que no siempre se puede gobernar aunque se tenga el 51 por ciento de los votos, el político español advirtió que en España hay una gran tradición de una derecha golpista y reaccionaria° que probablemente con el 49 ó 48 por ciento de los votos tenga todavía más poder en términos de fuerza.

Resumió indicando que los frentes populares son un fenómeno social de un momento político determinado de un país y en todo caso de coyuntura política°.

El riesgo, insistió, es que pueden desestabilizar la democracia.

formuló... he made some clarifications

derecha... reactionary and coup-prone right wing

coyuntura... political circumstances

Nota

1 *Eurocomunista:* Los partidos comunistas de algunos países de la Europa Occidental pusieron en funcionamiento una nueva estrategia con el fin de captar mayor número de votos. Su tesis central consiste en establecer una independencia con respecto a la Unión Soviética. Santiago Carrillo, español, y Enrico Berlinguer, italiano, son sus representantes más destacados.

Cuestionario

1 ¿Es Felipe González optimista acerca del futuro político español?
2 ¿Dónde hizo estas declaraciones?

3 ¿Cuál ha sido la tradición política española?
4 ¿Qué piensa Felipe González de la UCD?
5 Resuma este artículo en un párrafo que solamente contenga los datos básicos sin citas.
6 ¿Cree usted que es necesaria la estabilidad democrática en España? ¿Hay otra alternativa?
7 ¿Le gustaría a usted ser Secretario General del Partido Socialista Obrero Español? ¿Qué haría usted por los trabajadores?

El triunfo de UCD
EL PAÍS

Madrid, 16 de marzo de 1979

La victoria electoral de Unión de Centro Democrático (UCD)[1] coloca al Presidente en funciones del Gobierno, Adolfo Suárez, en situación muy favorable para formar un Gabinete capaz de obtener el respaldo° del Congreso de los Diputados,[2] sin necesidad de formar coalición con ningún otro grupo a su izquierda o a su derecha.

    Los 167 escaños obtenidos por UCD ("dos más, dos menos", según la expresión ya consagrada° por el señor Martín Villa[3]) aún sin darle la mayoría absoluta de la Cámara —176—, le permiten gobernar en solitario o con la compañía de alguna minoría cuya dimensión le impedirá ser demasiado exigente. La subida de las tres bolsas[4] españolas —que registraron ayer alzas° espectaculares— y las reacciones internacionales, que auguran una consolidación del partido de Suárez, significan respaldos notables que favorecen con su continuidad en La Moncloa.

    La mecánica constitucional que se impone ahora se iniciará con las consultas del Rey[5] —que ayer recibió a Suárez— con los líderes políticos, previsas a la presentación de un candidato a la jefatura del Gobierno, que habrá de obtener, una vez que exponga° su programa ante el Contreso de los Diputados, la confianza de la mayoría absoluta de esta Cámara o, en su defecto, de la mayoría simple 48 horas después.

support

made famous

gains

una... once he describes

LA DEMOCRACIA EN ESPAÑA 236

Notas

1 *UCD:* Unión de Centro Democrático, el partido dirigido por Adolfo Suárez. Está compuesto por una coalición de grupos políticos de tendencia liberal, social-demócrata, y personas ligadas al sector progresista de los últimos gobiernos de Franco.
2 *Congreso de los Diputados:* La Cámara Baja del Parlamento español, los Cortes. Lo componen 360 diputados, elegidos entre los candidatos propuestos por los partidos políticos en proporción a la población de cada una de las 50 provincias españolas.
3 *Martín Villa:* Rodolfo Martín Villa, Ministro del Interior y de Administración Territorial en los últimos gobiernos presididos por Suárez.
4 *Las tres bolsas:* Los mercados de valores° de Madrid, Barcelona, y Bilbao.   *mercados...* stock exchanges
5 *El Rey:* Juan Carlos I. Según la Constitución aprobada en 1978, el Rey tiene el privilegio de nombrar al Presidente del Gobierno, respetando los resultados de las elecciones.

Cuestionario

1 ¿Qué partido ganó las elecciones?

2 ¿Qué tiene que hacer el Rey?
3 ¿Qué le pasó a la bolsa al término de las elecciones?
4 Reordene los hechos y datos contenidos en el artículo y escriba un párrafo corto que comience así: "La Unión de Centro Democrático obtuvo 167 escaños..."
5 ¿Le gustaría a usted ser Diputado en el Congreso Español? ¿Por qué?
6 ¿Quisiera usted vivir en La Moncloa? ¿Qué representa La Moncloa en la historia actual de España?

La consolidación de una democracia
EL PAÍS

Madrid, 16 de marzo de 1979

"Estoy pendiente° de conocer los resultados definitivos totales, y no puedo pronunciarme antes en ningún sentido", dijo ayer a primeras horas de la tarde el presidente Suárez al director de *El País* durante una breve conversación telefónica. El presidente, que se excusó de no hacer declaraciones por el momento, comentó, sin embargo, que consideraba un verdadero triunfo de UCD los resultados de las elecciones legislativas. "Es el fruto de un verdadero esfuerzo realizado durante la campaña, que hemos ido modificando. Hay que tener en cuenta de que partíamos muy bajos°, con ataques desde todos los partidos a UCD. Es el fruto, también, de la reacción del pueblo español, que ha decidido depositar su confianza en nosotros". Interrogado por significado del triunfo electoral, dijo que suponía "la consolidación de un modelo de democracia nueva inmersa en el mundo occidental, y caracterizada por la defensa de las libertades. Así se desarrollará la acción política de UCD. UCD realizará una política de contenido progresista tal y como se recoge en el programa que hemos defendido durante la campaña".

Por otro lado, el líder del PSOE, Felipe González, se mostró realista y tranquilo ayer por la noche, también en una conversación telefónica con el director de *El País*. Reconociendo los aspectos adversos que para su partido había tenido la jornada electoral°, dijo, no obstante, que "la experiencia es en su conjunto bastante positiva. Se mire como se mire° —puso de relieve— el PSOE ha aumentado tanto en votos populares como en escaños; UCD no ha mejorado mucho más sus posiciones que nuestro

anxiously waiting

partíamos... we started out behind

jornada... election day
Se... However you look at it

propio partido". Felipe González añadió que la jornada electoral había tenido dos frutos para el PSOE: la consolidación del voto socialista y la homogenización del partido a escala nacional°, poniendo de relieve en algunos lugares, como Cataluña o Galicia, los avances habían sido muy importantes. También se refirió al probable aumento de senadores socialistas. El primer secretario del PSOE se mostró satisfecho "de la campaña electoral y de su contenido. Hemos hecho una campaña honesta y limpia, limpieza y honestidad que no se han visto en otros partidos y que, sin embargo, luego no se han beneficiado de esas actitudes deshonestas". Felipe González insistió en que prefería no hacer más declaraciones hasta la rueda de prensa° que dará hoy a mediodía, y aseguró, por último, que la abstención, a su juicio, había dañado tanto o más al PSOE que a UCD. También se mostró muy preocupado por la situación que se puede crear tras las elecciones en el País Vasco.

escala... national level

rueda... news conference

Carrillo: "El PSOE debe gobernar con UCD"

Por su parte, el secretario general del PCE,[1] Santiago Carrillo,[2] declaró por teléfono al director de *El País* que, a su juicio, había dos conclusiones fundamentales. "La primera es que se ha demostrado que no hay bipartidismo en este país, y que no lo habrá nunca. La segunda es que no veo cómo UCD puede gobernar en solitario". Carrillo insistió en que se debía formar un Gobierno de coalición UCD-PSOE. "Y creo que el PSOE le irá bastante peor si no está en el Gobierno que si entra en él", añadió, para después explicar: "Estamos todavía en el período de transición. La aprobación de la Constitución no significa la total estabilización política, y quedan algunos temas por desarrollar, especialmente el de las autonomías,[3] que no permiten un juego de alternativas en el poder. Los resultados en el País Vasco son muy elocuentes al respecto". Al comentarle que si la izquierda (PCE más PSOE) hubiera ido unida a las elecciones, habría obtenido una gran cantidad de diputados frente a UCD, incluso la mayoría absoluta, el secretario general del PCE declaró: "En las condiciones del país de hoy no habría sido oportuno° ir a un Gobierno de izquierdas. No obstante, pienso que, aunque no es fácil, se puede ir ahora profundizando en una estrategia común de la izquierda dentro de una política de unidad democrática. Pero ya digo que no es fácil".

timely

Santiago Carrillo

    Respecto al resultado de las elecciones, dijo que consideraba que había sido un duro golpe° para el PSOE y personalmente también para Felipe. Los resultados del PCE los consideró un triunfo no espectacular, pero sí importante, puesto que ponen de relieve un ascenso generalizado de votos para el PCE. "Eso indica que no es el resultado del viento que sopla hoy°, sino el proceso de una organización. El salto° verdadero lo daremos dentro de cuatro años."[4]

duro... severe blow

del... of today's changing wind / leap forward

Notas

1 *PCE:* Partido Comunista de España.
2 *Carrillo:* Santiago Carrillo, secretario general del Partido Comunista de España.
3 *autonomías:* Una de las innovaciones del nuevo régimen político español es el establecimiento de gobiernos autónomos en algunas de las nacionalidades históricas (regiones), como Cataluña y el País Vasco.
4 *cuatro años:* Según la Constitución de 1978, cada cuatro años

los españoles deben votar a los miembros del Parlamento, y el partido que recibe la mayoría de los votos puede designar a su líder como Presidente del Gobierno, o jefe del poder ejecutivo. En 1979 el partido vencedor fue la Unión de Centro Democrático de Adolfo Suárez y el segundo el partido Socialista Obrero Español de Felipe González.

Cuestionario

1 ¿Cuál es el significado del triunfo de Suárez?
2 ¿Cuál sería su futura política?
3 ¿Qué opinó Felipe González?
4 ¿Qué dijo Carrillo?
5 ¿Cree usted que es justo que gane un partido con solamente el 34.7% de los votos? ¿Por qué?
6 ¿Le parece bueno que haya tantos partidos políticos? ¿Por qué?
7 ¿Por qué partido votaría usted? ¿Por qué?

Don Juan Carlos I: El Rey del cambio
CAMBIO 16

Madrid, 20 de marzo de 1979

En la primavera del año 76, el entonces ministro de Asuntos Exteriores del Gobierno Arias, José María de Areilza,[1] comentó en tono informal a unos periodistas: "El Rey es el motor del cambio". A punto de cumplirse los dos primeros años del reinado de don Juan Carlos I,[2] noveno Borbón en la historia de la Corona española, todos los observadores de la vida política nacional, sin distinción de matices°, han reconocido al monarca una responsabilidad decisiva y directa en la gestación de un significativo cambio político. "El Rey", se admite con unanimidad, "ha estado detrás de la vertiginosa transición de un Estado autoritario a un Estado democrático".

    Cuando el 23 de noviembre de 1975, don Juan Carlos I prestó juramento como Rey ante las Cortes franquistas,[3] no existían en España, al menos legalmente, los partidos políticos, muchos de sus líderes se hallaban incluso cumpliendo condenas°, las manifestaciones que no fueran de apoyo a la dictadura estaban prohibidas, toda mención a problemas nacionales de las regiones españolas era tenida por blasfemia, la imagen política de España, más allá de los Pirineos,[4] era la de una enorme quesera° aislada, y un viejísimo aparato burocrático de corte fascista controlaba, aparentemente, todo el mundo sindical y todos los cauces de acceso° a la política oficial. La jura del Rey se produjo precisamente ante lo que los sociólogos del franquismo han llamado la "España oficial",[5] caduca°, vieja y con la cabeza invadida de fantasmas de la guerra. En la calle, todavía sobrecogida° por la desaparición de

sin... no matter what their persuasion

cumpliendo... serving sentences

cheese factory

access roads

frail
overcome by surprise

la persona que durante casi cuarenta años había ocupado el poder de manera absoluta, se encontraba la "España real"[6] joven y llena de esperanzas. Cuando don Juan Carlos, en su primer discurso de monarca, anunció que se proponía ser "el Rey de todos los españoles", la impresión global fue de que las ventanas del poder se habían abierto al cabo de ocho lustros de encierro°.   *al...* after forty years of imprisonment

Más de dos siglos atrás, exactamente en 1701, la llegada a España del primer Borbón, el Rey Felipe V, había sido saludada con idéntica esperanza. Felipe V, joven y saludable, vino a suceder en el trono español al último de los Austrias.[7] Carlos II, un rey decrépito y enfermo que había concitado en torno suyo° una corte de comparsas, santones, y curanderos°. Pero si aquel paso, aun costoso, se cumplió con sencillez relativa°, al Rey Juan Carlos se le ofrecía un panorama, en verdad, complejo. Franco había anunciado antes de su muerte que todo quedaría "atado y bien atado".[8] Las instituciones por él creadas, aparentemente, estables, suponían sobre el papel una barrera de contención contra cualquier innovación que atentara contra su subsistencia. El nuevo Rey dio desde un principio, sin embargo, muestras inequívocas de susconvicciones demócratas. El termómetro internacional de las cancillerías europeas marcaba, además, temperaturas inequívocas: a los funerales de Franco habían asistido segundas filas de los gobiernos occidentales; en la coronación del Rey estuvieron presentes, por el contrario, los responsables directos de ese mismo poder. Y a los seis meses de reinado, don Juan Carlos de Borbón viajaba a la República Dominicana y a los Estados Unidos: era el primer viaje oficial de un Jefe de Estado español al extranjero en casi cuarenta años. El cerco° internacional contra el Estado fascista estaba roto. Sucesivas visitas a Francia, Italia, Alemania, Colombia, y Venezuela confirmaban el crédito internacional abierto a la Monarquía española y, al tiempo, don Juan Carlos confirmaba su condición de "rey viajero".

había... had gathered about him
comparsas... supernumeraries, hypocrites, and quacks / *con...* relatively simply

blockade

Ese crédito estaba avalado°, además, por los cambios sucesivos que, alentados entre bastidores° por el monarca, iban transformando la cara política de la vieja piel de toro°. Año y medio después de la muerte del dictador, se celebraban en España elecciones generales de las que saldrían constituídas las primeras Cortes españolas, elegidas por sufragio universal, desde 1936.[9] Ocho años después de haber sido designado sucesor, a título de Rey, por Franco y su parlamento dócil de comparsas, el propio don Juan Carlos abría la primera sesión de las nuevas Cortes y proclamaba su deseo de ser un monarca constitucional. Pero,

endorsed
alentados... secretly encouraged / *piel...* old guard

La Familia Real

entre aquel primer discurso de noviembre de 1975 y el último del reciente julio, la vida española había sufrido un cambio radical.

Los partidos políticos fueron legalizados sin excepciones, y los comunistas pudieron acudir a las urnas°. El derecho de manifestación fue regularizado convenientemente, el sindicalismo vertical[10] fue desmontado desde arriba°, y las centrales sindicales que habían operado en la ilegalidad durante años recibieron carta de naturaleza°. Los símbolos de la Guerra Civil empezaron poco a poco a ser borrados° del mapa. La herencia franquista, una monarquía cargada de hipotecas°, ha sido superada. En mayo de ese mismo año Don Juan de Borbón[11] hizo renuncia a sus derechos como Jefe de la Familia Real española en favor del actual Rey.

Nacido en Roma en 1938, el Rey cumplirá el próximo enero 40 años. Tras vivir su infancia en Roma, Suiza, y Portugal, acompañando el éxodo de la familia real española, don Juan Carlos llegó a España, por primera vez, en 1948, cuando contaba 10 años de edad. Estudió en Madrid y San Sebastián el bachillerato,[12] para después cursar estudios en las tres academias militares nacionales y en diversas facultades de la Universidad de Madrid.

acudir... to go to the voting places
desmontado... disassembled from above
carta... naturalization papers / erased
cargada... loaded with debts

En 1962, contrajo matrimonio con doña Sofía de Grecia, hija del rey Pablo y de la reina Federica.[13] La infanta Elena de 13 años, la infanta Cristina de 12 y el príncipe Felipe, de 9, heredero de la Corona española, son los tres hijos de un Rey que, en opinión de un comentarista político español, "ha reinado y gobernado con prudencia".

Notas

1. *Areilza:* Político liberal que era embajador de España en los Estados durante el régimen de Franco. A la muerte de éste fue nombrado Ministro de Asuntos Exteriores. Es dirigente del partido conservador Coalición Democrática.
2. *Don Juan Carlos I:* Juan Carlos de Borbón y Borbón, hijo de don Juan y nieto de Alfonso XIII, el monarca español que renunció al trono en 1931.
3. *Cortes franquistas:* El parlamento español durante la época de Franco.
4. *Pirineos:* La expresión se refiere al aislamiento geográfico y a las diferencias culturales con el resto de Europa.
5. *España oficial:* Expresión que denota la actuación gubernamental, aislada de la evolución social.
6. *España real:* Expresión que se refiere al funcionamiento del país en su vida cotidiana.
7. *Austrias:* Dinastía de los Hapsburgo, que antecedieron a los Borbones en el trono español.
8. *atado y bien atado:* Expresión que se atribuye a Franco y que quería significar que nada cambiaría a su muerte.
9. *1936:* Principio de la Guerra Civil que terminó en 1939; ese año se celebraron las elecciones legislativas con el triunfo de los partidos de izquierda.
10. *sindicalismo vertical:* La organización laboral creada por el franquismo, de asociación obligatoria.
11. *Juan de Borbón:* Padre del Rey Juan Carlos I, hijo de Alfonso XIII, que heredó los derechos de su dinastía y no renunció a ellos hasta que su hijo fue instaurado como Rey.
12. *bachillerato:* Serie de cuatro cursos que aproximadamente equivalen a "Senior High". Anteriormente eran seis años, que se cursaban entre los 11 y los 17 años.

13 *Pablo de Grecia y la reina Federica:* Su hijo Constantino heredó el trono y luego se exilió.

Cuestionario

1 ¿Quién dijo por primera vez que "el Rey es el motor del cambio"?
2 ¿Quién inició la dinastía de los Borbones en España?
3 ¿A qué países viajó Juan Carlos?
4 ¿Dónde nació el Rey? ¿Dónde estudió? ¿Con quién está casado? Resuma usted una mínima biografía de un solo párrafo con los datos básicos de Juan Carlos I.
5 ¿Qué opinión tiene usted de la monarquía como institución política?
6 ¿Cree usted que el papel del Rey ha sido importante en la democratización española? ¿Por qué?

El día de la victoria[1]
CAMBIO 16

Madrid, 20 de junio de 1977

Desde la muerte del dictador Franco en 1975, España ha cambiado profundamente. ¿Por qué? Fundamentalmente porque el general Franco se equivocó: no estaba al frente de una nación-presidio de caínes°. La versión de la ultraderecha victoriosa en la Guerra Civil, versión que alentó° y tanto aprovechó° el general Franco, es que esta península estaba poblada de lunáticos y malandrines° que sólo esperaban la libertad para matarse entre ellos. Sublime bellaquería° que permitió la vitalicia dictadura de cuarenta años°. Si Hitler hubiera ganado la guerra, probablemente hubiera muerto en el poder convencido de que sólo su mano de hierro impedía a los alemanes matar más judíos, más rusos, más polacos, o más latinos. La feria siempre se ve del color del cristal de cada monóculo, y los dictadores siempre ven a sus pueblos poblados de enanos°.

    Punto primero, por tanto: España no es diferente.[2] Aquí hay convulsiones históricas feroces —como las hubo en toda Europa y medio mundo en la década de los treinta—. Pero aquí hay sobre todo un país viejo, seguro de sí mismo y capaz de gobernarse la mayor parte del tiempo en paz. Y ahora, desde hace muchos años, había sonado la hora de la paz. En año y medio estamos a punto de lograrla.

    En una especie de venganza histórica sublime, llegamos a las elecciones de 1977, con tal unanimidad y acercamiento° de programas y partidos, que las elecciones desgarradas° de febrero de 1936[3] parecen pertenecer a otro mundo. Salvo el peregrino Blas Piñar,[4] todos los partidos serios de la España actual predican

° Cains
° encouraged / made use of / scoundrels
° dirty trick / *dictadura...* dictatorship for life that lasted forty years
° *poblados...* populated by dwarfs
° rapprochement
° shameless

moderación, democracia, libertad, y bien poco más. Poco a poco, lo primero es enterrar la dictadura, así lo entienden todos los partidos y así lo entiende el país. Enterrar la dictadura exigía convocar unas elecciones libres para dotar al país de una constitución democrática. Esas elecciones ya están aquí. Toca ahora votar en seriedad y en conciencia a las diversas opciones políticas que se presentan. Al votar, recuperamos el derecho a autogobernarnos. Hay que votar, y votar bien. Vote lo que usted más profundamente desea, pero vote. No tenga miedo de equivocarse°, los pueblos no se equivocan, aunque los hombres sí.   *make a mistake*

El 15 de junio de 1977[5] es nuestro gran día de la victoria, la victoria de la paz y no la de la guerra. A partir de ahí empieza otra etapa histórica, difícil, arriesgada°, dura, como todas las historias; pero historia en libertad y en nuestras manos, no historia de rodillas y en manos del dictador. Lo logramos. Por ello debemos hoy felicitarnos todos, recordar a los caídos y víctimas en la lucha por la libertad, y agradecer en lo que vale el coraje de una institución y una persona[6] que ha sabido permitirnos llegar hasta aquí. Entre todos lo logramos y la libertad nació.   *risky*

Notas

1 *El día de la victoria:* La expresión se refiere normalmente al 1 de abril de 1939, fecha en que las fuerzas de Franco consiguieron la victoria sobre los republicanos en la Guerra Civil que comenzó el 18 de julio de 1936; en este caso, el editorialista de *Cambio 16* la usa para referirse al 15 de junio de 1977, fecha de las primeras elecciones libres en España desde 1936.
2 *España no es diferente:* Expresión contraria a "España es diferente", lema publicitario usado por la organización turística española durante los años 60; su origen es atribuido al escritor Fernando Díaz Plaja.
3 *febrero de 1936:* Las últimas elecciones de la República española (1931–39) y que dieron el triunfo a los partidos de izquierda congregados en el Frente Popular.
4 *Blas Piñar:* notario madrileño, ultraderechista, dirigente de Fuerza Nueva.
5 *15 de junio de 1977:* Fecha de las primeras elecciones legislativas libres tras la Guerra Civil, que dieron el triunfo a Unión de Centro Democrático (UCD) de Adolfo Suárez.

6 *una institución y una persona:* La monarquía de Juan Carlos I.

Cuestionario

1 ¿Esperaban los españoles tantos cambios políticos tras la muerte de Franco?
2 ¿Por qué dice el editorial que Franco se equivocó?
3 ¿Por qué dice el editorial que "España no es diferente"?
4 ¿Qué hicieron los españoles el 15 de junio de 1977?
5 Resuma este editorial en un párrafo informativo que comience así: "La revista *Cambio 16,* en un editorial publicado ayer, considera que..." Agregue solamente los aspectos fundamentales de cada párrafo.
6 Con el material del editorial, hágale una entrevista a un derechista que no esté de acuerdo con el cambio político. La primera pregunta puede ser: "¿Cree usted que puede haber democracia en España?" Haga un máximo de cuatro preguntas.

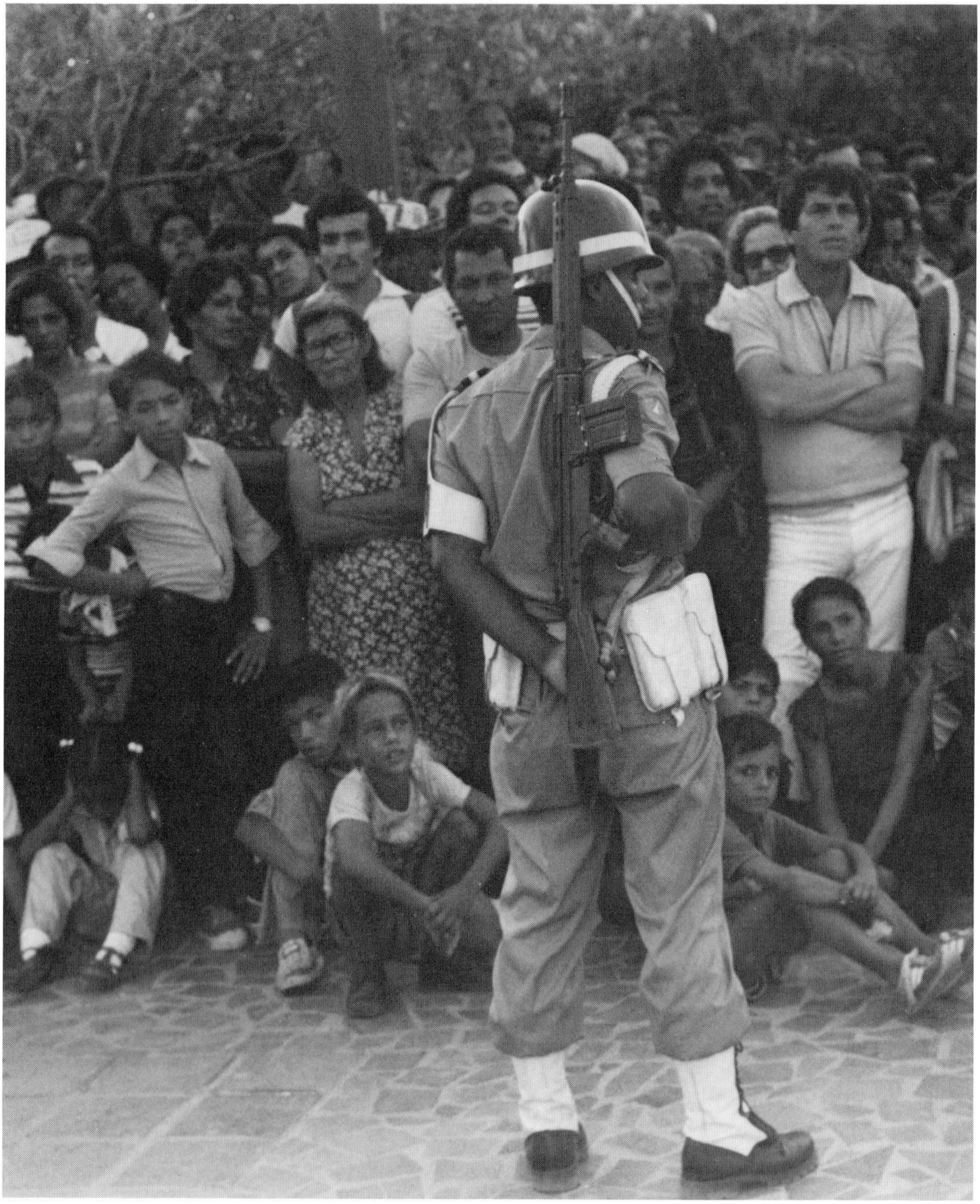

CAPÍTULO 8
La democracia en América Latina

Desde que América Latina se emancipó de España y Portugal, todos los proyectos políticos han ido en busca del establecimiento de un sistema democrático formal sobre el modelo proporcionado por los Estados Unidos, las monarquías parlamentarias europeas, o las diversas variantes de república. Las dificultades para igualar° la teoría política con la práctica son numerosas: subdesarrollo, analfabetismo, ausencia de integración económica, poderío de las oligarquías tradicionales. La actuación política en los últimos ciento cincuenta años presenta un movimiento pendular entre régimen democrático al modo occidental y el estancamiento° en formas dictatoriales oligarcas o militares, y últimamente en experimentos marxistas. Sin embargo, parece que existe una fuerza misteriosa en la cultura latinoamericana que obliga a las clases dirigentes a regresar al sistema democrático. El decenio° de los años setenta fue testigo de recrudecimiento° de las dictaduras militares, pero en los últimos años varios países iniciaron la vuelta democrática. El ejemplo de Ecuador en 1978 fue seguido por el Perú en 1980, pero los intentos de normalización en Bolivia sufrieron un retroceso con el golpe de estado de julio de 1980. Otros países parecen haber solidificado sus regímenes militares: Argentina, Chile, Uruguay, y Paraguay, sistemas que se contraponen al diálogo político imperante en Colombia,

° match

° stagnation

° decade
° *testigo...* witness to a new outbreak

Venezuela, Costa Rica, y la República Dominicana. Mientras México continúa con su peculiar sistema democrático dominado por un partido, Panamá evoluciona desde el autoritarismo populista del general Torrijos, pero Centroamérica experimenta mayores incógnitas. Terminada la dictadura de Somoza en Nicaragua, el futuro se presenta incierto entre la opción socialista-marxista o la democracia tipo occidental. El mismo dilema presentan Honduras, El Salvador, y Guatemala, bajo el peligro de guerra civil, caos, dictadura militar, o mando de las oligarquías. Y no se olvide que a poca distancia está el modelo castrocomunista de Cuba. ¿Cuál es la mejor solución?

La prensa libre de América Latina tiene constantes oportunidades de expresar su satisfacción por los triunfos de las soluciones democráticas, por lo que representan de respeto a la libertad de expresión (sin ella no hay periodismo en sentido estricto) y los derechos inalienables del hombre (sin éstos no hay lectores verdaderos). Por esta razón, los artículos seleccionados para este capítulo se refieren al aspecto positivo de la política latinoamericana. En otras palabras, que si bien al comienzo de los años ochenta, el panorama político latinoamericano presenta numerosos ejemplos de regímenes antidemocráticos, el ideal tanto de la prensa como de los intelectuales latinoamericanos es la consecución de la democracia.

Elecciones en Costa Rica: el gran baile de la democracia

Francisco Rubiales*

EFE

Madrid, 6 de febrero de 1978

San José. Para la pequeña Costa Rica, con sus pocos más de dos millones de habitantes y 51.000 kilómetros cuadrados, hoy es el día del orgullo nacional, el del gran baile de la democracia.

Los costarricenses culminan hoy una vasta° campaña electoral de seis meses de duración oficial —pero mucho más larga en realidad, porque los partidos se lanzan antes a la carrera, con la elección del ciudadano presidente para el período 1978–82.

El día de las elecciones presidenciales no es para los "ticos°" un día festivo más. Es la fiesta por excelencia, el día cumbre de cada cuatrienio, la gran oportunidad que Costa Rica tiene cada cuatro años de demostrar que el país es diferente.

Y el "tico", cuando vota en paz, cuando lee u oye en los medios de prensa que no hubo un solo muerto o herido en el proceso electoral, se siente diferente y, posiblemente, superior.

Costa Rica ofrece hoy el aspecto de un enorme festival de claxones° de autos, de banderas que desfilan°, de gritos y de preocupación por la marcha de los acontecimientos.

long, ample

nickname for Costa Ricans

horns / *banderas...* parade of flags

* *Francisco Rubiales:* Periodista de la Agencia EFE. Fue Jefe de la delegación en La Habana y más tarde Director de ACAN-EFE, Agencia Centroamericana de Noticias, una organización formada por la agencia española y los periódicos de Centroamérica.

Rodrigo Carazo

    Muchos ciudadanos caminan con una bandera (la de su partido) y un pequeño radio de transistores, con el que sigue la marcha de la votación.
    Algunos autos llevan diez y más banderas desplegadas, las cuales, batidas por el fuerte viento reinante°, contribuye al festival del ruido.   *batidas...* whipped by strong prevailing wind
    El hecho de que estas elecciones sean las más reñidas° en los últimos años, al menos en apariencia, constituye otro aspecto marginal para fortalecer la fiesta.   hard-fought
    Los partidarios de Luis Alberto Monge, candidato del partido "Liberación",[1] en el poder, aseguran que tienen la victoria.
    Pero los seguidores de Rodrigo Carazo,[2] candidato por la coalición opositora "Unidad", de centro-derecha, tienen similar confianza en el triunfo.
    Los otros seis candidatos incluidos en la papeleta oficial° no tienen la menor posibilidad de alcanzar el triunfo ante el apoyo masivo a "Unidad" y "Liberación".   *papeleta...* official ballot
    Esta situación de "dos por la victoria" otorga a Costa Rica un aspecto de país con sistema bipartidista.
    El bipartidismo podría ser casi real si no existiera una peculiar situación electoral que beneficia a la izquierda costarricense,

hasta el punto de convertir a los partidos de ese lado del aspecto político en poco menos que árbitros del país.

Ocurre que como los dos grandes partidos están tan igualados, los votos de la izquierda pueden inclinar la balanza del lado del vencedor.

Notas

1 *Liberación:* Partido de Liberación Nacional, fundado por José Figueres en los años 40, de tendencia social-demócrata.
2 *Rodrigo Carazo:* Aunque se dudaba en el momento de escribirse el artículo, fue elegido Presidente en 1978.

Cuestionario

1 ¿Cuánto tiempo dura la campaña presidencial de Costa Rica?
2 ¿De cuántos años se compone el mandato del Presidente de Costa Rica?
3 ¿Por qué se llama bipartidista al sistema de Costa Rica?
4 Resuma este artículo en un párrafo corto con los hechos escuetos.
5 ¿Qué piensa usted del sistema democrático de Costa Rica?
6 ¿Cree que América Latina tiene tradición para ser gobernada mediante elecciones libres?

Mitad de países de América Latina votó en 1978

José Ricardo Eliaschev
EL MIAMI HERALD

Miami, 30 de diciembre de 1978

La mitad de las naciones de la América Latina votó durante 1978, en el año de actividad electoral más intensa que recuerde en varias décadas, con seis nuevos presidentes en el poder y otros dos electos que deben asumir el poder dentro de pocas semanas.

En el Cono Sur, sólo Argentina y Uruguay permanecieron aisladas de la fiebre electoral y hasta Chile, donde también gobierna desde hace más de cinco años un régimen militar, se convocó a un controvertido referéndum para brindar° apoyo al presidente Augusto Pinochet. — give, dedicate

La frenética actividad electoral observada en todo el hemisferio pareció corroborar la existencia de una nítida° tendencia de retorno a los gobiernos civiles, proceso que ya está avanzando en Bolivia,[1] Ecuador y Perú, mientras que otros regímenes militares, como el de Brasil, parecen orientarse hacia una cautelosa° aunque innegable apertura política. — clear / cautious

Acontecimiento relevante de 1978 fue, igualmente, la crisis revolucionaria que comenzó a estremecer° a los 40 años de dictadura somocista[2] en Nicaragua. Países con una reciente tradición de inestabilidad como la República Dominicana atravesaron exitosamente° por la prueba del traspaso° del poder entre fuerzas opositoras. — shake / successfully / *prueba...* test of the transition

Venezuela y Costa Rica volvieron a ratificar su condición de democracias parlamentarias abiertas, de limpio historial republicano, con la elección de presidentes libremente electos, tras la derrota° de los candidatos continuistas° del oficialismo en ambos casos.

El régimen militar de la Argentina sigue discutiendo entretanto las condiciones de la apertura política, cuando se aproxima el tercer aniversario del golpe militar° de 1976 y el país no logra salir de la recesión y la crisis económica, incluyendo una tasa de inflación considerada entre las más altas del mundo.

Dos golpes de estado° se sumaron en Bolivia a un complicado historial de conjuras° cívico-militares, pero la nueva administración se ha comprometido a entregar el poder a autoridades democráticamente electas en 1979.

En Panamá, mientras tanto, la elección de Arístides Royo[3] como nuevo primer mandatario parece prolongar un repliegue° de Omar Torrijos[4] a un segundo plano, tras 10 años de liderazgo° cuya culminación histórica ha sido la firma de los tratados del canal con los Estados Unidos.

En Colombia, la elección de Julio César Turbay Ayala como sucesor de Alfonso López Michelsen no logró atenuar el impacto de la notoria falta de participación popular en el esquema institucional de los partidos, expresada en un pertinaz abstencionismo.

Alfredo Stroessner, en Paraguay, fue reelecto presidente por sexta vez consecutiva, ingresando en el cuarto de siglo de ejercicio del poder, lo cual lo convierte en el más veterano jefe de gobierno de todo el hemisferio y con un "récord" difícilmente igualable en el resto del mundo.

En términos generales, es evidente la marcha hacia nuevos modelos políticos de mayor participación popular, cerrando casi una década de activa intervención militar en los asuntos de gobierno. Pero si esa tendencia civilista resulta innegable, también es un hecho que sigue siendo un puñado minoritario° el grupo de naciones que ha logrado estabilizar democracias parlamentarias modernas; la mayor parte parece evolucionar hacia modelos de democracia "dirigida".

Cuba, por su parte, cumple en pocos días más el vigésimo aniversario de la revolución de 1959 y la masiva liberación de presos° anunciada por el presidente Fidel Castro supone un grado de consolidamiento interno que pocos cuestionan.

En Argentina, el régimen militar que encabeza el presidente Jorge R. Videla presenta síntomas de haber comenzado a experimentar la evolución que invariablemente sufrieron en el pasado similares gobiernos de facto.

En Colombia, el liberal Turbay Ayala reemplazó el 7 de agosto a su correligionario° López Michelsen, luego de ganar las elecciones por estrecho° márgen sobre el conservador Belisario Betancour, en el marco de una obstinada abstención masiva. Pero Turbay, de 62 años, formalizó una alianza de ancha base con sus rivales, lo cual le proporciona sólida apoyatura política, pero la nación sigue padeciendo gravísimos problemas de desigualdad en la distribución de la riqueza, mientras que la violencia continúa azotando° a las ciudades y el campo.

Las elecciones de febrero en Paraguay dieron amplia mayoría a Stroessner, pero grandes sectores opositores siguen marginados° del juego político, lo cual acentúa al aislamiento internacional del régimen.

Uruguay ingresó en el sexto año de régimen sustentado por las fuerzas armadas, sin que se avisoren indicios° de cambios sustanciales, además de las previstas elecciones dirigidas de 1981 para seleccionar un presidente previamente aprobado por los militares.

También cumplió cinco años el régimen del general Pinochet en Chile, manteniendo su férreo° control sobre la situación política y sindical de los 10 millones de habitantes del país.

La destitución° del miembro de la junta, el comandante aéreo Gustavo Leigh,[5] no trajo consecuencias demasiado negativas para Pinochet, que también parece haber sorteado exitosamente el trauma que significó el descubrimiento, en los Estados Unidos, del complot criminal para asesinar al ex-canciller Orlando Letelier,[6] en el cual se atribuye responsabilidad decisiva a la policía secreta de Chile.

La derrota del oficialismo en Venezuela significó la elección como presidente del social-cristiano Luis Herrera Campins, un traspié° de la social democracia (Acción Democrática), que dejó a la internacional socialista seriamente debilitada° en el hemisferio, luego de la derrota de la misma tendencia en Costa Rica. En este último país el candidato opositor Rodrigo Carazo se convirítió en presidente tras derrotar al representante del partido del hasta entonces primer magistrado, Daniel Oduber.

El derrocamiento° de Hugo Bánzer Suárez en Bolivia no le proporcionó al comandante aéreo Juan Pereda Asbún demasiada longevidad en la primera magistratura: a los pocos meses era reemplazado por el general David Padilla, exponente de una generación militar que quiere poner fin a más de siete años de régimen castrense° y devolver el poder a las mayorías.

También fue problemática la operación de retorno a la institucionalidad en el Ecuador, luego de unas controvertidas elecciones en las cuales la Concentración de Fuerzas Populares se convirtió, con su candidato Jaime Roldós,[7] en primera fuerza electoral. Pero no hubo mayoría absoluta y, aspecto curioso, la segunda vuelta será celebrada a mediados de 1979°.

Elecciones igualmente cuestionadas en Guatemala llevaron al gobierno al general Fernando Lucas Romeo García, que sucedió a Kjell Laugerud García.

En la República Dominicana, Joaquín Balaguer cedió la presidencia al opositor Antonio Guzmán Fernández, del Partido Revolucionario Dominicano, tras elecciones libres que significaron el único triunfo de la social democracia en América Latina durante 1978.

Brasil siguió desarrollando su peculiar sistema de parlamentarismo bajo control militar, con un congreso parcialmente elegido por una ciudadanía que votó en favor de la oposición, mientras que un nuevo presidente, João Baptista Figueiredo, era designado por el también general Ernesto Geisel, presidente que finaliza su mandato en marzo próximo.

En Perú se celebraron las primeras elecciones luego de nueve años de régimen militar. Fueron convocadas por el presidente Francisco Moralez Bermúdez para elegir una asamblea constituyente, paso previo a los comicios° presidenciales previstos para 1980. El Aprismo[8] fue la fuerza mayoritaria, pero la izquierda asombró recogiendo un 30 por ciento de los votos, la tercera parte de los cuales pertenecía a una organización marxista-leninista radical.

No hubo grandes novedades políticas en México, probablemente porque los descubrimientos de formidables yacimientos petrolíferos han convertido al tema económico en la prioridad nacional.

En El Salvador se profundiza el proceso de enfrentamiento entre el régimen del presidente Carlos Humberto Romero[9] y las numerosas y organizadas, aunque dispersas, fuerzas guerrilleras que se le oponen, lo cual convierte a la pequeña república en eje° de una situación volcánica en la América Central, junto a Nicaragua.

En 1979 asumirán el poder, por lo tanto, Figueiredo y Herrera Campins, mientras que Ecuador deberá elegir nuevo presidente entre Roldós y Sixto Durán Ballén. Seguramente habrá novedades en Nicaragua y en Argentina las fuerzas armadas en el poder deberán anunciar algún tipo de plan político que reabra la posibilidad de participación popular.

Todos los observadores coinciden° en que se reforzará el año próximo la tendencia hemisférica hacia la apertura, la participación, y la democracia, consonantemente con un repliegue global de los regímenes de fuerza.

° agree

Notas

1 *proceso... en Bolivia:* A pesar de las buenas predicciones, en julio de 1980, el General García Meza se rebeló contra el gobierno provisional que pretendía entregar el poder al nuevo Presidente.

2 *somocista:* Se refiere a Anastasio Somoza Debayle, "Tachito", hijo de Anastasio Somoza que tomó el poder en los años treinta. Fue dictador personal de Nicaragua en los años setenta, como presidente oficial en 1967–72 y 1974–79, y se exilió en Paraguay donde fue asesinado en 1980.

3 *Arístides Royo:* Abogado. Ministro de Educación, fue elegido Presidente en 1978.

4 *Omar Torrijos:* Comandante de la Guardia Nacional panameña que tomó el poder en 1969. Murió en accidente de aviación en 1981.

5 *Leigh:* En 1977 este general chileno criticó a Pinochet. Por un momento pareció que habría crisis en el régimen, pero luego Leigh obedeció y sus partidarios fueron sustituidos en los mandos militares.

6 *Letelier:* En octubre de 1976, unos agentes del gobierno chileno colocaron una bomba bajo el automóvil que conducía Orlando Letelier, antiguo colaborador del asesinado presidente Salvador Allende, por una calle de Washington. La explosión mató al ex-diplomático y su asistente.

7 *Jaime Roldós:* Fue elegido Presidente en 1979. Murió en accidente de aviación en 1981.

8 *Aprismo:* Se refiere al APRA (Alianza Popular Revolucionaria Americana), partido político peruano fundado por Víctor Raúl Haya de la Torre.

9 *Romero:* Fue derrocado por una junta militar en 1979.

Cuestionario

1. ¿En qué país del Cono Sur se celebró un referéndum?
2. ¿Qué pasó en Nicaragua?
3. ¿Qué sistema hay en Costa Rica y Venezuela?
4. ¿Qué gobierno hay en el Perú?
5. Resuma la información del artículo solamente sobre los regímenes democráticos. Trescientas palabras como máximo.
6. ¿Qué futuro le ve usted a la democracia en América Latina? ¿Cree que América Latina se merece tantos regímenes militares?

La experiencia democrática venezolana
Rafael Caldera*
OPINIONES LATINOAMERICANAS

Miami, julio de 1978

Más que por el ingreso obtenido del petróleo —que ofrece tantos motivos de preocupación— a los venezolanos debe estimularnos el que se vuelvan los ojos hacia nuestro país por la firmeza del experimento democrático iniciado el 23 de enero de 1958. Ya han transcurrido° veinte años: momentos duros y situaciones muy difíciles hemos superado, y en una etapa en que las instituciones democráticas atraviesan° seria crisis en el hemisferio, la vitalidad del régimen de libertades instaurado hace cuatro lustros° constituye para nosotros el mayor motivo de aliento y para nuestros hermanos de América Latina un estímulo de incalculable valor.

 passed

 confront

 hace... twenty years ago

Porque Venezuela fue, en este hemisferio, uno de los países que después de la Independencia tuvo una vida política más accidentada°. Los hombres que asumimos la direción de la vida nacional en la democracia venezolana nacimos y crecimos dentro de una larga tiranía que concluyó por muerte natural en 1935.[1] En frase feliz, muchas veces repetida, Mariano Picón Salas[2] dijo que el siglo XX comenzó en Venezuela en 1936. Aquella tragedia nacional constituyó nuestra mejor escuela de politología°. Algo similar, no obstante profundas diferencias, a lo de los españoles de la era actual. Sin embargo, en nuestro camino tuvimos una nueva caída;[3] y padecer otra vez el flagelo° de la dictadura fue lo

 troubled

 study of politics

 scourge

---

* *Rafael Caldera*: Político y escritor venezolano. Fue Presidente de su país entre 1969 y 1974.

que nos determinó a obviar errores y a fortalecer el empeño° conjunto de asegurar la libertad, de institucionalizar el pluralismo, de fijar objetivos prioritarios para imprimirles permanencia; de combinar en la Constitución el 23 de enero de 1961 los grandes principios con las elecciones de la realidad.

Cuando cayó la útima dictadura, los líderes de los principales partidos estábamos todos en el exilio. Rómulo Betancourt, Jovito Villalba, y yo nos encontramos en Nueva York y allí tuvimos las primeras conversaciones sobre el rumbo que debía imprimirse al país mediante un esfuerzo conjunto. La liberación, en su momento decisivo, fue obra de militares y civiles, sin predominios caudillistas ni disensiones grupales. Las Fuerzas Armadas entendieron que el camino de la dictadura no era cónsono con° el destino del país ni con los ideales de su propia institución. Los civiles acataron las consignas de una Junta Patriótica°, integrada por dirigentes para entonces casi desconocidos, pero portavoces de las para entonces mayores organizaciones políticas: Acción Democrática, Unión Republicana Democrática,[4] COPEI,[5] y el Partido Comunista de Venezuela. Trabajadores y empresarios dieron el mismo ejemplo de armonía, comprometidos también en la conquista de la libertad.

Un libro que Gabriel García Márquez[6] publicó hace tres años con el título *Cuando era feliz e indocumentado*° es uno de los mejores testimonios de aquella nueva etapa en nuestra historia. Contiene los reportajes que como periodista extranjero escribió en Caracas en los días de la caída de la dictadura. "Desde un punto de vista histórico —dice— Caldera y Betancourt pertenecen a la generación de los perseguidos. Ahora están reincorporados de nuevo a su patria, a sus partidos, a sus hogares, unidos en un mismo ideal. De esa unidad depende la consolidación de la democracia en Venezuela. Esta vez, después de tantas azarosas experiencias°, el retorno de los cuatro líderes Venezolanos puede ser definitivo".

La voluntad de entendimiento produjo el "*pacto de Punto Fijo*°" en que los tres mayores partidos se comprometieron a gobernar juntos, aun yendo a las elecciones con candidatos diferentes. Vinieron nuevas dificultades al iniciarse el Gobierno constitucional. La cuestión cubana se hizo conflictiva y provocó la separación de U.R.D. Grupos marxistas se ilusionaron con el triunfo fidelista y escogieron el camino de la violencia para buscar el poder. Hubo horas amargas° y decisiones dramáticas: el presidente Betancourt, milagrosamente ileso de un atentado de la

A la derecha, Marcos Pérez Jiménez

extrema derecha°, hubo de adoptar decisiones tajantes frente a la extrema izquierda. Su partido se fracturó° dos veces; y —caso único en la historia de Venezuela— la lealtad inquebrantable de COPEI (su principal adversario en la controversia democrática) lo que le permitió llevar hasta el fin su período constitucional y asegurar la supervivencia del experimento iniciado en 1958.

Recordar de vez en cuando estas cosas no es ocioso. El consenso dio viabilidad a la democracia, y la conservará mientras predomine la visión clara de que hay algo que nos pertenece e interesa a todos y que todos tenemos el deber de preservar. Militares y civiles, aun en momentos de alta tensión y por encima de errores que podrán amenazar la institucionalidad, llevamos en el fondo metida aquella idea sin la cual naufragaría° la democracia.

Hay algo más, que es indispensable no olvidar. La lucha por la libertad política y por la democracia representativa no fue ni ha sido después ajena° a la aspiración de una democracia social y económica. En 1958 uno de los primeros pasos fue la reconstrucción del movimiento sindical, sobre la base del pluralismo democrático. Y en 1960 se promulgó, fruto de ancho consenso°, la Ley de Reforma Agraria, un año antes de sancionarse la Constitución.

ileso... unhurt after an extreme rightist attempt on his life / *se...* split

would founder

unknown

ancho... broad consensus

Sería un error mirar el experimento venezolano como limitado a los cuadros de la democracia representativa o como obra de un sólo partido. Es obra común, y si se fundamenta en los derechos humanos, jamás ha olvidado que entre esos derechos humanos están los derechos sociales. Aun cuando sean imperfectos todavía los resultados, la defensa de la libertad se ha considerado inseparable de la búsqueda° de la justicia.   search

Notas

1 *1935:* Año de la muerte del dictador Juan Vicente Gómez que desde 1908 había gobernado a Venezuela, directamente o a través de presidentes provisionales.
2 *Mariano Picón Salas:* Escritor venezolano, autor de numerosos libros.
3 *una nueva caída:* En 1948 el presidente constitucional Rómulo Gallegos (también afamado novelista, autor de *Doña Bárbara*) fue derrocado por un gobierno militar dirigido por el coronel Carlos Delgado Chalbaud, quien fue asesinado en 1950 y reemplazado por una junta, sustituida a su vez por el general Marcos Pérez Jiménez. Éste se presentó como candidato y fue nombrado Presidente en 1952 hasta que en 1958 fue depuesto y en 1959 el país volvió al sistema democrático.
4 *Unión Republicana Democrática* (U.R.D.): Partido político venezolano.
5 *COPEI:* Partido de tendencia cristianodemócrata dirigido por Caldera.
6 *Gabriel García Márquez:* Escritor colombiano, autor de numerosas novelas, entre ellas *Cien años de soledad.*

Cuestionario

1 ¿Cuándo se inició el experimento democrático venezolano?
2 ¿A qué se comprometieron los líderes de los tres partidos?
3 ¿Qué le ocurrió a Rómulo Betancourt en un atentado?
4 Resuma este artículo en un párrafo corto.
5 Comente sobre la evolución de la democracia de Venezuela. Compare las prácticas democráticas de Venezuela con las de Estados Unidos. ¿Cree usted que el modelo de Venezuela tiene futuro en América Latina?

Elecciones y continuidad
Mariano Grondona*
CARTA POLÍTICA**

Buenos Aires, febrero de 1978

La imagen política de América Latina en el Atlántico Norte[1] es la de un continente marcado por el autoritarismo, el caudillismo°, y el personalismo°. Lo que no se advierte siempre es que el autoritarismo latinoamericano ha sido muchas veces la respuesta excesiva a un mal anterior°: la anarquía. Es verdad que nuestras sociedades han vivido largo tiempo bajo formas autoritarias. También lo es, por lo menos con igual evidencia, que han atravesado largos años de inestabilidad política, insubordinación generalizada y guerra civil.

    América Latina no tiene uno sino dos problemas políticos. Que el poder no abuse. Y que haya poder. Sería imposible medir con exactitud a qué tememos más, si a la hipertrofia° del Estado o a su ausencia. Lo que podemos decir los latinoamericanos, en muchos casos por experiencia propia, es que esos son nuestros dos demonios particulares.

    Por eso, al construir sus regímenes políticos, nuestros países atienden a dos objetivos simultáneos. Uno, que el régimen se desempeñe° en medio de un clima de libertad. La traducción concreta de este postulado en el siglo XX es la realización periódica

caudillismo°   political bossism
personalismo°   loyalty to the charismatic leader
mal...   earlier problem

hipertrofia°   undue growth

se...   fulfill its role

---

* *Mariano Grondona:* Periodista argentino, director de *Carta Política*, y colaborador de diversas publicaciones latinoamericanas.
** *Carta Política:* Revista argentina publicada en Buenos Aires, con una tirada de 30.000 ejemplares, que se dedica fundamentalmente a los temas políticos y económicos. Su tendencia es liberal.

de elecciones auténticas y libres, donde sea posible en verdad "elegir", esto es, donde las alternativas reales y efectivas de gobierno sean por lo menos dos. El otro objetivo es que el gobierno, cualquiera sea su origen°, se transmita el poder a sucesores que sean, a la vez, continuadores: que el Estado imprima a la sociedad un orden. Queremos elecciones y queremos continuidad. Aquéllas, para evitar el autoritarismo. Ésta, para que haya autoridad.

    Pero en un continente al que acechan° los dos demonios del fracaso político, combinar las elecciones con la continuidad no es fácil. Durante años y años lo hemos intentado con suerte diversa. El resultado es la formación de cuatro modelos políticos cuya variedad expresa la complejidad del alma latinoamericana.

    Llamaremos al primer modelo "elecciones con continuidad". Es, sin duda, el ideal buscado. Pocos países lo lograron alcanzar y retener. "Elecciones con continuidad" quiere decir que en un país determinado las elecciones, libres, dan por resultado sin embargo la continuidad en el poder del partido fundador del régimen, y a la larga, de un segundo partido que no difiere de aquél en lo fundamental, todo lo cual permite aunar° la libertad y el orden. El ejemplo de los países que exploran este camino es conocido. Venezuela, Costa Rica, Colombia. Su lucha ha dado resultados significativos. Su lucha, aún, no ha terminado.

    El segundo modelo invierte° el primero. Le pondremos este nombre: "continuidad con elecciones". El país que lo adopte se abre, por lo pronto, a la continuidad de una organización o una persona en el poder. Esa continuidad, que es la condición básica del sistema, se legitima a través de elecciones cuya posibilidad real de quebrarla°, sin embargo, es nula. En la "continuidad con elecciones" el orden está asegurado. La libertad política es la mayor que se puede otorgar siempre que el orden existente no resulte comprometido. En los regímenes de "continuidad con elecciones" el demonio al que más se teme es a la anarquía. Hay que exorcizarlo, aunque sea con restricciones en el sentido opuesto, de un modo tal que los ciudadanos, más que "elegir", lo que hacen al votar es "confirmar" la orientación del Estado. Los ejemplos de "continuidad con elecciones" abundan: Brasil, México, Santo Domingo, Paraguay... en ellos no se ha logrado aún el nivel ideal de lo deseado, pero en tanto un demonio —el de la anarquía— es derrotado, el otro, el del excesivo poder, recibe limitaciones derivadas del periódico ejercicio electoral.

    Vienen luego los modelos truncos°. "Continuidad sin elecciones": cuando un gobierno de fuerza pretende prolongarse

cualquiera... whatever its origin

stalk

join together

reverses

disrupt it

incomplete

indefinidamente sin ninguna clase de concesiones a la necesidad política del consenso. O las "elecciones sin continuidad", cuando el régimen electoral no trae consigo la aparición de un grupo de políticos responsables sino la ruptura demagógica del buen gobierno en dirección de la confrontación interna, la subversión de valores o la disolución nacional que desembocan, al fin, en el golpe militar destinado a impedirlas. Los regímenes del Cono Sur que, con diverso paso, ensayan ahora planes políticos, salieron de una situación de "elecciones sin continuidad", pasan por un período de "continuidad sin elecciones" pero quieren llegar, si no al modelo perfecto de "eleccciones con continuidad", al menos al segundo modelo de "continuidad con elecciones". Las peripecias de esta travesía° es uno de los temas políticos maś apasionantes de la actualidad latinoamericana. Una actualidad que no se entiende desde el análisis unilateral que está de moda en el Atlántico Norte, cuyo único demonio admitido es el autoritarismo, sino en el contexto de la experiencia latinoamericana, que incluye un segundo demonio, de acuerdo con palabras como éstas del presidente Julio Roca[2] quien, al defenderse contra aquéllos que lo atacaban por el uso extensivo de su influencia, escribía a un amigo: "sólo la estupidez o la perversidad han podido creer que algunos de los que hemos gobernado usábamos de la influencia oficial para favorecer a éste y contrariar° las ambiciones de aquél otro. No, lo que hubo es que todos los que gobernaron se aplicaron constantemente, en continua lucha, a defender el principio de la autoridad y la unión nacional, contra las fuerzas latentes, pero siempre en acecho°, de la rebelión, de la anarquía, de la disolución. La anarquía no es planta que desaparezca en el espacio de medio siglo, ni de un siglo, en sociedades mal cimentadas como la nuestra". Quien comprenda estas palabras habrá franqueado° la sutil frontera que separa de un lado a aquéllos que critican o ensalzan° a los latinoamericanos y del otro a aquéllos que simplemente, los conocen.

peripecias... unforeseen changes in this road

interfere with

en... on the lookout

habrá... will have made it past

glorify

Notas

1 *Atlántico Norte:* Se refiere a los Estados Unidos, el Canadá y los países de la Europa Occidental con regímenes democráticos.
2 *Julio Roca:* Presidente de la Argentina en dos períodos entre 1880–86 y 1898–1904.

Cuestionario

1. ¿Cuál es la imagen de América Latina en el Atlántico Norte?
2. ¿Cuáles son los males políticos de Latinoamérica, según el autor?
3. ¿Qué quiere decir "elecciones con continuidad"? ¿Qué es "continuidad con elecciones"? ¿Qué países tienen "continuidad sin elecciones"? ¿En qué países funcionan las "elecciones sin continuidad"?
4. Resuma este artículo en un corto párrafo que comience así: "Hay cuatro modelos políticos en América Latina…"
5. ¿Cree usted que el panorama descrito por el autor es correcto, o bien considera usted que solamente hay dos modelos, "democracia" y "dictadura"? ¿Considera usted que la "continuidad con elecciones" es el remedio ante la anarquía? ¿Por qué?
6. ¿Cuál es el sistema de los Estados Unidos, según este esquema? ¿Cree usted que es el mejor? ¿Por qué?

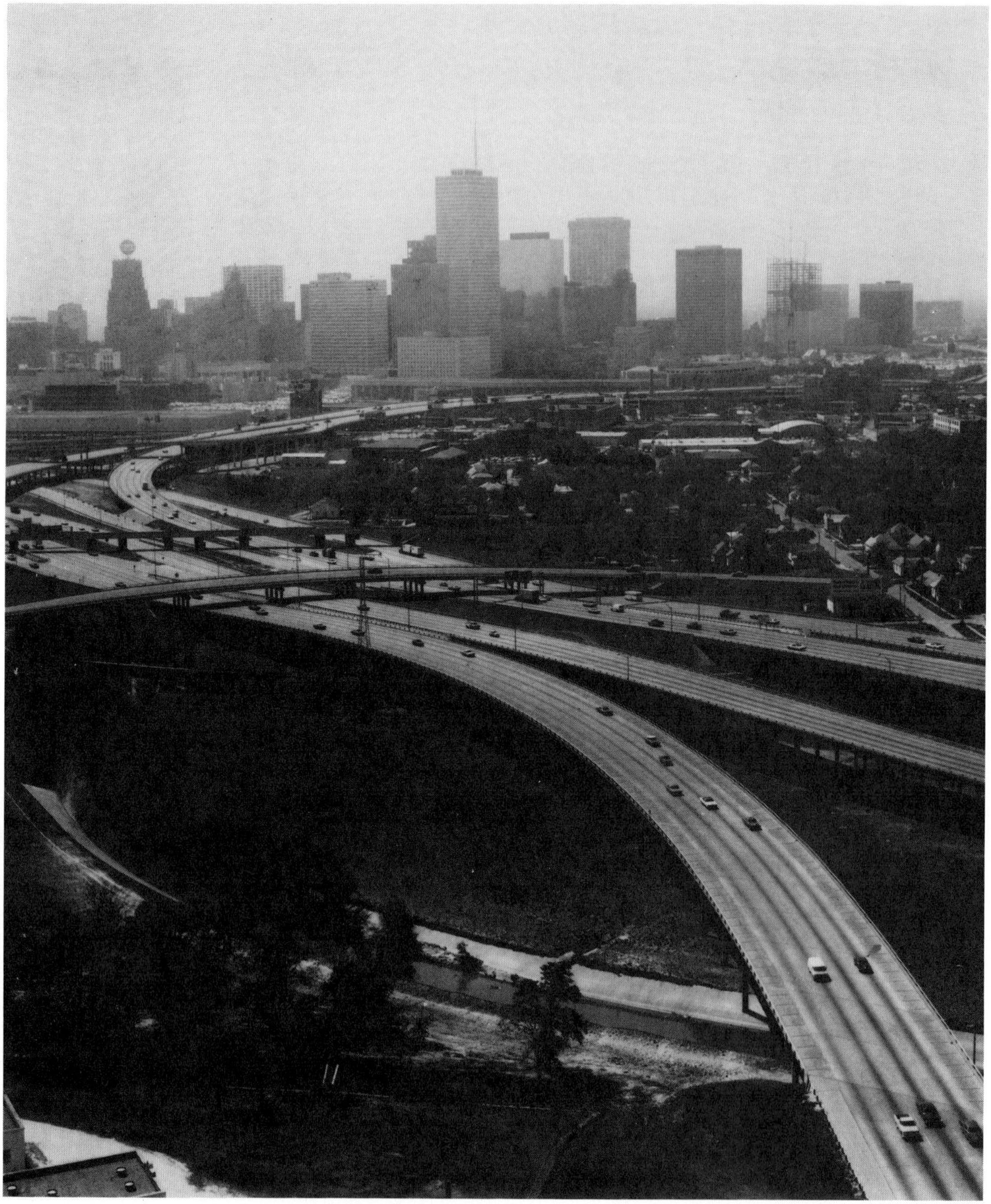

CAPÍTULO 9
La imagen de los Estados Unidos

Los espectáculos, las formas sociales cambiantes, la CIA, los negocios, y la política son los temas norteamericanos más importantes en la prensa española. Aunque incompletos y de tratamiento parcial, estos aspectos contribuyen a formar diariamente la imagen que otros pueblos tienen de los Estados Unidos. En un principio fueron los viajes de políticos y escritores que informaron más tarde a sus lectores sobre la realidad fascinante de los Estados Unidos. La invención del cine colocó casi semanalmente la visión que Hollywood tenía sobre el país en las retinas de millones de espectadores. El lejano Oeste, las contiendas entre policías y gángsters, y el policromado° de las películas musicales proporcionaron nuevos capítulos a la percepción popular de Norteamérica. Hoy la televisión permite que estas mismas imágenes estén presentes en los hogares de los españoles. Los mitos, las formas estereotipadas, y las exageraciones se unen a la realidad siempre tan difícil de captar.

    Los artículos incluidos en este capítulo están escritos desde varias perspectivas. Mientras Lázaro Carreter, autor de "Hair, la utopía sin envés", no es especialista sobre temas de los Estados Unidos y escribe desde Madrid, Elvira Martín es una periodista española que reside en Nueva York y cuyos artículos se distribuyen a más de cincuenta diarios españoles y latinoamericanos. Víctor Alba reparte su tiempo entre una universidad norteamericana donde es catedrático de Ciencias

polychrome (brightly colored work)

Políticas y su casa de Barcelona, donde vive seis meses al año. Es lógico, por lo tanto, que unos tengan una visión más realista de los Estados Unidos y otros una imagen más inventiva.

Para otros escritores, los temas norteamericanos son simplemente una excusa para que el lector haga comparaciones con la realidad española o latinoamericana. Así, por ejemplo, el descenso de la fertilidad mencionado por el artículo de *El Correo Catalán* es una advertencia de lo que puede ocurrir o está ocurriendo en otros países que siguen el camino de la industrialización.

Dos temas se resisten a desaparecer de las páginas de los periódicos españoles o latinoamericanos: Kennedy y la CIA. Cualquier conflicto parece ser causado por la CIA. Por lo tanto, no es de extrañar que si hay sospechas de relación entre esta agencia del gobierno norteamericano y el asesinato del Presidente de los Estados Unidos más recordado en los países hispánicos (a la muerte de Kennedy podían verse grupos de personas llorando en las calles de Lima o Bogotá), la prensa en español guste de comentar sobre el asunto.

Además no hay que olvidar que ninguno de los aspectos de la civilización norteamericana supera a la Presidencia en importancia para América Latina. Alguien dijo hace años que en las elecciones presidenciales norteamericanas deberían tener derecho a participar todos los ciudadanos del mundo, dada la importancia que el Presidente de los Estados Unidos tiene en los destinos de medio planeta. Mucha mayor importancia tiene en América Latina. Resulta, por lo tanto, muy sintomático el interés que en América Latina recibieron las elecciones de 1980. El artículo de Víctor Alba es un excelente ejemplo.

En el fondo, para el público español o latinoamericano, los Estados Unidos son el escenario ideal para el enfrentamiento de las fuerzas del bien y del mal. Los Estados Unidos son una película de Hollywood, una fascinante cinta en technicolor. Unos personajes (como la CIA) serán los "malos" y otros (como J. F. Kennedy) serán los "buenos". En otras películas hay "policías" y "ladrones" y en los *westerns* hay vaqueros "buenos" y "bandidos". Las imágenes pueden estar pasadas de moda, distorsionadas, exageradas. Pero siempre serán un ejemplo de cómo piensan los periodistas que escriben en castellano. Debido a que son leídos por millones de latinoamericanos y españoles, representan también la conciencia española y latinoamericana acerca de los Estados Unidos.

Televisión: "Así es Hollywood"
LA VANGUARDIA

Barcelona, 6 de julio de 1978

En el contexto de una semana cinematográfica mediocre tirando a francamente mala°, tal vez sea mejor sumergirse en el recuerdo° y contemplar este nuevo capítulo de "Así es Hollywood", que lleva por título "Las chicas de la Fox". En el programa se rememoran° los inicios del sonoro° y el lanzamiento de las primeras estrellas° realmente taquilleras°, lo cual en el caso concreto de la Fox va unido al nombre de una niña prodigio: Shirley Temple, que llenó las arcas° de la compañía.

    La Fox lanzó también a una rubia y una morena que hicieron furor en su momento. Nos referimos, claro está, a Marilyn Monroe y Jane Russell, y aquí cabe señalar que podremos asistir a uno de los números musicales más memorables de Marilyn: *Diamonds Are a Girl's Best Friend* ("Los diamantes son el mejor amigo de las chicas"). Un programa para la nostalgia que ha de tener muchos seguidores...

tirando... tending to the outright bad / *sumergirse...* to sink back into memory / are recalled / sound / stars / box-office draws / coffers

LA IMAGEN DE LOS ESTADOS UNIDOS 274

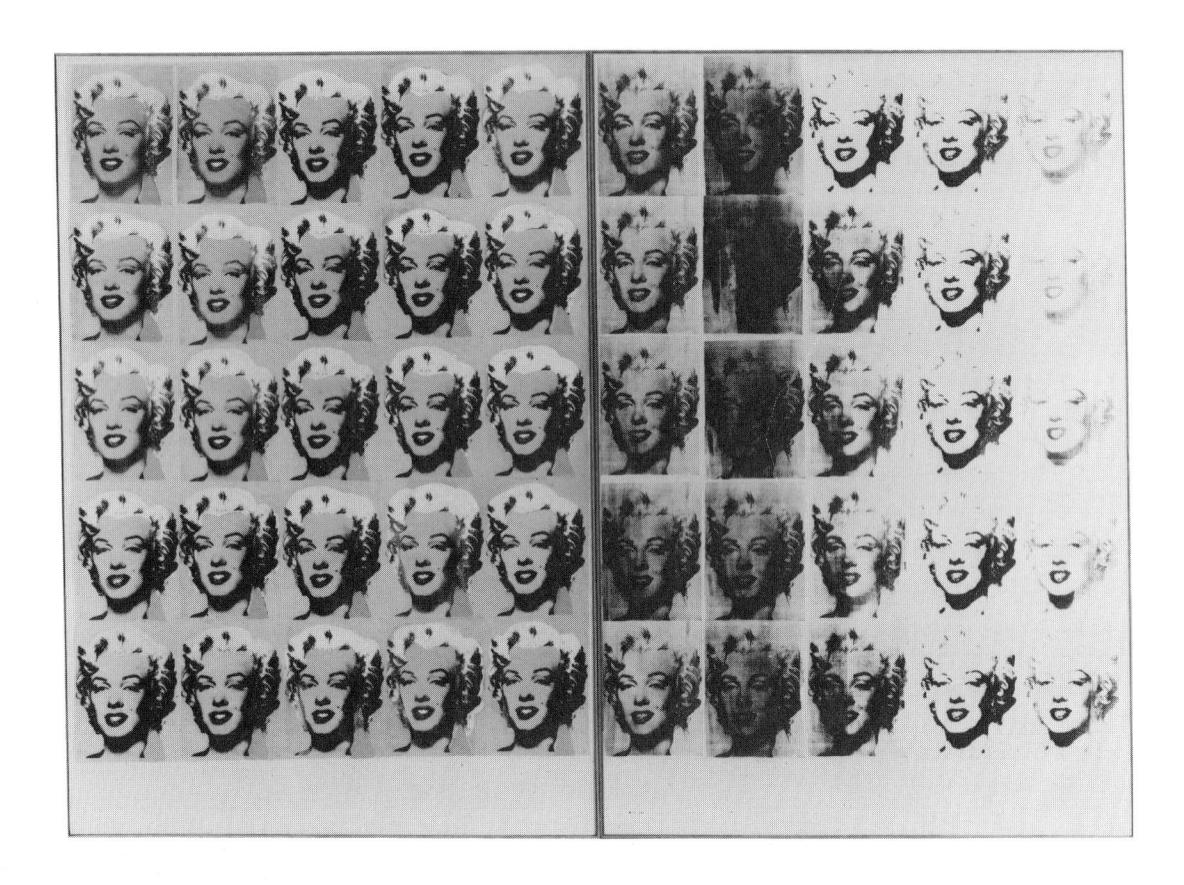

Cuestionario

1 Según el artículo, ¿por qué recomienda el autor el programa titulado "Así es Hollywood"?
2 ¿Qué aspectos de la historia del cine se recuerdan en "Así es Hollywood"?
3 ¿Cómo se llama la otra estrella de la película de Marilyn Monroe?
4 Describa un programa de televisión que le produce nostalgia. ¿Por qué?
5 ¿Cree usted que a los telespectadores españoles les pueden gustar estas películas? ¿Qué aspectos universales presenta Hollywood?
6 Comente sobre la televisión como medio productor de héroes.

Hair, la utopía sin envés
Fernando Lázaro Carreter*
EL PAÍS

Madrid, 27 de junio de 1979

Escribo con los sentidos saturados por *Hair*, película que acabo de ver. Desde el primer metro, secuestra° al público y lo conduce con fuerza irresistible a la felicidad. Berger, el urdidor° de tanta dicha, yace al final bajo una lápida° entre las miles que erizan° un cementerio de muertos en Vietnam. Alineadas a cordel°, son la más perfecta formación militar que darse puede. Pero el patetismo de aquel enterramiento° de héroes inútiles no logra enfriar la alegría de nadie°, porque suceden a ese plano fugaz° las secuencias multitudinarias de la manifestación contra la guerra en Asia, mientras retiembla° el cine con el himno "Let the sun shine in". La maestría de Milos Forman, el director, hace de la sala un pequeño Lincoln Memorial en el día aquel del airado júbilo.[1]

    Parece que la película tiene poco que ver con el musical de origen, porque desarrolla un argumento de que antes carecía. Ha sido un acierto° de los diseñadores haber dado a un producto ya exhausto (la reciente reposición° de la opereta en Broadway resultó una catástrofe) atractivos nuevos para reactivar su consumo. Los hippies de Forman, convenientemente reciclados°, apenas muestran huellas de dos lustros de vejez°; son un puro gozo. Así es que he salido de *Hair* alucinado, aligerado de gravedad y de años. Sin embargo, a dos pasos del local, cerca de la Sorbona°, me he topado° con unos hippies auténticos; habían extendido en la calle

captures
plotter
gravestone / que... (with) which bristles / *Alineadas*... Aligned with a cord
burial
enfriar... put a damper on one's happiness / *plano*... brief scene / resounds

fortunate stroke
revival

recycled
dos... ten-year-old

Sorbonne (U. of Paris)
me... I met

---

* *Lázaro Carreter:* Catedrático de Literatura, escritor y crítico literario.

sus tenderetes de baratijas°, alumbrados con luces de butano° que degradaban aun más la mercancía. De la utopía a la historia había mediado un minuto.

    De nuevo el mito de la Edad de Oro. Inflama a los hombres desde Hesíodo,[2] pero nada se opone a que surgiera mucho antes, ya en el Paraíso. El movimiento hippie fue, y aún es, una de sus últimas variantes. Todas ellas han competido, a lo largo de los siglos, contra el otro mito rival, el de la organización perfecta, que tiene sus cumbres antiguas en Platón y Tomás Moro.[3] Tan enemigas son ambas ilusiones, que, en la tierra de Utopía, los lunáticos, los insolidarios°, los vividores de su propia vida, servirían de esclavos a la humanidad sumisa°. Con menos rigor, para los habitantes de la libertad ultranza° la esclavitud es condición que los otros aceptan para la eficiencia, y que únicamente merece risa o desdén.

    Los hippies desdeñan o se burlan, pero no atacan. En una escena magistral de *Hair*, Berger baila, canta, y patea° sobre la mesa admirablemente dispuesta para un gran banquete, ante el asombro escandalizado de los tiesos y elegantes comensales°. La Utopía de Moro brinda seguridad a cambio de libertad, e identifica la dicha con la eficacia y la igualdad; la del Siglo de Oro considera aborrecible° cualquier bien que pueda obtenerse sacrificando un átomo de libertad.

    Los planificadores del bien común piensan en todos y a todos encuadran en sus ventajas. Los áureos° dejan en paz a los demás, sólo piden que se les deje en paz, y se apartan en pequeñas comunas urbanas o en ínsulas remotas y cálidas. Así los hippies.

    Es la suya una de las pocas utopías plenamente realizadas. Son los más tenaces y próximos° ejemplares de un tipo de sociedad deliberadamente asumido, los ejecutores más consecuentes de un sueño sin frontera, para lo cual han derribado el último muro° que cerraba el paso hacia el mito de la libertad: el ya carcomido° de la moral tradicional. Y se han lanzado al pacifismo (desafiando los consejos de guerra), al amor (aunque sea homosexual), al gozo en plenitud° (potenciado por° las drogas), a la maravilla de ser sin estar en el tiempo°.

    Todo esto puede verse en *Hair*. Pero se produce ese contraste tozudo° con los buhoneros° de París y de todo el mundo. Ellos son la Edad de Oro efectivamente asumida y encarnada, mostrando a las claras° las condiciones que han debido aceptar. No son otras que la frugalidad y la pobreza. Lucien Goldmann[4] les atribuía el

tenderetes... stands of trinkets / *luces...* gas lanterns

unsympathetic, individualistic / meek
absolute

kicks

tiesos... stuffy and elegant diners

abominable

flower children

más... strongest and closest
derribado... torn down the last wall / moth-eaten

gozo... excessive pleasure / *potenciado...* caused by *ser...* being out of it
stubborn / peddlers

a... clearly

mérito de haber descubierto esa arma poderosa. No es así, porque la utopía de la libertad la incluye siempre como oferta preliminar: no hay que descubrirla. Por ello, cualquiera de sus modalidades, el hippismo, por ejemplo, espanta aunque seduzca°. Muchos simpatizan con él pero pocos se apuntan°.

Europa entera vivió la fantasía renacentista de la Arcadia. Se basaba en el supuesto de una naturaleza siempre providente para los hombres. Y como el supuesto fallaba, sólo pudieron vivirla, en forma de anhelo, los humanistas; y a manera de juego, algunos pudientes, como aquellos falsos pastores que don Quijote y Sancho encuentran dispuestos a representar églogas° de Garcilaso[5] y Camoẽns.[6] Se trata de un picnic organizado "por mucha gente principal y muchos hidalgos y ricos" de la aldea vecina°. La utopía tuvo incluso sus manipuladores, que afirmaban envidiar a los pobres campesinos, porque vivían sin saberlo la esencia de la beatitud terrenal.

La utopía de la libertad se opone a la de la seguridad: es la utopía de la pobreza. A la que los hippies añaden otra condición decisiva: la de la juventud. Esa ilusión sólo puede realizarse con unos cuerpos apropiados y sanos (¿No imponen aún otra condición?: ¿podría ser hippy un calvo°?) Y ello implica que sólo funciona como lugar de paso; para el individuo, es puro estado de transición. Porque si persevera, todas las ventajas de la utopía se las arruinará la edad. El futuro del hippy es el clochard°, de no abjurar antes°. Por otra parte, esas comunidades necesitan de la sociedad que detestan, porque sin ella (en una sociedad planificada, por ejemplo), se extinguirían por consunción o por sanción. Sus colonias suelen ser parasitarias: han de vender algo —lo más inocuo es su quincalla callejera°— para poder resistir.

En *Hair* los hippies son hermosos, cantan y bailan que es un puro prodigio, sus rostros refulgen, sucios, de° simpatía e inteligencia... En ningún momento dice Forman al público de qué viven, si enferman, qué comen, o dónde pare aquella moza angélica° que aguarda a ver si su hijo nace blanco o mulato para atribuirle padre. En dos ocasiones necisitan cosas que no poseen; dinero para pagar fianza en el juzgado, pero lo aporta la madre de uno de ellos, una burguesa; y un automóvil para viajer lejos, pero allí está a su disposición el carro monumental de una simpatizante millonaria.

Eso es trampa, trampa burda°, fácil de descubrir a pocos pasos de cualquier cine. Y es también, como mínimo, falta de respeto

espanta... is frightening though seductive / *se...* comply with it

poems

aldea... neighboring town

bald man

tramp
de... if he doesn't abandon the movement first

quincalla... street trinkets

sus... their faces shining, dirty, with

dónde... where the angelic girl gives birth

trampa... mean trick

a esos profesos de la pobreza y del lacio° o afro hair. Los cuales probablemente bailan con menos garbo°; y, si cantan, no todos tendrán aquella voz enardecida° de los rockeros° de Forman. El famoso director checo° maneja la utopía a su antojo° para hacerla rentable° a los enemigos de los hippies; y eso, fingiendo° ser su hermano.

    Hubo de ser un genial desenmascarador° —Maravall[7] así lo encuadra en un libro memorable— quien hiciera sentir hambre a su héroe, hiriendo por deber° un ideal que él mismo amaba.

    Hair, por el contrario, explota una ilusión milenaria. Si se ve la película sin pensarla, cautiva; si se piensa, indigna. Muestra la faz dorada° de la utopía, y escamotea° su dramatismo; la convierte en mera mostración de gracias, malicias, y bondades. Parece exaltar el sueño áureo, y hace algo peor que combatirlo: falsearlo. No le da la vuelta al as de su baraja°, y queda como si fuera una abstracción sin envés°, sin cuerpo. Eso han hecho siempre los explotadores de sueños. Y si uno se niega a adentrarse° tanto en los bosques de Arcadia como por las calles geométricas de Hippodamos,[8] y si aspira a la seguridad con libertad, irrita el abuso de ésta para tergiversar° a los muy respetables hippies, ascetas° miserables y felices de una locura exigentísima°.

lank
grace
impassioned / rock singers
Czech / *a...* in his own way / appealing / pretending

brilliant exposer

hiriendo... destroying out of duty

faz... golden image / sweeps aside

No... He doesn't show the ace in his deck / *sin...* one-sided
se... refuses to enter

distort / hermits / very demanding madness

Notas

1. *Lincoln Memorial en el día aquel del airado júbilo:* Se refiere al monumento dedicado al Presidente Lincoln, situado en extremo oeste del Mall, opuesto al Capitolio de Washington. Esos días de júbilo son las manifestaciones que frecuentemente tenían lugar allí durante los años sesenta, por diversos motivos: la contracultura de los hippies, el consumo de drogas, las reivindicaciones de las minorías raciales, y sobre todo las protestas contra la Guerra de Vietnam.
2. *Hesíodo:* Poeta griego del siglo VIII antes de Jesucristo.
3. *Tomás Moro:* Canciller de Inglaterra en tiempo de Enrique VIII (1478–1535), autor de *Utopía*.
4. *Lucien Goldmann:* Sociólogo francés nacido en Hungría (1913–70) que se interesó por el pensamiento de Racine.
5. *Garcilaso:* Poeta español (1501–36) del Renacimiento, cuyas obras se componen de *Sonetos, Canciones, Elegías,* y *Églogas*.
6. *Camoëns:* Poeta portugués, autor de *Us Lusiadas*.
7. *Maravall:* José Antonio Maravall Casesnoves, escritor y crítico español nacido en 1911 cuyo interés principal es el pensamiento político.
8. *Hippodamos:* Arquitecto griego nacido c. 500 antes de Jesucristo; precursor de la planificación urbana. Responsable por el diseño de la ciudad de Piraeus.

Cuestionario

1. ¿Fue la película *Hair* solamente una reacción contra la guerra norteamericana en Asia? ¿Qué otros factores culturales intervinieron?
2. Según el autor, ¿cuál es la función de los hippies?
3. ¿Por qué habla el autor de la utopía de la libertad?
4. ¿Qué contraste hay entre la utopía de la libertad y la de la pobreza?
5. Escriba una conversación entre dos aficionados al cine. Pregúntele qué aspectos de la película la han gustado más, y qué aspectos menos.
6. Trate de resumir este artículo en unos polos párrafos cortos.
7. ¿Cree usted que estos asuntos son comprensibles para toda clase de público?

El norteamericano de hoy busca nueva felicidad

Elvira Martín
EL MIAMI HERALD

Miami, 12 de marzo de 1979

Un reciente estudio sobre lo que actualmente constituye la felicidad para el hombre norteamericano —basado en una encuesta hecha a unos 2.000 varones en los Estados Unidos y el análisis de sus respuestas por dos sociólogos— concluye que lo que la mayoría del género masculino anhela° actualmente por encima de todo es la realización de su potencialidad.   desires

Para obtener su realización, el hombre de hoy —a diferencia del de generaciones anteriores— deja el sexo un poco de lado, quizá debido a la liberación del sexo en las mujeres, las cuales durante más de una década han acentuado la idea de que para realizarse ellas totalmente como seres humanos es de primordial importancia liberar el sexo de todos los tabús ancestrales anteriores al descubrimiento de la píldora anticonceptiva.

El orden de preferencia de los ingredientes que constituyen ahora la felicidad para el hombre es el siguiente: salud, amor, paz mental, vida de familia, trabajo, amigos, respeto del prójimo°, educación, sexo, y dinero.   fellow man

La mayoría de ellos estiman que una equilibrada vida de familia es esencial para ser feliz, pero muchos no creen que el sexo sea un elemento esencial para lograr este equilibrio. Tampoco estiman que los hijos son indispensables para la felicidad de la familia y no consideran que acumular mucho dinero contribuya a la paz mental.

La principal razón que encuentran para casarse no es, como solía ser, amar y reproducirse sino "compartir la vida con otra persona". Y la cualidad que les parece más importante en esa persona es que sea "alguien con quien poder ser enteramente honesto y franco". Sólo el 24% prefiere "alguien sexualmente excitante". El 40% expresó el deseo de tener hijos y el 25% desea una vida sexual estable.

En la persecución del nuevo ideal de la pareja humana —el desarrollo individual de cada uno de los constituyentes— se ha comprobado sociológicamente el hecho del regreso a la ciudad desde los suburbios de la mayoría de los matrimonios jóvenes° de la clase media con suficientes recursos económicos para adquirir una vivienda° en alguno de los barrios decadentes que abundan° en las grandes ciudades, y para construirla, en general invirtiendo mucho más en la rehabilitación de un destartalado° edificio de lo que han pagado por su adquisición.

matrimonios... young married couples
house / abound
dismantled

Estos barrios van renaciendo° poco a poco conforme nuevas parejas se instalan en sus antiguas casas de pocos pisos, desplazando a la gente pobre que por muchos años disfrutaron de ellas.

van... are being revived

Estas parejas modernas suelen ser de profesionales jóvenes que esperan realizar mejor sus ambiciones en las metrópolis que aislados, como sus padres, del tráfico, la contaminación, y la criminalidad ciudadanos. Y aceptan filosóficamente estos inconvenientes mejor que el estancamiento plácido de la vida suburbana y el desplazamiento diario de los dos a sus lugares de trabajo.

El ideal de la casita propia en medio del césped° y la imagen de la esposa solitaria en espera del marido° cada noche para relatar las fechorías° de los hijos al hombre que regresa cansado después de ocho horas de trabajo y las enervantes de conducir en medio de agobiante° trafico, está desapareciendo.

en... surrounded by a lawn
en... waiting for her husband / misdeeds
overwhelming

Los matrimonios jóvenes aspiran ahora a crearse, ambos, una buena posición económica y social con el ejercicio de sus carreras. Este nuevo género de vida limita necesariamente el número de hijos y la vivienda en la ciudad facilita los medios de encontrar maneras de que los niños estén debidamente atendidos mientras los padres trabajan.

Este cambio de propósito para contraer matrimonio ha traído consigo que las condiciones antes consideradas indispensables para la estabilidad de la pareja —estar juntos el tiempo libre, compartir los amigos, tener la misma religión, antecedentes sociales, y similitud de aficiones°—, han perdido importancia.

interests

En lugar del énfasis anterior en ir juntos a espectáculos y

restaurantes, asistir a reuniones de parejas, y compartir aficiones recreativas, ahora prefieren descansar juntos en casa, dormir horas extra, mirar la televisión, conversar, leer, escuchar música, y arreglar cosas en el hogar, recibiendo como visitas sólo a los íntimos.

Y el sexo, perdida la primordial importancia que tenía para generaciones anteriores, se considera hoy sólo como otro factor de la felicidad basada en la autorealización.

En todo caso la unión espiritual e intelectual de la pareja ha sido elevada al nivel de importancia del entendimiento físico. Y esta trilogía equilibrada es una base sólida de estabilidad para el matrimonio.

Cuestionario

1 ¿Qué lugar ocupa el dinero en las preferencias de los norteamericanos?
2 ¿Es el sexo importante para las nuevas generaciones?
3 ¿Quieren las nuevas parejas tener una casa en los suburbios?
4 Confeccione su propia encuesta sobre estos aspectos. Haga preguntas a cinco amigos suyos y saque conclusiones.
5 ¿Considera usted que los resultados de la encuesta del artículo son representativos del ambiente en que vive usted? ¿En qué se diferencian?
6 ¿Cree usted que la salud es lo más importante en su vida? ¿Considera que el dinero no es importante?

En los Estados Unidos sigue en descenso la fertilidad

EL CORREO CATALÁN

Barcelona, 12 de septiembre de 1979

El contenido espermático del semen del norteamericano y su potencial fertilizadora parece que va en disminución° y la causa se encuentra posiblemente en la contaminación química, afirma el científico norteamericano Ralph C. Dougherty, de la Universidad estatal de Florida. Esta conclusión se refiere a un estudio realizado por 132 voluntarios del que se desprende° que la densidad espermática observada hace 30 años por otros investigadores sigue disminuyendo.

parece... seems to be decreasing

se... it can be inferred

En su estudio, presentado en la convención de la sociedad química americana, Dougherty señala que en investigaciones realizadas en Europa Occidental, Estados Unidos y Japón, se observa que la concentración espermática sigue reduciéndose en los países industrializados. "Las causas de este proceso degenerativo no están todavía muy claras. Posiblemente se deba a las sustancias tóxicas presentes en la vida humana", añade el estudio.

Esterilidad

El investigador de Florida explica que en 1929 se fijaba el valor de la densidad espermática en un promedio de 90 millones por milímetro de semen. En 1974 este índice se situaba en 65 millones.

El estudio actual, realizado principalmente en estudiantes de la Universidad de Florida, sitúa el valor medio en 60 millones.

Cuestionario

1. ¿Quién efectuó este estudio?
2. ¿Cuáles son las causas del proceso?
3. ¿En quiénes se efectuó el estudio?
4. Escriba una entrevista de 200 palabras entre el Dr. Dougherty y un periodista.
5. ¿Considera usted posible que la contaminación produzca problemas semejantes? ¿Qué haría usted para disminuir este proceso si fuera Secretario de Salud Pública?
6. ¿Por qué se producen estos problemas en los países industrializados? Comente sobre las consecuencias del desarrollo.

Inversiones extranjeras
MUNDO DIARIO*

Barcelona, 21 de junio de 1979

Mientras las oligarquías económicas españolas no se atreven a invertir°, la poderosa General Motors selecciona a nuestro país y confía en las posibilidades que ofrece nuestra realidad. No cabe duda que las empresas norteamericanas no obran a la ligera° y que miden escrupulosamente sus pasos°. Todas sus decisiones van precedidas de informaciones meticulosas y científicas. Se valoran escrupulosamente todos los datos, incluso la realidad laboral.

 Resulta obvio que, si se han decidido instalarse aquí, es porque consideran que las oportunidades son aquí mayores que en otros países. Esto resulta contradictorio con la actitud de un importante sector empresarial que muestra recelos° y desconfianzas a la hora de efectuar nuevas inversiones, tan necesarias para suavizar el paro° y la crisis económica en general. Todo hace sospechar que de ciertas oligarquías se esconde una maniobra política desestabilizadora. De otra forma no se pueden comprender las actitudes alarmistas.

 Pero es que también la General Motors, según parece, ha valorado positivamente la capacidad, rendimiento, y sentido profesional de los trabajadores españoles, a los que tantas veces, de forma más o menos velada°, se les ha acusado de ser los que menos producen de Europa. También en esto, como puede apreciarse, existía buena dosis de falsedad y manipulación.

se... dare to invest
a... superficially
miden... they scrupulously measure their steps

suspicion

suavizar... ease unemployment

veiled

* *Mundo Diario:* Periódico de la mañana publicado en Barcelona con una tirada media de 75.000 ejemplares. Su director es Josep Pernau.

El propio Rockefeller ha confesado, en la sinceridad de una conversación privada con un importante empresario español, que confía ampliamente en el futuro económico y político de nuestro país. La realidad de las inversiones extranjeras es un viento de optimismo frente a los anuncios agoreros° y pesimistas de un sector de la oligarquía que campa por sus respetos° en nuestra economía.

anuncios... ominous announcements
campa... acts with complete selfishness

Cuestionario

1. Según este artículo, ¿cuál es la política económica de la oligarquía española?
2. Según el autor, ¿qué opinión tiene la General Motors de los trabajadores españoles? ¿Por qué escoge a España la General Motors?
3. ¿Cuál es la forma de trabajar de las empresas norteamericanas en su planteamiento de las inversiones?
4. Según su experiencia de la industria del automóvil, proponga una lista de los beneficios de la inversión de General Motors en España. ¿Cree usted que es conveniente que una compañía como la General Motors invierta en España? ¿A quién beneficia más, al trabajador español o al capital norteamericano?
5. ¿Por qué las compañías norteamericanas quieren invertir en países como España? ¿Para ahorrar impuestos? ¿Para pagar bajos salarios?
6. Teniendo en cuenta que las grandes empresas norteamericanas del automóvil como Chrysler y Ford han tenido fracasos, ¿no cree usted que existe la posibilidad de que en realidad los empresarios españoles son los que tienen la razón y que España presenta riesgos que no van los norteamericanos? ¿Qué haría usted?

La CIA espió a los investigadores del caso
MUNDO DIARIO

Barcelona, 19 de junio de 1979

Un agente de la CIA revolvió los archivos secretos° del comité del Congreso que investiga quién mató al presidente John F. Kennedy. Según reveló ayer *The Washington Post*, el agente abrió un día del pasado mes de julio la caja fuerte° de ese comité, que se encuentra a punto de publicar el resultado de su investigación en la que afirma que hubo una conspiración para asesinar a Kennedy en 1963.

La CIA, agregó el diario, reconoció que el hecho era verdad y asegura haber expulsado de sus filas° al agente que, dijo un portavoz de la agencia de inteligencia, "se había dejado llevar por la curiosidad°".

Pero el caso es que una mañana del verano pasado los miembros del comité encargado de la investigación se encontraron la caja fuerte abierta y los documentos con la evidencia de la muerte del presidente desparramados° y mal colocados°.

Empleados de ese comité, con ayuda de policías de Washington amigos suyos, intentaron averiguar quién era el autor de ese caso de espionaje. Para ello estudiaron las huellas dactilares° que habían quedado grabadas° en las fotografías manipuladas.

Las únicas huellas presentes que no eran de los empleados del comité resultaron ser las de Regis Blahut, un funcionario del departamento de seguridad de la CIA.

archivos... secret files

caja... safe

expulsado... expelled from its ranks

se... who had let himself get carried away by curiosity

scattered / *mal...* out of order

huellas... fingerprints recorded

Cuestionario

1 Según el artículo, ¿siguen investigando el asesinato del presidente Kennedy? ¿Por qué? ¿No está todo aclarado?
2 ¿Qué relación tiene la CIA con el asesinato? ¿Cómo se presenta en este artículo la relación entre el espionaje y la muerte del líder norteamericano?
3 ¿Qué métodos usó el agente de la CIA mencionado en el artículo?
4 Resuma este artículo en un párrafo de cien palabras aproximadamente.
5 ¿Cree usted que es necesario estar comentando constantemente y conjeturando sobre el asesinato de Kennedy?
6 ¿Por qué cree usted que este tema interesa tanto a los lectores de otros países?

Los sentimientos de culpa en día de elección

Víctor Alba

EL MIAMI HERALD

Miami, 25 de junio de 1980

Muchos factores influyen en el elector a la hora de votar: la imagen del candidato, la identificación ideológica con él, el humor general del electorado, la tradición de una ciudad o un barrio, la costumbre de votar siempre por un mismo partido, la reacción ante la política del momento, el deseo de bloquear el paso a un candidato, etcétera. Pero es rarísimo que el sentimiento de culpa del elector determine su voto.

Sin embargo, en las elecciones que tendrán lugar dentro de un año en los Estados Unidos, el sentimiento de culpa puede ser un elemento decisivo. Esto ya es excepcional. Lo es todavía más que muchos electores se encontrarán entre dos sentimientos de culpa.

De hecho°, la campaña electoral ya ha comenzado. En los Estados Unidos, precisamente por tener un sistema democrático de tipo presidencialista, las campañas electorales son muy largas, tanto más cuanto que en cada uno de los dos partidos principales van precedidas por una campaña para las elecciones "primarias". Esto paraliza de hecho el gobierno y retrasa las labores° del Congreso.

Se dice que el primer año de los cuatro de un mandato presidencial pasa en aprender, el segundo en gobernar, el tercero en preparar la reelección, el cuarto en campaña electoral. Solamente si el Presidente es reelegido, tiene tres años para gobernar

De... In fact

retrasa... sets back the work

Carter y Kennedy

realmente —pues el cuarto año del segundo mandato se emplea en apoyar el candidato del propio partido que ha de suceder.

Más que de la batalla entre republicanos y demócratas, se habla, y mucho, de la contienda entre Carter y Kennedy.[1] Del segundo, no se sabe aún si se presentará, pero todo indica que sí. Aunque bien pudiera ser que a última hora renunciara a ser candidato, si ve que las encuestas no le son abiertamente favorables.

Kennedy, a los ojos del público, es liberal, el que no quiere reducir el presupuesto de educación, asistencia social°, sanidad, es decir, el "humano", el hombre de la gente "humilde". Carter es, a los ojos del público, el presidente que fue elegido para barrer con° Washington y su burocracia, y que ha acabado dominado por ella, que vacila a la hora de adoptar decisiones. El "fracasado", en suma. Pero el público —una buena parte de él, la que no está

asistencia... welfare

barrer... clean up

comprometida por la costumbre o la ideología con ninguno de los candidatos —siente ante Kennedy y ante Carter una cierta culpa.

El sentimiento de culpa por Kennedy es más claro y menos racional. Edward Kennedy es el hermano de dos asesinados: el presidente John F. y el candidato Robert. Y como ambos asesinatos son todavía oscuros, dejan lugar para muchas dudas y especulaciones, el público siente la necesidad, en cierto modo, de resarcir° a los Kennedy por esos dos crímenes políticos absurdos. Piensa que Ted, al presentarse, desafía al Destino, hace un acto de valor, y esto puede arrastrar° a muchos electores.

El sentimiento de culpa ante Carter es menos general, pero más racional. La gente no deja de darse cuenta de que el descenso de la popularidad de Carter se debe, ante todo, a que se ha atrevido a hacer lo que pocos presidentes hacen —ir contra la corriente, adoptar medidas impopulares. Esto inspira respeto. La gente sabe, también, que el Congreso ha retrasado° lo fundamental de las leyes propuestas por Carter sobre la reforma fiscal, la política exterior, y la política de la energía. Y sabe, finalmente, que Carter ha hecho cosas, en política exterior, que otros presidentes, más preocupados por los votos, no se hubiesen atrevido a hacer: la negociación entre Egipto e Israel, el tratado con Panamá, el acuerdo Salt II, el levantamiento de la hipoteca israelí sobre° la política exterior norteamericana, la nueva política africana, la defensa de los derechos humanos.

make amends for

sway

delayed

levantamiento...
lifting of Israel's control over

Nota

1 *Carter y Kennedy:* Kennedy se presentó candidato para el nombramiento del partido demócrata, que luego en la convención eligió a Carter. Este último fue derrotado por el candidato republicano Ronald Reagan.

Cuestionario

1 ¿Cuáles son los factores de mayor influencia en los electores a último minuto?
2 ¿Qué influencia tienen las elecciones en el trabajo del Congreso norteamericano?

3 ¿Cuáles son los programas que favorece el senador Kennedy?
4 ¿Por qué es el presidente Carter distinto a muchos otros presidentes norteamericanos?
5 Si usted no está de acuerdo con el contenido de este artículo, escriba una carta de protesta. Máxima extensión: 300 palabras.
6 Si a usted le ha gustado el artículo, escriba un editorial de periódico, alabando al autor.

Vocabulario

Omitted from this vocabulary are identical cognates and other words deemed guessable in their context; words explained in glosses and notes; conjugated verb forms other than irregular past participles; common pronouns and possessive and demonstrative adjectives; articles; common prepositions and conjunctions; days of the week and months of the year; numerals; and other very basic vocabulary.

Gender is not indicated for masculine nouns ending in -e, -o, -ón, -in, or -r, or for feminine nouns ending in -a, -dad, -tad, -tud, -ión, -ez, or -umbre. Adjectives are given in the masculine singular only, if the feminine singular is formed by adding -a or by substituting -a for final -o. Radical changes of verbs are indicated in parentheses following the entry.

Only meanings used in the text are given.

The following abbreviations are used:

adj	adjective	mf	same ending for both genders
f	feminine noun	mpl	noun used in masculine plural
fpl	noun used in feminine plural	n	noun
inf	infinitive	pl	plural
m	masculine noun	pp	past participle

A

abierto (*pp of* **abrir**) open, frank, outspoken
aborto abortion
aburrimiento boredom, tediousness
acabar to finish, complete
  —**se** to run out, be exhausted
  — **con** to get rid of, put an end to
acaparar to monopolize, control
acelerar(se) to hasten, hurry, accelerate
acercamiento rapprochement
acercar to bring near or nearer
acero steel
acertado fit, appropriate
acertar (ie) to hit the mark; to succeed
aclarar to clarify, explain
aconsejable advisable
aconsejar to advise, counsel
acontecimiento event, happening
acordar (ue) to agree
  —**se de** to remember
actuar to act
acudir to go, come; to come to the rescue
acuerdo agreement
acumulador, -a cumulative
adelantado advanced
adiestramiento teaching, training
advertencia warning
advertir (ie, i) to give notice, warn; to notice, note
afamado famous
aflorar to crop out
agradecer (zc) to be grateful (for)
agravarse to get worse
agregar (gu) to add
aguantar to bear, endure
ahorrar to save, economize
aislador, -a isolating
aislar to isolate
ajeno foreign, alien
alabar to praise
alcance scope, extent
alcanzar (c) to reach, attain
  — **a** + *inf* to succeed in
alegar to allege, affirm
alejar to remove, withdraw, put at a distance
alfombra carpet
aliento cheer, encouragement
alojamiento lodging
alquilar to rent
alquiler rent
alrededor (de) around
  a su — in one's vicinity
altiplano plateau
alucinar to dazzle, fascinate
alza rise, increase
ama de casa housewife
ambientar to influence, affect
ambiente atmosphere, air; environment
ámbito compass, scope

amenaza threat
amenazar (c) to threaten
ampliación expansion
ampliar to amplify, extend, increase
analfabetismo illiteracy
analfabeto illiterate
andino Andean
angustia anguish
anhelo yearning, eagerness
ansiar to long for, covet
antaño long ago
Antártida Antarctic
antillano West Indian
anulación annulment
añadir to add
apagar (gu) to turn off (TV)
apertura opening
aporte contribution
apoyar to support
apoyo support
aprendizaje learning
aprovechar to make use of, profit from
apuesto elegant, stylish
apuntar to point out
armario wardrobe, closet
arreglar to arrange, settle
asco nausea, loathing
asegurar to assure, ensure
asesinato assassination
asignatura subject (of study)
asimismo likewise
asistir (a) to attend, be present (at)
asomarse to first appear, peep out
asombrar to astonish, amaze
asombroso wonderful, astonishing
asunto matter, affair
atar to tie, bind
atender (ie) to await; to take care of
atizarse to be aroused, be stirred up
atraer to attract
atraso backwardness
atravesar (ie) to cross; to go through
atreverse to dare, venture
auditorio audience
auge summit, apogee, boom
aula lecture hall; classroom
aumento increase
ausencia absence
autonómico *adj* self-government, autonomy
averiguar to investigate, find out
aves *fpl* poultry

B

bando faction, party
bañista *m* bather
barroco baroque, ornate
bastar to suffice, be enough
bienestar well-being, comfort
bloqueo blockade
borrar to obliterate
brindar to offer
brujería witchcraft, sorcery
burgeso bourgeois
busca: en — de in quest of
búsqueda search

C

cabalmente exactly, fully, perfectly
cabe + *inf* it is appropriate to, it is pertinent to
cabida: tener — to be appropriate, be applicable
cabo end
  al — at last
llevar a — to carry out, accomplish
cabra goat
cabrío *adj* goat
cadena series; network
caída fall, downfall
calambre cramp (of muscles)
cálido warm, hot
cambiar to change
  — de mano to change hands
cambio change; exchange
  a — in exchange
  en — on the other hand
cámera chamber
camioneta light truck, station wagon
campesino peasant, farmer
canciller chancellor
cancha field
cansancio fatigue, weariness
canto chant; hymn
capaz capable, able
capital *adj* leading, great, essential
capítulo chapter
cárcel *f* jail, prison
carecer (zc) to lack
carencia lack, scarcity, deficiency
carga load, burden; charge (explosive)
cargar to load, burden, charge
cargo charge, keeping; office, post
Caribe the Caribbean
carne *f* flesh; meat
carrera run; career
carta charter
cartel *m* poster
caso: hacer — to mind, obey
castellano Castilian; Spanish (language)

castigar to punish
castigo punishment
catalán Catalonian
Cataluña Catalonia
catedrático professor
caudillista tyrannical
cautivar to captivate, charm
censura censorship
centener *n* a hundred
certeza certainty
cesta basket
cierre closing, shutdown
cifra figure, number
cinta film
cita appointment, rendezvous; quotation
ciudadano citizen
clave *f* key
cobrar to charge (a fee); to earn, get (money)
cobre copper
codicia greed
codiciar to covet
colchón mattress
colegio school
colgar (ue) to hang
colocar to put, place
comarca border, boundary
combustible *n* fuel
comerciante businessman
comienzo beginning
comodidad convenience
compartir to share
competencia competition
complejo *n* complex; *adj* complex, difficult
comportamiento behavior
comprender to comprise, include
comprobar (ue) to verify, confirm
comprometer to compromise; to risk, venture
  —se to commit oneself
conceder to give, grant

condena sentence, condemnation
conejo rabbit
confeccionar to make, prepare
configurar to form, shape
conforme as
confundir to confound, confuse
conjeturar to conjecture, guess
conjunto *n* whole, entirety; group (of musicians); *adj* joint, united
conmovedor, -a moving, touching
connubio marriage
conocedor, -a connoisseur, expert
conocimiento knowledge, understanding
consecución attainment
conseguir (i) to get, obtain; + *inf* to succeed in
consejo advice; council, board
conservar to preserve
consiguiente resulting, consequent
  por — consequently
consonantemente consonantly, in harmony with
constar de to consist of
constructor, -a builder
con tal de so as to
  — que provided that, on condition that
contaminación pollution
contenido contents
contienda fight, struggle
continuación: a — immediately
contraído (*pp of* **contraer**) contracted, diminished
contraponer to counter, oppose

contrayente *mf* party (to a marriage contract)
contribución tax; fee
controlar to keep an eye on, check
convencionalismo conventionality
conveniencia desirability, advantage
conveniente advisable, desirable
convenientemente suitably, appropriately
convenio pact, agreement
convenir (ie, i) to agree
  conviene + *inf* it is good to
convivencia *n* living together
conyuge *mf* spouse
corresponsal *m* correspondent
cotidiano daily
crecer (zc) to grow, increase
creciente *adj* growing
crecimiento increase
creencia belief
cuadro frame; framework; cadre
cualquier, —a any; whoever, whatever
cuanto as much (many) as
  — antes immediately, without delay
  en — as soon as
  en — a as for
cuenta account
  por su — on one's account
  tener en — to take into account, bear in mind
cuerno horn (of an animal)
culto *adj* cultivated, cultured
cumbre peak, summit
cumplimiento compliance
cumplirse to be realized, be fulfilled
cursar to study

VOCABULARIO

CH

choque clash, skirmish

D

daño harm, damage
datos *pl* data
deber *n* duty
debidamente duly, properly
debido a que since, owing to the fact that
débil weak, feeble
debilitar(se) to weaken
decano dean
decena: por —s by tens
déficit *m* deficiency
definitiva: en — in short
denominado so-called
denominar to name
depuesto (*pp of* **deponer**) deposed
derivar en to turn into
derribar to overthrow, demolish
derrocar to oust, overthrow
derrota defeat
derrotar to defeat
desafiar to challenge, defy
desafío challenge
desaparición disappearance
desarrollar to develop
 —se to develop, evolve
desarrollo development
descargar to unload
descenso decrease, fall, decline
descifrar to decipher
desconcierto confusion
descubrimiento discovery
descuido carelessness, oversight
desdeñable contemptible, to be scorned

desdicha misfortune
desembocar (qu) en to flow into; to lead to
desenlace conclusion, dénouement
deseo desire
desgracia: por — unfortunately
desgraciadamente unfortunately
deshacerse (de) to get rid (of)
desigual unequal
desmitificar to demythologize
despedir (i) to discharge, dismiss
despierto lively, alert
desplazar to displace
 —se to displace oneself, move about
desplegar (ie, gu) to unfurl
despreciable inappreciable, negligible
desprecio scorn; neglect
destacar (qu) to emphasize
 —se to stand out, be conspicuous
destinar to assign
desvanecer (zc) to disintegrate, vanish
desvanecimiento dizziness
determinado definite, specific, given
deuda debt
devolución restitution
devolver (ue) to hand over
diariamente daily
diario daily
dibujante draftsman
dibujo drawing, sketch
dicha luck, good fortune
dificultar to create difficulties, make difficult
dimitir to resign
diplomado graduate

discurso speech
diseñar to sketch, outline
disfrutar (de) to enjoy, have
disponer to dispose
 — se de to have at one's disposal
disponibilidad availability
dispuesto (*pp of* **disponer**) graceful; capable
disuelto (*pp of* **disolver**) dissolved
divertido entertaining
doblar to double; to dub (a film)
dondequiera wherever
dotar to endow
duda doubt
 no cabe — there is no doubt
dudoso doubtful
dueño owner, master
duplicar to double
duradero durable, lasting

E

ecuatoriano Ecuadorian
echar to throw
editorial *m* publisher
efectuar to make, do
ejemplar copy (of a publication)
ejercer (z) to exercise, practice; to exert
elegir (i, j) to choose, select
embarazo pregnancy
embargo: sin — however, nevertheless
empeñarse (en) to persist (in), to be bent (on)
empezar (ie, c) to begin
empobrecer (zc) to impoverish

empresa enterprise, company
empresario entrepreneur
encabezar to head, lead
encanto charm, fascination, delight
encargar (gu) to entrust
  —se de to take charge of
encender (ie) to inflame, incite; to turn on (TV)
encima above
  — de on, on top of
  por — de over, above; regardless of
enclavar to embed
enclave location
encontrar (ue) to find
  —se to be, find oneself
encuadrar to frame
encuesta survey, poll
enervante weakening
enfoque approach
enfrentamiento confrontation
enfrentar to put face to face, confront, oppose;
  —se con to face
engrandecimiento aggrandizement
enriquecer (zc) to enrich
ensayar to try, test, rehearse
ensayista *mf* essayist
ensayo essay
enseñanza education
entendimiento understanding
enterarse to learn, find out
enterrar (ie) to bury
entregar (gu) to deliver, hand over
entretanto meanwhile
entretenido entertaining, pleasant
entretenimiento sport, pastime

entrevista interview
entrevistar to interview
enturbiar to muddy, make obscure
envidiar to envy
equilibrar to balance
equivocarse (qu) to be mistaken, make a mistake
escaño seat (in an assembly)
escasamente scarcely, hardly
escasez shortage, scarcity
escaso small, limited, scanty
escoger (j) to choose, select
escolta escort, guard
escrito (*pp of* **escribir**) written
escritorio study, office
escueto plain, free
esforzarse (ue) to exert oneself, try hard
esfuerzo effort, endeavor
especie kind, sort
esquema scheme, plan
esquí *m* ski; skiing
estadística statistic
estallido outburst
estancamiento stagnation
estancia lodging
estatal *adj* state
estratega *m* strategist
etapa stage (of development)
eventualidad contingency, possibility
evitar to avoid, shun
exigir (j) to require, demand
exitar to fulfill
éxito result, end; success
exitosamente successfully
expedirse (i) to be implemented
expender to sell
experiencia experiment

explotar to exploit
expoliación spoliation, despoiling
expuesto (*pp of* **exponer**) exposed
extenuado worn out, wasted
extrañar to wonder at, find strange
extraño *n* stranger; *adj* strange

F

facundo fluent, eloquent
falta lack, shortage
  hacer — to be necessary
faltar to be lacking
falla fault, deficiency
fallecer (zc) to die
fallo verdict, decision
fechar to date (a document)
feligres, —a parishioner; follower
fianza bail, surety
fidedigno trustworthy
fiel faithful
fijar to settle, establish, determine
fila rank (in a hierarchy)
fin end, conclusion; object, purpose
  al — at last
  al — y al cabo at last
  por — finally, at last
finales: a — de to the end of
fines: a — de at the end of
firmar to sign
florecimiento flowering; flourishing
fomentar to promote, encourage
fondo essence
  en el — at heart

foráneo foreign
fortalecer (zc) to strengthen; to aid, encourage
fracasar to fail
fracaso failure
frenar to apply the brake to, slow down
frente a in the face of; compared with
fronterizo *adj* frontier
fruto result, benefit
fuente *f* source
fundamentar to base, establish
fundirse to fuse, merge, blend

G

gafa glasses, spectacles
gallego Galician
gallina rooster
gastar to spend; to use (fuel)
gasto expense, expenditure
genero class, kind; gender
gesta romance; epic
gobierno government
golpe blow, stroke
— **de estado** coup d'état
golpear to strike, hit, beat; to bruise
gozar (de) to enjoy
gozoso joyful, glad
grado degree
grasa grease; fat
grato pleasing, pleasant

H

hábito habit, custom
hablante *mf* speaker
hecho *n* fact, event, deed
de — in fact, de facto
hembra female
heredar to inherit
herencia inheritance, legacy
herir (ie, i) to wound
hermandad brotherhood
hierro iron
hispanohablante *mf* speaker of Spanish
hogar home
hoja sheet (of paper)
homenaje homage
honrar to honor
huella trace, vestige
hueso bone

I

ignorar to not know, be ignorant of
igual: al — equally
igualitario egalitarian
impedir (i) to hinder, prevent
imperante prevailing
imperio empire; dominion
implicar to involve
imponerse to triumph; to impose oneself
imprenta printing
imprescindible essential, imperative, indispensable
impreso publication
imprimir to stamp, imprint, impress
impuesto *n* tax
impulsar to impel, move, prompt
incansable untiring
incluso likewise; including, even
incógnita *n* unknown (quantity)
inconveniente *n* difficulty, obstacle
indicio indication, evidence
indiscutible indisputable
inducir (zc, j) to persuade, influence
inestabilidad instability
informe information; report, account
ingenuidad ingenuousness, innocence, candor
ingerir (ie) to ingest
ingresar to enter
ingreso entry, entrance; *pl* revenue, earnings
inmadurez immaturity
innegable undeniable
inquebrantable irrevocable
inscripción enrollment
insólito unusual
insospechado unsuspected
instancia(s): a— de at the request of
integrar to constitute, be
intentar to try, attempt
intento intent; attempt
interponerse to interpose
inversión investment
invertir (ie, i) to invest
inviable nonviable
islote small barren island, key

J

jefatura leadership
juez *m* judge
juicio judgment
al — de in the opinion of
jura oath, swearing in
juramento oath
juzgar (gu) to judge

K

kilovatio kilowatt

L

labranza farming
ladrón thief, robber
lanzamiento launching
larga: a la — in the long run
largo: a lo — de all through, throughout; in the course of
lector, -a reader
leído (*pp of* **leer**) well-read, well-informed
lejano far, distant
lema *m* slogan, motto
levantar to raise; to erect, build
Levante east
libretista *mf* scriptwriter
libreto script (TV)
lienzo linen cloth
ligar to link, tie
ligero light, superficial
limpieza integrity, honesty; cleaning
litigio litigation, dispute
litoral littoral, coastal
liviano light (in weight)
lobo wolf
local *m* place, premises
lograr to get, obtain; to reach, achieve, bring about
luego: desde — que as soon as

LL

llamada call, summons
llamado so-called

M

machista male chauvinist
mal *m* evil, wrong, ill, fault
maldad wickedness
mandato term of office
mando power, control; leadership
manejar to manage, handle
maquinaria machinery, mechanism
marco framework
matizar to variegate
mayor greater, larger, elder; of age
media average
mediados: a — de about the middle of
mediante by means of, through
medida measure
medio means; environment
— ambiente environment
medir (i) to measure
mediterraneidad state of being landlocked
mejorar to improve
menester: ser — to be necessary
mensaje message
mensual monthly
meseta plateau, tableland
meta goal
meter to put
—se to meddle, interfere
metrópoli *f* mother country
mezclar to mix, mingle
milagro miracle
milagroso miraculous
minero *adj* mining
mismo *adj* -self
para sí — by oneself
por lo — for that very reason
molestar to trouble, annoy
montón heap, pile; lot
mostración display, show
mozo *adj* young, youthful
muestra sign, indication
multar to fine

N

nacimiento birth
natural native
naturaleza nature; character
navarro, -a of Navarre
negar (ie, gu) to deny
—se to decline, refuse
negocio occupation, business; *pl* business
nivel *m* level
nocivo noxious, harmful
noticia news item; *pl* news
novela novel; serial (TV)

O

obedecer (zc) to obey; to arise (from)
obispo bishop
objetar to object to, oppose
obra work
obrero worker
obstante: no — nevertheless, notwithstanding
ocio leisure
ocioso idle; useless
ocultar to hide, conceal
oficio craft, trade, occupation
ONU *f* United Nations
opinar to judge, be of the opinion
oponer to oppose
oportunidad opportunity; occasion
optar por to choose
oración speech
orar to pray
orden *m* order; respect
ordenación methodical arrangement
orilla shore

oscilar to range (between)
oscurecer (zc) to obscure
otorgar (gu) to grant, award, prescribe
oveja sheep

P

pactar to agree upon, stipulate
padecer (zc) to suffer, feel
palo stick, pole
papel paper; role
  tener un— to play a role
parada stop (of a train, bus)
paradoja paradox
parecer *n* appearance
parecido similar
pareja couple
paro strike; lockout
párrafo paragraph
parroquia parish
parte *f* part; party (to a dispute or agreement)
  por — de on the part of, by
partidario partisan, advocate
partir: a — de starting from
pasada: une mala — a bad turn
paso step, way; passage
patético pathetic; moving (emotionally)
patrimonio inheritance
pauta guideline; standard
pecado sin
pediatra *mf* pediatrician
pelear to fight, quarrel
pensamiento thought
peregrino migratory, journeying
pereza laziness, sloth

periodismo journalism
periodístico journalistic
perjudicar (qu) to injure, damage, impair
perjuicio injury, damage
permanecer (zc) to remain, stay
permanencia stay
persecución pursuit; persecution
perseguir (i) to pursue
personaje character (in a play)
pertenecer (zc) (a) to belong (to)
pertinaz obstinate
peruano Peruvian
pesar to weigh
  a — de in spite of, notwithstanding
  pese a whatever
pescador fisherman
picaresca roguish, knavish
pieza piece
pizarra blackboard
placer *n* pleasure
plagar (gu) to plague, infest, overrun
plano *n* plan, map
planteamiento realization
pleito dispute
población population
poblar to populate; to inhabit
poder *n* power
poderoso powerful
porcentaje percentage
portavoz *m* spokesman
poseer to possess
potencia power, capacity; potential
precisarse to be necessary
preciso necessary; precise
predicar (qu) to preach
prensa press, newspapers
presidio garrison; fortress

presión pressure
préstamo loan
prestar to lend, loan; to give, offer
presupuesto budget
pretender to seek, endeavor
previsto (*pp of* **prever**) anticipated, foreseen
principiante *mf* beginner
procurar to try
producir (zc, j) to produce
  —se to occur
  — que to bring it about that
promedio average
pronto: por lo — for the time being
propiedad property
propietario owner
propio of one's own; peculiar; same
proporcionar to furnish, supply
propósito purpose, intention
propuesta proposal
propuesto (*pp of* **proponer**) proposed
protocolo protocol, agreement
Provenza Provence (in southern France)
proyecto plan, project
pudiente rich, well-off
puesta al día updating, bringing up-to-date
puesto *n* job, position
  — que since

Q

quemar to burn
quiosco newsstand

R

rabo tail (of an animal)
radicado based, established
raíz: a — de immediately after, hard upon
rasgo feature, characteristic
real royal; real
realizar (c) to carry out, fulfill, perform; to take (an exam)
reanudarse to resume
rebautizar to rename
reclamación claim, demand
reclamar to claim
recoger (j) to gather, assemble
reconocer (zc) to inspect, examine closely; to recognize; to grant
recopilación compilation
recordar (ue) to remind
—**se** to remember
recorrer to go over, travel through, traverse
recorrido length, extent
recuperar to recover, regain
recurrir (a) to resort (to)
recurso resource
rechazar to reject
red *f* network
redactar to draw up, draft
redactor, -a editor
referir (ie, i) to tell, report
—**se (a)** to refer (to)
reflejar to reflect
refrendar to pass (legislation)
régimen *m* regime, rule; diet
reinado reign
reino kingdom
reiteradamente repeatedly
relacionar to relate, connect

relieve: poner de — to emphasize, throw into relief
remontarse (a) to go back (to), date (from)
rencor rancor, grudge
rendimiento efficiency; yield
rendirse (i) to surrender
renta income
repartir to divide
reparto allotment
repetición repeating a grade in school
resaltar to stand out, be evident
rescatar to rescue
respaldar to back, support
resuelto (*pp of* **resolver**) resolved
resultar to result; to turn out, prove to be
resumen: en — in short, to sum up
resumir to sum up, summarize
reto challenge
retraso delay, slowness
retribución recompense, fee
revalorización renewal
revés: al — on the contrary
revista review, magazine
riesgo risk, danger
rigor: en — strictly speaking, in fact
riñón kidney
rodear to surround
rodillas: en — on one's knees
rostro face
roto (*pp of* **romper**) broken

S

saber: al — que with the knowledge that
sabiduría learning, knowledge

sabio wise, learned, knowing
sacar to take out, extract
sacerdote priest
sacudir to shake, jolt
sagrado sacred
saludable healthful, wholesome
salvar to save, rescue; to clear (an obstacle), overcome
sanidad department of health
sea como sea be that as it may
seguir (i) to follow
selva forest, jungle
selvático wooded, forested
semanario weekly
semejante similar
semejanza likeness, resemblance
sencillo simple
señalar to point out
septentrional northern
ser *n* life, existence, being
siempre que provided that
significado meaning, significance
sindicato labor union
soberanía sovereignty
sobrar to be more than enough, be more than is necessary
sobresalir to stand out, be conspicuous
soler (ue) to be accustomed to
someter to submit
sonar (ue) (a) to sound (like)
soñar (ue) (con) to dream (of)
soportar to put up with, endure
sospecha suspicion

VOCABULARIO

sostener (ie) to maintain, sustain; to insist
subida rise, increase
subrayar to underscore; to emphasize
subutilizada little use, inadequate use
suceder to happen, come about
sueldo salary, pay
sueño sleep; drowsiness
suerte chance
sujeto subject; person
sumamente exceedingly, highly
sumar to add
sumergir (j) to submerge, plunge
suministrador, -a supplier, provider
suministrar to supply, provide
suministro supply
sumo: a lo — at the latest
superar to overcome, conquer; to surpass, exceed, leave behind
superficie *f* surface; area
suponer to suppose, assume
supuesto *n* assumption, hypothesis
surgir (j) to arise, appear
suscribir to sign
sustancia substance; value, importance
sustituir to replace
sutileza subtlety, nicety

T

tabla board, plank
tanto so much
  en — in the meantime
  en — que whereas
  entre — in the meantime
  por (lo) — for that reason, therefore
tarea task
tasa rate
telespectador, -a television viewer
tema theme, subject
temer to fear
tentativa attempt
terapia therapy
término term
terreno land; field, sphere
tirada edition
tirano tyrant
titulación certification
titular to entitle, call, name
título degree, diploma
todavía still, yet; even
toldo awning, tent, hut
tormenta storm; reverse, misfortune
torno: en — de about, approximately; regarding, in connection with
totalizador, -a complete, exhaustive
trascendente significant, important, far-reaching
trasladar to move, remove, transfer
  —se to go
trasnacional *f* multinational corporation
trastorno upset, disturbance, trouble
tratado treatise; treaty
tratarse de to be a question of
tropezar (ie, c) con to run up against
trucha trout

U

ubicación situation, position
único: lo — only; unique

V

vacuno beef
valerse de to make use of
valorar to appraise
varón male
vasco Basque
vencedor, -a victor
vencer (z) to conquer; to win, prevail
venidero future, coming
ventaja advantage
veraneo summer vacation
vigente in force, prevailing
vincular to tie, link
vínculo tie, bond
visto: por lo — apparently
vivienda house, dwelling
vivo lively, keen
vocal *f* vowel
voseo use of **vos**
vuelta turn
  dar la — a to take a walk around

Y

yacimiento deposit (of oil, etc.)
ya que since

Picture Credits

p. xvi Klaus Francke/Peter Arnold, Inc.; **8** Klaus Francke/Peter Arnold, Inc.; **13** William Dyckes; **17** William Dyckes; **23** Silberstein/Monkmeyer Press Photo; **36** Jane Latta/Kay Reese & Associates; **47** Alain Keler/Editorial Photocolor Archives; **52** Peter Menzel; **66** Peter Menzel; **72** Halperin/Monkmeyer Press Photo; **84** Shelton/Monkmeyer Press Photo; **93** George W. Gardner; **96** Robert Rapelye/Editorial Photocolor Archives; **102** Tony Morrison; **107** Tony Morrison; **114** Peter Menzel; **120** Claudio Edinger/Kay Reese & Associates; **126** Peter Menzel; **128** Marilu Pease/Monkmeyer Press Photo; **134** Michael Putnam/Peter Arnold, Inc.; **137** Robert Rapelye/Editorial Photocolor Archives; **140** Beryl Goldberg; **144** William Dyckes; **153** Beryl Goldberg; **156** UPI; **162** Ginger Chih/Peter Arnold, Inc.; **164** Robert Rapelye/Editorial Photocolor Archives; **176** Peter Menzel; **181** Schiemann/Peter Arnold, Inc.; **186** Peter Menzel; **192** Klaus Francke/Peter Arnold, Inc.; **194** Peter Menzel; **200** Strickler/Monkmeyer Press Photo; **209** Jacques Jangoux/Peter Arnold, Inc.; **216** Hugh Rogers/Monkmeyer Press Photo; **222** Wide World Photos; **227** Lucas Cabrerizo; **230** UPI; **232** Wide World Photos; **236** William Dyckes; **240** UPI; **244** Lucas Cabrerizo; **250** Lucas Cabrerizo; **254** UPI; **264** UPI; **270** State Dept. of Highways and Public Transportation, Texas; **274** The Tate Gallery, London/©Andy Warhol, 1982; **278** ©1979, United Artists Corporation; **282** Laimute E. Druskis/Editorial Photocolor Archives; **291** UPI.

```
A
B 2
C 3
D 4
E 5
F 6
G 7
H 8
I 9
J 0
```